사랑하는 사람과
저녁 식탁에서
죽음을 이야기합시다

사랑하는 사람과
저녁 식탁에서
죽음을 이야기합시다

삶의 가장 소중한 대화로 이끄는 22가지 질문

마이클 헵 지음 | 박정은 옮김

❀ 을유문화사

옮긴이 박정은

한 권의 책이 많은 사람의 인생을 바꿀 수 있다고 믿으며, 책 만드는 의미 있는 일에 동참하고
싶어 번역가가 되었다. 현재 글밥아카데미 영어 출판번역과정 수료 후 바른번역 소속 번역가로
활동하고 있다.

사랑하는 사람과
저녁 식탁에서
죽음을 이야기합시다
삶의 가장 소중한 대화로 이끄는 22가지 질문

발행일 2019년 12월 25일 초판 1쇄

지은이 | 마이클 헵
옮긴이 | 박정은
펴낸이 | 정무영
펴낸곳 | ㈜을유문화사

창립일 | 1945년 12월 1일
주소 | 서울시 마포구 월드컵로16길 52-7
전화 | 02-733-8153
팩스 | 02-732-9154
홈페이지 | www.eulyoo.co.kr

ISBN 978-89-324-7411-3 03100

삶과 죽음 속에서 무엇을 원하는지 분명히 밝힘으로써
내가 이 책을 쓰는 데 영감을 준 어머니 캐롤 헵Carole Hebb에게
이 책을 바칩니다.

내가 참석하는 모든 죽음의 만찬에 함께하는 영혼,
나의 아버지 폴 헵Paul Hebb을 기리며…….

차례

11   I 우리가 죽음을 이야기해야 하는 이유

35   II 죽음을 이야기하는 만찬 초대장 보내는 법

59   III 대화의 물꼬를 트는 질문들

61   1. 살날이 한 달밖에 남지 않았다면 남은 시간을 어떻게
      보내고 싶은가요? 마지막 날, 그리고 마지막 순간에
      무엇을 하고 싶은가요?

79   2. 사랑하는 고인이 해 준 요리 중 기억나는
      음식은 무엇인가요?

89   3. 자신의 장례식이나 죽음을 기리는 기념물을 직접
      준비한다면 어떻게 기획하고 싶은가요?

101   4. 죽음에 이르는 과정에 의료 개입이 과도하다고
      생각하나요?

117   5. 유언장, 사전 연명 의료 의향서, 위임장을 준비했나요?
　　　　아니라면 그 이유는 뭔가요?

127   6. 당신이 지켜본 가장 소중한 임종의 순간은 언제인가요?

147   7. 우리는 왜 죽음에 관해 이야기하지 않을까요?

157   8. 아이들에게 죽음에 관한 이야기를 어떻게 하는 게
　　　　좋을까요?

169   9. 사후 세계를 믿으세요?

181   10. 의사 조력 자살, 즉 존엄사를 고려해 본 적이 있나요?

191   11. 당신의 장례식에서 어떤 노래를
　　　　누가 불러 주길 바라나요?

201   12. 장기를 기증하실 생각인가요?

213   13. 좋은 죽음은 어떤 모습일까요?

225   14. 당신의 시신을 어떻게 처리하고 싶은가요?

243   15. 절대 언급하지 말아야 할 죽음이 있나요?

259   16. 당신의 수명을 늘릴 수 있다면 얼마나 늘리고 싶은가요?
       20년? 50년? 100년? 영원히?

273   17. 유산이 어떻게 쓰이길 바라나요?

287   18. 얼마나 오래 슬퍼하는 게 좋을까요?

307   19. 마지막 식사로 어떤 음식을 먹고 싶은가요?

313   20. 임종할 때 어떤 느낌이길 바라나요?

321   21. 당신의 장례식에서 사람들이 당신에 관해
       어떤 말을 해 주길 바라나요?

329   22. 죽음에 관한 대화를 어떻게 마치는 게 좋을까요?

333   나가는 말

339   추천 도서

343   연관 웹사이트

349   주

1 우리가 죽음을 이야기해야 하는 이유

바람이 심하게 불던 10월의 어느 밤, 서로 거의 초면인 손님 여덟 명이 걱정스러운 마음을 안고 우리 집을 방문했다. 그도 그럴 것이 그들은 "저녁 식사를 하며 죽음을 이야기합시다"라는 범상치 않은 제목의 만찬 초대장을 받고 온 사람들이었다. 내 친구 제나가 남편 브라이언과 내과 의사인 친구 몰리를 데려왔다. 그리고 대학생인 신시아, 행위예술가 재스민, 다큐멘터리 영화 제작자 샌디, 사업가 조가 참석했다. 또 시애틀에 온 지 얼마 안 돼 미국 북서부 지역의 어두침침한 가을 날씨에 적응하려 애쓰고 있는 엘리너도 왔다.

우리 집은 위층으로 통하는 문을 열고 올라오면, 천장은 8미터 높이까지 솟아 있고 구석마다 책, 레고로 만든 성, 크리스털 세트, 이국적인 공예품들이 높이 쌓여 있었다. 아주 큰 침대가 주방에 놓여 있고, 피아노와 턴테이블과 음반들이 방을 가득 채우고 있었다. 보글보글 끓고 있던 냄비에서 맛있는 냄새가 풍겨 오지 않았다면, 중년의 히피가 등장하는 악몽 속 한 장면처럼 느껴졌을 것이다. 손님들은 침대에 외투를 던져 놓고 서로 인사를 주고받았다. 나는 요리에 계속 집중했다.

그리고 손님들이 깜짝 놀랄 만큼 곧바로, 식탁 차리기, 초에 불켜기, 컵에 물 따르기 등의 임무를 맡겼다. 미국 사람들은 흔히 손님을 접대할 때 중대한 실수를 하곤 한다. 대부분의 집주인이 전지전능한 신, 그보다 더한 경우엔 마사 스튜어트Martha Stewart ° 역할을 자처하기 때문에 손님은 그저 재치 있는 말을 던지고 음식을 즐기면 그만이라고 여긴다. 그러나 인간은 공동체 생활을 하는 종족으로서 타인에게 도움을 줄 때 비로소 자신의 진가를 확인하는 법이다. 그래서 나는 사람들이 예의상 "도와줄 일 없어요?"하고 물을 때면 언제나 소일거리를 제공하는 편이다.

자리에 앉을 때까지 식탁에 흐트러져 있던 접시, 수저와 포크, 와인 잔을 다 함께 정돈하면서 여러 번 농담과 웃음이 오갔다. 처음 온 사람들도 더는 휴대 전화로 시간을 몰래 확인하면서 얼마나 더 있어야 집으로 무사히 돌아갈 수 있을지 궁금해하지 않았다.

방은 호박색으로 빛났다. 만찬은 건전한 비밀 모임처럼 느껴져야 한다. 그래서 조명은 어릴 적 이불을 뒤집어쓰고 흐릿한 손전등 불빛에 의지해 책을 읽던 때를 상기시켜야 한다. 야영

° 훌륭한 상차림, 조리법 등을 선보이며 가정 살림 분야에서 크게 성공한 여성 기업인

지에서 피우는 모닥불, 동굴, 나무 위 요새, 엄마 뱃속이 떠오르게 해야 한다. 밝은 형광등은 농구 시합할 때야 좋지만, 만찬에서는 안락한 분위기를 해친다.

음식은 아름답지만 간소했다. 끝부분을 검게 그을린 당근에 신선한 올리브유를 두르고 메이어 레몬 껍질 조각을 가미한 요리, 사보이 양배추를 사과주, 백리향, 브라운 버터와 함께 단맛이 나게 녹인 요리, 푹 삶은 포도에 은대구를 살짝 밀어 넣고 알레포 고추와 숙성된 바니울스 식초로 맛을 낸 요리를 준비했다. 음식들은 제각기 크고 소박한 접시에 담겼고, 방에 맛있는 냄새가 가득해 모두가 만찬에 오길 잘했다고 생각하고 있었다.

지난 5년 동안 이러한 만찬을 수천 번 열었고, 낯선 사람, 친구, 동료 들이 모여 죽음이라는 불편해 보이는 주제에 관해 대화를 나눴다. 매번 만찬은 똑같은 제안으로 시작된다. 내가 먼저 말을 꺼냈다.

"먹기 전에 이제는 우리 곁에 없지만 각자의 삶에 긍정적인 영향을 끼친 고인을 기리는 시간을 갖겠습니다. 머릿속에 처음 떠오른 사람을 선택하는 게 좋습니다. 괜히 중간에 바꾸지 마세요. 제일 처음 떠오른 데에는 이유가 있을 겁니다. 고인의 이름과 그분이 자신의 삶에 어떤 영향을 줬는지 이야기한 다음, 초에 불을 붙이거나 그분을 위해 건배하세요. 우리 모두 배가 고프니까 각자 1분 정도만 이야기하도록 합시다."

얼마 지나지 않아 가장 어린 신시아가 큰 목소리로 씩씩하게 말했다. "우리 할머니 윌리블 서튼Willibel Sutton 여사를 위해 건배할게요. 진짜 역대 최고로 기가 센 마녀였어요." 모두 웃으며 잔을 부딪쳤다.

신시아는 좀 더 진지해진 태도로 신중하게 말을 이어갔다. 신시아는 자신의 할아버지 버바가 까다로운 윌리블 할머니에게 어떻게 구애했는지 설명했다. 할아버지는 이 세상 그 무엇보다 할머니를 사랑했고, 할머니에 대한 칭찬을 멈출 줄 몰랐다. 그는 할머니라면 옷 대신 마대 자루를 걸치고 있어도 아름다울 거라고 입버릇처럼 말하곤 했다. 두 분이 교제할 당시 할아버지는 매일 저녁 할머니를 위해 요리를 만들었다고 한다. 할머니가 식사를 끝내면, 할아버지는 아무 말 없이 진주알 하나를 식탁 위에 올렸다가 할머니 쪽으로 굴려 주었다. 할머니는 진주알을 받을 때마다 목걸이에 하나씩 꿰어 40일째 되는 날 진주 목걸이를 완성했다. 그날이 할아버지가 할머니에게 청혼한 날이었다.

처음에는 버바 할아버지만의 열렬하고 낭만적인 사랑 이야기라고 생각했다. 그러나 신시아가 일깨워 줬듯이 1950년대 미국 남부에서 그 정도의 헌신적인 사랑을 불러일으킨 것(40일 연속 요리한 것은 말할 것도 없고, 애초에 남자가 주방에 들어가게끔 만든 것)은 보통의 여자가 할 수 있는 일이 아니었다. 윌리블 할머니는 모든 사회적 규범에 저항했다. 지독하게 독립적이고 아주 영리했으며 강하고 고집까지 셌던 할머니는 타고난 리더십을 자랑하는 사람이었다. 운 좋게 할머니를 만난 주위 사람들에게는 죽을 때까지 헌신했다. 신시아는 할머니에 대한 그리움을 토로하면서, 누구나 평등해야 하고 가난한 사람들을 보호해야 한다는 그녀의 생전 주장을 강력하게 지지했다. 그리고 이렇게 덧붙였다.

"할머니가 저를 아낌없이 사랑해 주셨던 때가 그리워요. 또 그런 사랑을 받아 볼 수 있을까요? 할머니는 저의 든든한 지원군이었어요. 목소리가 나오지 않을 때까지 저를 칭찬하시고, 제 삶을 응원하셨어요."

신시아의 건배 속엔 슬픔, 유머, 기쁨, 고통, 상실, 개인사와 더불어 만찬에 참석한 다른 사람들과 깊이 마음을 나누고 싶은 갈망이 교차하고 있었다. 이 요소들은 죽음, 죽는 과정, 죽음을 피할 수 없는 인간의 운명이라는 주제의 중심에 있다. 우리 아홉 명이 앉은 작은 저녁 식탁은 이제 2016년 시애틀이라는 시공간을 벗어나 있었다. 우리는 한 고인의 이야기 속, 시간을 초월한 공간 안에 놓였다. 진주알이 식탁을 가로질러 굴러가는 소리를 들을 수 있었고, 윌리블 할머니가 그 방 안에서 우리와 함께함을 느꼈다.

지금에 이르러 분명해진 사실은 신시아가 첫 번째 순서로 이야기한 것은 단순한 우연이 아니었다는 점이다. 신시아는 할머니 이야기를 하고 싶은 마음이 간절했고, 오랫동안 갈구해 왔다. 신시아의 엄마는 자신의 어머니인 윌리블 할머니가 죽자 크게 상심한 나머지 죽음에 관해 말하기를 거부했고, 할머니의 죽음을 입 밖으로 꺼내는 일을 금기시했다. 신시아는 큰 슬픔을 억눌러야 했다. 게다가 할머니 인생의 아름다움과 우아함 또한 마음껏 추억할 수 없게 됐다. 사랑하는 사람과 이별할 때는 충분히 슬퍼해야 한다. 그들이 선사했던 큰 기쁨을 되찾으려면 먼저 상실을 받아들여야만 한다.

우리는 식탁에 앉은 순서대로 건배를 하고 촛불을 켰다. 몰리는 마침 그날 참석한 장례식의 주인공이었던 이웃 노인을 위해 건배했다. 재스민은 사촌을 위해, 할머니의 이름을 따서 맏딸의 이름을 지었던 브라이언과 제나는 할머니를 위해, 샌디는 사랑하는 고모를 위해, 조는 어릴 적 친구를 위해, 엘리너는 대부를 위해, 그리고 나는 늘 그랬듯 아버지를 위해 건배했다. 모두 충만한 시간을 보내고 있었다. 아무도 죽음에 관한 대화를 나누는 동안 인스타그램 게시물 따위를 확인하지 않았다. 처음 보는 사람들이 모여 마음 깊숙한 곳에 담아 두었던 이야기를 나누었다. 일이나 성과에 관련된 이야기는 꺼내지 않았고, 15분 만에 사람들 사이에 깊은 연대감이 형성됐다.

이제 음식을 먹을 차례였다.

*

물론 이 책이 만찬은 될 수 없다. 내가 모든 독자를 위해 음식을 준비할 수도 없는 노릇이다. 하지만 죽음에 관해 대화하는 방식을 바꾸는 일에 동참해 달라는 의미 있는 초대장을 건네며 이 이야기를 시작하고 싶다.

최근 매우 흥미로운 사실 하나를 발견했다. 우리는 자기계발에 너무 많은 시간과 에너지와 돈을 쏟아붓고 있다. 더 좋은 모습으로 더 잘 살기 위해 끊임없이 노력한다. 매달 다이어트를 하고 크로스핏 센터에 등록한다. 심리 치료를 받고 명상을 배우고 재테크를 한다. 그런데 변화해야 한다는 생각에 늘 사로잡혀 있지만, 모든 변화가 죽음과 회생을 포함한다는 사실은 모른다. 변화와 죽음의 관계를 보여 주는 예는 셀 수 없이 많지만, 가장 단순한 예로 겨울로 바뀌는 가을과 봄으로 바뀌는 겨울을 생각해 보라. 우리는 노력을 기울여도 죽음에 관한 대화를 나누는 데 번번이 실패하지만, 우리 모두 언젠가 죽는다는 사실이 모든 개인적 변화의 지렛목인 것이다. 우리는 삶을 개선하려 할 때 죽음의 맥락에서 생각하지 않고, 죽음을 개선하기 위한 대화도 잘 하지 않는다. 나는 죽음이 많은 그늘을 지닌다는 점을 강조하고 싶다. 죽음은 사랑하는 사람을 상실하는 것이고, 우리 모두 죽음을 피할 수 없다는 사실을 고려하면 죽음은 삶에 활기를 주는 달콤함이자 비극이다. 또한 마침내 성장하여 진정한 자아를 찾기 위해 내면에서 사라져야만 하는 것들의 작은 죽음을 의미하기도 한다. 이 책은 우리가 죽음의 다양한 의미에 접근할 수 있도록 돕는다. 자유롭고 자율적인 삶을 살려면 죽음을 이해해야 한다. 현 시대에는 우리가 죽는 방식이 망가졌기 때문이다.

죽음을 둘러싸고 우리가 사용하는 말(더 정확히 말하면, 피하는 말)만 봐도 심각함을 느낄 수 있다. 상실감 전문가이자 교육자인 차이나 우Chyna Wu는 사람들이 대화할 때 누군가 "죽음"

이라는 직접적인 단어를 사용하면 "세상을 떠났다"나 "하늘나라에 갔다"로 바꿔 말하라고 거듭 충고하는 이들에 대해 이야기한다. "저는 친구들에게 말합니다. 나조차 '죽음'이나 '죽어간다'라는 말을 쓰지 않으면 아무도 쓰지 않을 거라고요."

홍콩에서 자란 차이나는 특히 서양인들이 죽음에 관해 이야기하기를 불편해한다고 느낀다. "서양 의학이 흔히 죽음을 극복할 수 있는 대상으로 여기기 때문인 것 같아요. 언어에도 '죽음에 대해 무엇을 한다'라는 표현이 많습니다. '그런 일이 일어나게 두지 않을 거야. 우린 이렇게 하거나 저렇게 할 수 있어'라는 식으로 말합니다." 우리는 마치 액션 영화 속 영웅들처럼 악당에 맞서 싸우고, 결국에는 당연히 착한 편이 승리한다고 믿는 것이다. 우리는 행동가이며 구원자다. 인간 대 죽음의 싸움이 있다면 우리가 승리할 것이다.

물론, 이런 생각은 허구일 뿐이다. 계속 그렇게 믿으면 더 많은 것을 잃게 된다. 직설적으로 말하면 우리는 죽음에 관해 혼란을 겪고 있다. 한편으로는 우리 주위에 늘 죽음이 있다. 비관적인 케이블 드라마를 즐겨 보고, 교통사고 현장을 지날 땐 남들에게 설명하기 어려운 관심을 보이며 차의 속도를 늦추곤 한다. 하지만 다른 사람과 그런 이야기를 속속들이 나눈 적이 있는가? 사람들이 죽음에 대해 솔직하게 드러내 놓고 말하는가 하면, 전혀 그렇지 않다. 이러한 모순 속에 산다면 서로 소통하고 교감하며 치유할 기회를 잃고, 언젠가 죽는다는 사실을 직시해야만 얻을 수 있는 풍요로움과 가치를 놓치게 될 것이다.

나는 이러한 사실을 머리로도 알고 겪어서도 안다. 내가 태어났을 때 우리 아버지는 이미 일흔두 살이었다. 아버지에게 건강상의 문제가 생겼다는 걸 알았을 때 나는 아직 초등학생이었다. 어느 날 아버지와 단둘이 차를 타고 어딘가를 가던 길이었다. 나는 우리 둘밖에 없어서, 그리고 아버지를 독차지하고 있어서 행복했다. 아버지에게서 뿜어져 나오는 듯한 따스한 빛이 공간을 가득 채우고 있었다. 아버지의 미소는 잔잔한 지혜의 바다 같았고, 아버지의 존재는 현실 세계를 초월한 온기로 나를 감쌌다. 덜커덩거리는 길에서 이상한 느낌을 받았지만 여덟 살이었던 나는 무엇이 문제인지 알 수 없었다. 자전거를 탄 사람이 화를 내며 주먹을 들어 보였을 때에야 비로소 우리의 일요일 드라이브가 잘못된 길로 들어섰음을 깨달았다. 아버지는 우리가 타고 있던 오래된 메르세데스 승용차를 차선 밖으로 몰고 나와 블랙 뷰트 랜치Black Butte Ranch의 자전거 도로 중 하나로 이동하던 중이었고, 결국 자전거만 다닐 수 있는 숲으로 들어갔던 것이다. 우리가 갔어야 할 자동차 도로는 뒤쪽으로 8백 미터 이상 떨어져 있었다.

그날의 가슴 아픈 사건은 갑자기 음악이 멈추고 늘어지는 소리만 들려주는 고장 난 레코드플레이어를 떠올리게 했다. 나는 레코드플레이어의 바늘이 얼마나 많이, 그리고 얼마나 오래 헐거운 상태였는지 알지 못했지만, 마침내 그것이 떨어져 나간 것이다. 그 자리에 생긴 구멍에는 "서른여섯 시간 같은 하루"라는 적절한 수식어가 따라붙었다. 그것은 "영원한 낮과 밤"이라고도 불렀다. 가장 잘 알려진 이름은 알츠하이머병이었다.

이후 5년 동안 아버지를 거의 보지 못했다. 그 이유는 많고 복잡하지만, 핵심은 하나의 매우 단순한 문화적 현실로 표현할 수 있다. 미국 사람들은 병과 죽음에 관해 대화하는 방법을 알지 못하며, 특히 상대가 어린 자녀일 때 더 그렇다. 아니 더 정확하게는 대화하는 방법을 잊어버린 셈이다. 내 개인적인 이야기를 떠나서, 죽음을 부정하는 문화, 불치병과 상실 문제를 처리하거나 논의하기를 점점 더 어려워하는 우리의 모습을 목도한다. 그 손실은 이루 헤아릴 수 없다.

가장 현실적인 측면에서 볼 때, 죽음에 관한 대화를 피하면 매일 비용이 발생한다. 한 의과대학에서 수행한 연구에 따르면 메디케어Medicare* 수혜자의 43퍼센트가 자기 부담으로 전 재산보다 많은 돈을 생애 말기 돌봄에 사용한다.[1] 주로 병원비로 쓰이는 생애 말기 돌봄 비용을 포함한 의료비는, 미국에서 파산의 가장 큰 원인이다. 또 미국인 중 거의 80퍼센트가 집에서 죽기를 원하지만, 그들 중 20퍼센트만 집에서 죽는다.[2] 우리 중 절반 이상이 원하는 방식으로 죽을 권리를 빼앗기고 비싼 대가를 치르고 있다. 그 때문에 별다른 이유 없이 가족을 파산시키게 된다. 사람들은 대부분 비싼 돈을 들여서까지 과도한 생명 연장 치료를 받고 싶지 않지만, 가족에게 무엇을 원하는지 말하지 않고, 물어보는 사람도 없다.

---

* 65세 이상 노인을 대상으로 하는 미국의 공공 의료보험 제도

내가 매우 아끼는 책 『어떻게 죽을 것인가Being Mortal』의 저자 아툴 가완디Atul Gawande 의학박사는 최근 의회 증언에서 그 절망적인 현실에 대해 상세하게 설명하고, 죽음을 앞둔 환자에게 '돌봄에 있어서 무엇을 원하는지' 의견을 물어야 한다고 주장했다.

환자가 어떤 돌봄을 원하는지 알 수 있는 가장 효과적이고 탁월한 방법은 그들에게 직접 물어보는 것입니다. 하지만 의사든 가족이든 묻지 않고 시간을 거의 다 흘려보냅니다. 물어보지 않으면 우리가 제공하는 돌봄과 치료가 환자의 희망 사항과 대개 일치하지 않습니다. 그리고 고통스러운 결과가 따라옵니다. 하지만 환자에게 묻고 돌봄과 희망 사항이 일치하도록 노력하면 놀라운 결과를 얻을 수 있습니다. (…)
보통 의사가 환자에게 생의 마지막 단계에 대한 목표를 묻는 시점은 환자의 죽음까지 그 단계의 3분의 1도 채 남지 않았을 때입니다. 가족도 크게 다르지 않습니다. 일반적으로 마지막 순간이 가까워져서야 환자의 의견을 묻습니다.
많은 연구를 통해 심각한 병에 걸린 환자가 향후 돌봄에 대한 목표와 소망을 의사와 논의하면 훨씬 더 좋은 결과를 얻게 된다는 사실이 입증됐습니다. 환자는 덜 고통받고, 신체적으로 더 자유롭게 됩니다. 또 비교적 다른 사람들과 오랜 기간 원활하게 소통할 수 있습니다. 가족이 우울증에 걸릴 확률도 훨씬 낮아졌습니다. 평균적으로 호스피스에 빨리 등록하지만, 일찍 죽지 않으며 오히려 더 오래 삽니다.

하지만 우리는 이러한 정보에 어떻게 대응하고 있는가? 최근 몇 년간 관련된 조치를 촉구하는 정치인들이 "죽음 심사위원회Death Panels"의 옹호자라는 오명을 쓴 채 외면당하고 있다. 의사, 병원, 보험사 들은 예산 부족, 소송당할 위험, 호스피스 시스템의 현실적 한계 때문에 제약을 받는다. 미국에서는 이제 생애 말기 대화에 대한 진료 수가가 책정돼 있어 의사와 사회복지사들이 비용을 청구할 수 있지만, 도입 초기에 실시한 연구에 따르면 죽음, 죽는 과정에 관한 대화의 횟수나 질은 크게 달라지지 않았다. 의대에서도 이러한 대화를 어떻게 나눠야 하는지 의사나 간호사에게 거의 가르치지 않는 실정이다.[3]

죽음에 관한 대화를 하지 않아서 돈을 버리는 일이 의료 영역에서만 발생하는 것은 아니다. 예를 들어, 기억 상실 증상을 숨기면 중대한 금전적 실수를 저지를 위험뿐만 아니라 악용당할 가능성도 더 크다. 금전적 착취 사례는 수치심 때문에 숨기는 경우도 일부 있어 실제보다 적게 보고되고 정확한 수치는 알 수 없지만, 미국에서 보이스 피싱 등으로 금전적 착취를 당하는 노인 피해자가 해마다 500만 명에 이를 것으로 추정된다.[4]

그리고 죽음 자체에 따라오는 비용도 있다. 슬픔에 잠긴 수많은 가족이 계획을 미리 논의하지 않은 상태로 장례식장에 가서, 더 많은 이득을 취하려는 장례업체의 말에 따라 관과 매장 방식을 결정한다. 가족은 큰 슬픔의 안개 속에서 굳이 충족시키지 않아도 될 의무감 때문에 돈을 쓰지만, 고인은 절대 원하지 않았을 헛된 소비다.

죽음을 회피하면서 얻게 되는 감정적 손실 역시, 눈에 잘 보이지는 않아 실감하기는 어렵지만 치명적이긴 마찬가지다. 내가 아버지의 죽음을 알게 된 날은 열세 살 되던 해의 핼러윈이었다. 그날 밤 나는 무슨 일이 일어났는지 아무에게도 말하지 않고 친구들과 함께 이웃집을 돌며 사탕을 얻으러 다녔다. 어머니는 아버지의 병과 자신의 감정에 대해 어떻게 이야기해야 할지 방법을 몰랐다. 혹은 우리에게 내면의 고통을 스스로 살필 기회를 어떻게 주어야 할지 몰랐다. 우리는 아버지에 관해 이야기하지 않았고, 결과적으로 대화를 많이 하지 않게 됐다. 나는 친구들과 슬픔이나 상실에 관한 이야기를 할 수 없어 우울하고, 혼란스러웠으며, 지독하게 외로웠다.

억제된 대화는 비밀이 되어 마음속 공간을 차지한 채 사라지지 않는다.

살아남은 가족과 같은 방에 있으면 고통이 되살아났기 때문에 우리는 서로 피해 다녔다. 미국국립보건원NIH의 최근 연구는 "마음 깊은 곳에 감춰 둔 비밀을 생각할 때마다 코티솔 같은 스트레스 호르몬 분비가 급증해 기억력, 혈압, 신진대사에 영향을 준다."[5]라고 결론 내려 크립토나이트* 효과가 사실임을 보여 준다. 높아진 코티솔 수치가 장시간 유지되면 고혈압부터 불안증까지 오늘날 현대인을 괴롭히는 각종 만성질환에 걸릴 수 있다.[6] 우리 가족은 각자의 마음속에 가장 크게 자리 잡

---

* 근처에 있으면 슈퍼맨의 힘을 약하게 하는 가상의 화학 물질

은 것에 관해 대화하지 않았으므로 서로 거리를 두는 것만이 우리가 할 수 있는 가장 안전하고 건강한 행동이었다.

차이나 우는 20대 초반, 불과 3개월 사이에 부모님을 연달아 잃었다. 당시 모델이었던 차이나의 주가는 천정부지로 치솟고 있었으므로, 그녀는 마치 바다가 자신을 고향에 놓인 슬픔과 분리해 준다고 생각하며 미국에 머물면서 모든 에너지를 일에 쏟아부었다. 우울이 가끔 몰려왔지만 계속 일에 집중하며 누구에게도 속마음을 이야기하지 않았다. 몇 년 후 대학에 가서야 고통이 수면 위로 올라왔다. 가벼운 증상으로 학교 진료소에 갔을 때 간호사가 가족에 관해 물었고, 그녀는 부모님이 돌아가신 일을 설명하면서 감정을 주체할 수 없었다. 간호사는 말했다. "저런, 정신적 충격이 상당했겠어요. 어떻게 치유하고 있죠?"

"정신적 충격이 컸겠다는 말을 그때 처음 들었어요. 겉으로 드러난 부분은 빙산의 일각이었던 거예요." 차이나는 이렇게 회고했다.

호스피스 의사인 캐런 와이엇Karen Wyatt은 아버지가 자살한 후 얼마나 고립된 감정을 느꼈는지 기억한다. 아버지가 죽은 방식 때문에 캐런의 친구 중 누구도 어떤 위로의 말을 건네야 하고 어떤 행동을 취해야 할지 알 수 없었다. 우울증으로 인한 죽음이었기에 다루기 어려운 문제였다. 친구들은 결국 캐런과 마주치지 않으려 노력했다. 하지만 가끔 캐런의 집을 청소해 주던 가사 도우미는 그녀를 피하지 않았다. 가사 도우미

는 쉬는 날이었던 어느 날 아침, 캐런의 집 현관 계단에 나타
났다. 무엇이든 도우려고 한 손엔 작은 나무, 다른 손엔 진공
청소기를 들고 있었다. 캐런의 친구들은 몇 년 후 그녀를 피
한 것을 후회하며 사과했다. 어떤 점에서는 캐런도 친구들과
같은 문제로 괴로워했다. 그녀는 오랫동안 어머니와 오빠를
외면하며 어떤 중요한 대화도 회피했다. 매우 고통스러운 일
이었다. 아버지가 죽고 20년이 지난 뒤, 그에 대한 대화를 나
눴을 때에야 비로소 가족 사이를 가로막고 있던 댐이 와르르
무너지듯이 서로를 되찾을 수 있었다. 그렇게 캐런은 어머니
가 죽기 전 수년 간 어머니와 가깝게 지낼 수 있었다. 하지만
이미 20년을 잃어버린 뒤였다. 그런 큰 손실을 어떻게 잴 수
있겠는가?

잠재력

우리는 지금 위태로운 상황에 놓여 있다. 이제 죽음을 피할 수
없다는 사실을 직면하고, 이를 위한 대중 운동을 전개해야 한다.
우리는 언젠가 죽는다는 사실을 고립된 개인으로서가 아니라
공동체로서 직면해야 한다. 장례식장, 법률 사무소, 병원이 사랑
하는 사람의 죽음을 맞닥뜨리는 유일한 장소가 되어서는 안 된
다. 겁먹거나 압도되거나 슬플 때에는 죽음에 관해 깊이 있게 대
화를 나누고 애도할 수 없다. 마음이 편안하고, 눈앞에 당장 위

기가 보이지 않을 때 비로소 깊이 있는 대화가 가능하다.

우리는 어떤 대화를 나눠야 할까? 무거운 주제를 다룬다고 해서 이야기가 반드시 어렵게 흘러가는 것은 아니다. 죽음에 관한 대화는 우리를 자유롭게 하고 완전히 변화시킨다.

죽음을 이야기하면 서로 가까워지고 인간애를 느끼며 무엇이 진정 중요한지 깨달을 수 있다. 전보다 더 강하고 현명하고 용감한 사람으로 변화할 수 있다. 평소에 죽음에 대한 이야기를 나눠 두어야 위기에 직면하거나 시한부 선고를 받았을 때에도 어렵지 않게 죽음에 관해 대화를 할 수 있다.

이와 관련한 연구 결과들은 환자가 가족, 의사, 간병인과 생애 말기에 자신의 소망을 솔직히 고백하고 대화를 나누면 더 잘 보살핌 받고 덜 고통스럽고 더 오래 살 수 있다는 사실을 극명하게 보여 준다. 죽음에 관한 대화를 나눌 때, 더 즐겁게 지내고 많이 웃는다는 사실도 입증됐다.[7]

당신이 생의 마지막에 무엇을 원하는지 미리 이야기해 두지 않으면 분명 원하는 바대로 흘러가지 않을 것이다. 당신 인생의 마지막 날이 어떨지 상상해 보자. 주변에 누가 있는가? 병원에 있는가? 장례식을 치를 것인가? 그렇다면 어떤 음악이 흘러나오고 누가 추도사를 낭독하길 원하는가? 시신은 어떻게 처리하는 것이 좋겠는가? 사람들에게 어떻게 기억되고 싶은가? 친구와 가족 들에게 희망 사항을 미리 말해 두면 그들은 당신을 기리는 것 이상의 능력을 발휘할 수 있다. 의구심이나 죄책감 없이 제대로 슬퍼할 수 있는 마음의 평화를 얻을 것이다. 남편의 회고록인 『숨결이 바람 될 때When Breath Becomes Air』를 마무리 지어 출간한 루시 칼라니티Lucy Kalanithi는 내 친구인데, 남편 폴 칼라니Paul Kalanithi가 죽음에 임박했을 때 그와 나눈 대화를 두 번째 결혼 서약, 다시 말해 신성한 대화이자 미래에 대한 비전, 따르고 존중해야 할 맹세라고 생각한다고 최근 내게 고백했다.

엘리자베스 퀴블러 로스Elisabeth Kübler-Ross*는 "죽음을 부정하면 공허하고 목적 없는 삶을 살게 된다. 영원히 살 것처럼 살면, 해야만 하는 일을 쉽게 미루게 되기 때문이다."라고 했다. 우리와 우리가 사랑하는 사람들이 죽음을 피할 수 없다는 사실을 이야기하는 것은 삶을 논하는 것과 다름없다. 죽음은 삶을 비추는 훌륭한 거울이다. 죽음 이야기가 오싹하거나 무서울 필요는 없다. 미국 서북부 출신인 내 친구 마이클 미드Michael Meade는 날카로운 통찰력으로 이렇게 말한다. "완전히 철든 인간이라면, 죽음의 문 앞에 자기 자신의 모습 그대로 나타난다."

우리가 삶과 그 결과물인 죽음을 모두 받아들인다면 주위 사람들이 결정을 내리지 못해 혼란에 빠지는 것을 막고 우리의 죽음을 굳건히 받아들이도록 도울 수 있다. 의사나 간호사에게 사전 연명 의료 의향서, 명확한 위임장, 의료 결정 대리권

• 엘리자베스 퀴블러 로스(1926-2004)는 평생 인간의 죽음에 대해 연구한 정신의학자로, 『죽음과 죽어감』이라는 책을 냈다. 미국 「타임」지에서 선정한 '20세기 100대 사상가' 중 한 명이며 호스피스 운동의 선구자이기도 하다.

같은 분명한 지침을 제시해 두고, 가족에게 생애 말기에 어떤 돌봄을 받고 싶은지, 시신을 어떻게 처리하고 싶은지, 어떤 의식을 치르고 싶은지 알린다면 감정적, 금전적 부담은 상당히 줄어들 것이다.

마지막을 계획하는 과정을 기회로 삼아 자신과 사랑하는 사람들을 기리는 즐겁고 의미 있는 활동으로 발상을 전환하면, 잘 죽는 법뿐만 아니라 잘 사는 법까지 배울 수 있다. 자기 자신의 임박한 죽음을 준비하는 일이나 가까운 가족의 죽음은 좀 더 버거운 경험이 될 수 있다. 이 책은 갑작스러운 죽음이든 여유롭게 맞이하는 죽음이든 더 쉽게, 심지어 아름답게 준비하고 계획할 수 있도록 도울 것이다.

내 낙관을 망상으로 오해하지 않길 바란다. 나는 이를 성취하기 위한 길이 얼마나 험난한지, 그리고 우리가 가려는 길이 얼마나 어두운지도 알지만 모두 함께 이 협곡을 오를 수 있을 것이라 믿는다. 이는 단지 언제 어떻게 실행하느냐에 달렸다. 이 책이 충실한 경로 안내서가 되어 주길 바란다.

온화한 혁명

"사람들은 죽음이 기분을 망친다고 생각한다." 죽은 사람을 기리는 아름다운 기념물을 만드는 유명한 예술가 그렉 룬드그렌 Greg Lundgren은 말한다. 그렇다고 해서 죽음, 특히 젊은 사람의 요절이 비극적이고 끔찍하다는 사실을 부정하려는 것은 아니다. 그러나 그렉은 이미 일어난 일은 바꿀 수 없지만 "죽음을 이용해 뭔가 아름다운 것을 창조할 좋은 방법이 있으며, 죽음에는 세상을 더 나은 곳으로 만드는 힘이 있다"고 지적한다.

이 책은 단순히 죽음을 이야기하는 것만으로도 어떻게 세상을 실제로 더 살기 좋은 곳으로 만들었는지에 관한 이야기들을 담고 있다. 차에 함께 탄 가족 두 사람 또는 만찬에 참석한 초면의 여섯 사람이 죽음에 대해 이야기함으로써 더 가까워지고 연결된 관계가 변화된 이야기일 수도 있고, 죽음에 관한 대화를 받아들임으로써 불안감을 진정시키고 인생관을 바꾼 개인적 변화에 관한 이야기일 수도 있다.

사회 운동가 앨리 호프만Allie Hoffman은 캄보디아에서 여러 해 동안 일한 후 미국으로 돌아왔을 때 꽤 부정적인 사람이 되어 있었다. 캄보디아에 있을 때 가난과 횡행하는 섹스 관광, 그리고 사람들의 비인간적 행태를 끊임없이 목격했기 때문이다. "캄보디아에 다녀온 이후로 비관적인 사고방식을 갖게 되었어요. '이 세상에 믿을 사람은 나밖에 없어. 다른 사람들은 보통 거짓말하거나, 속이거나, 배신할 거야.'라고 생각했어요. 개인 중심적 사고가 머릿속에 단단히 박혀 있었죠. '세상에 믿을 수 있는 사람이 있을 거라는 순진한 생각은 하지도 말자. 약점을 보이지 말자.' 이렇게 예민하고 격앙된 상태로 지내고 있었어요."

앨리는 미국에 돌아온 지 1년 반이 되었을 때, 브리타니 메이너드Brittany Maynard(활발한 성격의 스물아홉 살 여성으로, 공격적인 뇌종양으로 죽어 가고 있었다)를 만났다. 브리타니는 존엄사를 허용하는 오리건주의 법을 적용받으려고 캘리포니아주에서 가족과 함께 이사 왔다. 그녀는 생의 마지막 몇 달 동안 존엄사 문제에 대한 의식을 높이고 변화를 촉구하는 운동을 벌이길 원했다. 결국 브리타니는 성공 그 이상을 거뒀다(브리타니가 자신의 결정에 관해 이야기하는 모습을 앨리가 찍은 영상이 순식간에 입소문을 탔다). 한동안 브리타니의 얼굴을 어디에서나 볼 수 있었고, '죽을 권리'를 둘러싼 법의 향방에 그녀의 삶과 죽음이 영향을 미쳤다. 앨리는 브리타니와 함께 사회 운동을 이끌었다. 브리타니의 선택에 동의하지 않는 사람도 있겠지만, 앨리가 그녀에게서 받은 영향은 더할 나위 없이 컸다.

"브리타니가 제게 가르쳐 준 것은, 삶이 얼마 남지 않았을 때 중요한 건 오직 사랑뿐이라는 거예요." 앨리가 말했다. "사랑은 당신을 아프게 할 수도 있고, 황홀하게 할 수도 있습니다. 사랑받는 감정은 인간에게 주어진 가장 위대한 특권이에요. 우리는 사랑하려고 사는 셈이죠. 여러모로 제 인생에서 가장 뜻깊은 교훈이었어요. 몇 주간 가만히 앉아서 바다를 바라보며 생각을 정리했어요. 저는 '마음을 열고 사랑해야 한다'는 인생의 진리와는 정반대되는 생각들로 제 자신을 꽁꽁 감싸고 있었던 거예요."

앨리의 가치관이 다시 긍정적으로 전환된 것은 한 개인에게 일어난 변화에 불과했지만, 브리타니가 솔직하게 마음을 터놓았던 앨리의 영상은 수많은 사람의 마음을 움직였다. 시애틀의 아동 병원에서 불치병을 앓는 아이들의 사진을 찍기 시작한 리넷 존슨Lynette Johnson의 이야기도 그랬다. 한 기자가 리넷이 하는 일을 기사로 써서 「시애틀 타임스Seattle Times」에 보냈는데, 신문사에서는 사람들이 일요일 아침 식탁에서 아이들의 죽음에 관해 읽기를 원치 않을 거라는 이유로 거절했다. "사람들은 죽음에 관해 읽기를 원치 않는다"라는 일반적인 통념 때문에 이야기가 거기에서 끝날 수도 있었다. 그러나 기자는 리넷에 관한 기사를 더 많은 곳에 투고했다. 결국 「피플People」지에서 기사를 실어 줬고, 대중은 그 이야기에 분명한 관심을 보였다. 리넷이 속한 단체인 솔루미네이션Soulumination에 문의가 쇄도했다. 솔루미네이션은 이제 예순 명의 사진작가로 이루어진 탄탄한 조직으로 자랐으며 해마다 수백 가족을 도울 수 있게 됐다. 기자가 "사람들은 죽음 이야기를 원하지 않는다"라는 관점에 이의를 제기하지 않았다면, 상심한 가족들을 돕는 좋은 일은 결코 시작되지 못했을 것이다.

비슷한 예로 전설적인 베스트셀러 『모리와 함께한 화요일 Tuesdays with Morrie』*도 과거에는 출간이 어려운 상황에 놓여 있었다. 「보스턴 글로브Boston Globe」지에 표제로 실린 '한 교수의 마지막 강의: 본인의 죽음을 강의하다'라는 기사에 깊은 감명

• 후에 텔레비전 영화로 제작되었는데, 잭 레먼Jack Lemmon이 배우 인생 마지막 역할로 모리 슈워츠Morrie Schwartz 역을 맡아 연기했다. 또 연극으로도 각색되어 지난 20년간 전 세계에서 상연되었다.

을 받은 ABC뉴스의 간판 프로그램 〈나이트라인Nightline〉의 선임 프로듀서 리처드 해리스Richard Harris는 불치병에 걸린 미국 브랜다이스대학 모리 교수의 약력을 가지고 〈나이트라인〉의 진행자인 테드 코펠Ted Koppel의 사무실을 찾아갔다.

코펠은 이야기를 듣고 나서 모리가 인터뷰에 응할 수 있는지 알아보라고 주문했다. 코펠은 어렸을 적 잉글랜드에서 자라다가 십 대 때 미국에 건너왔고, 미국인이 잉글랜드인보다 훨씬 더 죽음에 대해 이야기하기를 꺼린다고 느껴 왔다. 그 때문에 예전부터 〈나이트라인〉에서 죽어 가는 이에 대한 이야기를 다루고 싶던 차였다. 그래서 모리가 보통의 미국인들이 죽음을 대하는 태도와는 다르게 루게릭병에 걸려 임박한 죽음에 관해 기꺼이 이야기하려 하자 강한 호기심을 느꼈다.

하지만 코펠의 상관인 ABC뉴스의 사장 룬 얼리지Roone Arledge는 회의적이었다. "왜 하필 죽어 가는 남자에 관한 프로그램이지? 너무 우울하지 않나?"라고 얼리지가 코펠에게 말했다. 그러나 코펠은 결국 모리를 인터뷰하러 보스턴까지 날아갔다. 그 기획은 코펠의 기자 인생을 통틀어 사람들이 가장 많이 본 인터뷰 중 하나일 정도로 호평을 받았다. 그는 모리가 병으로 쓰러질 때까지 두 번 더 추가 인터뷰를 했다.

모리의 옛 제자였던 스포츠 기자 미치 앨봄Mitch Albom은 우연히 첫 번째 인터뷰를 보고 모리에게 전화했고, 집으로 초대받았다. 그 후 6개월 동안 앨봄은 화요일마다 모리를 방문해 책을 쓰기 위한 자료를 수집했다. 그는 책의 수익을 모리의 의료

비에 보태고 싶었다. 출판사들은 하나같이 얼리지와 같은 반응을 보이며 ("너무 우울하지 않나?") 출간을 거절했다. 앨범의 노력이 빛을 본 것일까. 모리가 죽기 직전에 책이 출간될 것이라는 소식을 그에게 전할 수 있었다. 『모리와 함께한 화요일』은 출판 역사상 가장 많이 팔린 회고록 중 하나일 것이다. 이책은 20년 이상 전 세계 독자들의 사랑을 받으며 수많은 이에게 영감과 희망을 주었다.[8] 하지만 출판사들 대부분이 죽음이라는 무거운 주제를 다루기를 꺼린다는 이유로, 하마터면 이놀라운 현상이 묻힐 뻔했다.

나는 이 주제를 피하는 누군가를 너무 심하게 나무라고 싶지는 않다. 개인적으로 죽음, 상실, 생애 말기에 대한 준비를 논의하는 수백 번의 만찬을 전 세계적으로 주최하면서 내가 알게 된 가장 확실한 점은, 이러한 대화가 거의 이루어지지 않는다는 사실이다. 마치 저주에 걸린 마을처럼 모두가 침묵하기로 작정하고, 죽음에 대해 대화하는 법을 잊은 것 같다. 나는 우리가 마음속 깊은 곳에서는 이 고통을 함께 직면하는 방법을 알고 있다고 굳게 믿는다. 하지만 어려운 첫발을 내디뎌야비로소 대화는 시작될 것이다.

이제 대화를 시작해 보자.

인디언 추장인 까마귀 발은 말했다. '조금 뒤면 나는 떠난다. 어디로 가는지 나도 모른다. 우리는 모르는 곳에서 와서 모르는 곳으로 간다. 삶은 무엇인가? 밤중에 빛나는 개똥벌레 불빛이다. 겨울에 내쉬는 버펄로의 숨결이다. 풀밭을 가로질러 움직이다가 해질녘에 사라지고 마는 작은 그림자다.'

— 데이비드 실즈, 『우리는 언젠가 죽는다』

II 죽음을 이야기하는 만찬 초대장 보내는 법

오래된 연락선을 타고 바션Vashon섬에 도착했다. 비가 너무 많이 와서 마치 안개가 낀 것처럼 앞이 잘 보이지 않았다. 초조한 마음을 감출 수 없었다. 폭풍우가 몰아치는 엄동설한에 죽음에 관한 내 강연을 듣겠다고 과연 얼마나 많은 사람이 나올지 전혀 알 수 없었다. 바션에는 만여 명의 주민이 살고 있지만, 주로 집안에서 지내는 데다 특히 겨울에는 집 밖으로 나오는 일이 별로 없다고 한다. 게다가 내 강연은 그 주에 바션섬에서 열리는 죽음에 관한 행사 십여 개 중 하나였다. 주민들은 그것을 '죽음의 축제'라고 부르고 있었다(어떻게 내가 이 강연을 거절할 수 있었겠는가?).

강연 장소인 불과 몇 달 전에 완공된 어느 고등학교의 외관은 새로 뽑은 차처럼 깨끗하고 눈부셨다. 반짝이는 돌길이 포플러나무 생태 수로와 야생식물들이 어우러진 작은 숲을 가로질렀고, 대지 전체에서 진한 숲 냄새가 났다. 마중 나온 듯 튀어나온 건물의 전면부는 10미터 높이의 투명한 유리 면이었다. 문이 열리자 내 출연에 이상하게 신이 난 할머니 십여 명이 따뜻하게 미소 지으며 포옹해 주었다. 나는 내 조부모님을 만나 본 적이 한 번도 없어서 처음 느끼는 감정에 휩싸였다(그것은 마음이 따뜻해지면서도 불편한 것이었다). 분명 할머니들은 "죽음의 남자"를 만나서 들뜬 것 같았다.

거대한 계단 맨 위에 타탄 무늬 옷을 입고 머리를 정성스럽게 땋은 열네 살짜리 소녀가 서 있었다. 백파이프에서 뻗어 나온 검은 파이프들 때문에 소녀의 빛나는 하얀 얼굴이 더 강조돼 보였다. 내가 미처 소녀의 얼굴을 보기 전부터 현실을 초월한 듯한 소리가 거대한 홀을 가득 채우고 있었다. 무대 쪽으로 이동하면서 눈물이 나오려 하는 걸 가까스로 참았다. 빈자리는 거의 없었고, 백파이프에서 흘러나오는 그리움이 묻어나는 슬픈 선율이 눈물을 쏟고 있는 야외 활동복 차림의 미국 북서부 주민 수백 명과 잘 어우러졌다.

나는 긴장감에 얼굴을 가볍게 두드리며, 기존에 하려던 이야기를 머릿속에서 지우자고 결심했다. 우선 청중에게 마음이 진정될 때까지 눈을 감으라고 요청했다. 이다음 강연부터는 무조건 백파이프 연주를 추가해야겠다고 농담을 던진 뒤, 각자 깊이 사랑했던 고인 한 분을 마음속에 떠올려 보자고 나 자신도 놀랄 정도로 갑작스럽게 제안했다. 나는 항상 이 제안으로 "죽음의 만찬"을 시작해 왔지만, 강연에서 시도해 본 적은 없었다.

"마음의 눈에 고인의 모습이 보인다면 눈부시게 빛나는 저녁 식탁을 상상해 보세요." 나는 말했다. "오븐에서 음식이 나오자 맛있는 냄새가 진동합니다. 식탁에는 우리 곁을 떠난 고인이 앉아 있고, 고인이 좋아했던 사람들도 모두 둘러앉아 시끌벅적합니다. 웃음소리와 기쁨이 넘치는 가운데, 우리는 이제 막 이야기와 농담으로 채워질 식사 자리에 앉았습니다."

청중이 눈을 떴을 때, 나는 무대에서 하는 강연보다 소규모의 편안한 저녁 식사 모임을 더 좋아한다고 고백했다. 나는 순간 이곳 사람들 모두 멋진 만찬회가 불러일으키는 일종의 마법에 걸리면 좋겠다고 생각했다. 그리고 마음속에 떠오른 사랑하는 고인의 이름을 자유롭게 소리 내어 말해 보라고 주문했다. 레베카, 메리, 데이비드, 하비에르, 엘리자베스…… 쉰 개도 넘는 이름이 나왔다. 속삭이듯 말하는 이도 있었고, 대포 소리처럼 크게 외치는 이도 있었다. 그러고 나서 고인을 기리는 순서가 되자 늘 그랬듯 놀라운 일이 일어났다. 시간이 멈추고 사랑하는 사람이 같은 공간에 있는 듯하다는 느낌이 갑자기 어떤 방식으로든 드는 것이다. 영혼이 느껴질 때는 (영혼을 느끼는 데는 신앙이나 영성이 필요한 게 아니다. 그보다는 오히려 오랫동안 사랑받은 대성당 안에 들어가 있을 때 받는 느낌에 가깝다) 모든 것을 더 깊고 느리고 풍부하게 느낄 수 있다.

그날 저녁 강연은 내가 했던 크고 작은 강연 중에서 손에 꼽힐 만큼 좋은 경험 중 하나였다. 내가 그들을 실제로 만찬에 초대한 것은 아니었지만 그들이 나를 초대한 셈이었다. 우리는 아름다운 선상에 함께 오른 듯 죽음과 마음과 상실 속으로 항해를 떠났고, 남은 삶에서 우리가 무엇을 원하는지 알게 된 참이었다.

*

오스트레일리아 멜버른에서 맞은 어느 5월의 환한 아침에는 정반대의 경험을 했다. 나는 무겁게 가라앉은 호텔 회의실에서 나를 바라보는 오스트레일리아 원주민들의 영혼 없는 눈동자 백여 개를 마주한 채 연단 앞에 서 있었다. 단 한 번도 청중의 심금을 울리지 못한 채 강연이 중반으로 접어들고 있었다.

어렸을 적 나는 관심과 사랑을 받으려고 매력과 사교성을 한껏 발휘하는 편이었다. 우리 집에는 다른 관심을 끌 만한 극적인 사건이 너무 많았기에, 나의 노력은 늘 실패했고 결과적으로 나는 사랑받지 못했다. 그러나 나는 곧 집에서 받지 못한 사랑을 학교에서 채울 방법을 알아냈다. 나는 분명 선생님에게 사랑받았고, 인기 있는 학생들 무리에 속해 있었으며, 따돌림받는 아이들에게서도 좋은 평가를 받았다. 나는 사랑받는 느낌을 좋아했고 지금도 여전히 그렇다. 그러나 아이로서, 젊은 예술가로서, 그리고 식당 경영자이자 만찬의 주최자로서 배웠던 모든 지식이 그날 아침 강단에서는 아무 쓸모가 없었다.

나는 감흥 없는 사람들 앞에서, 우리의 작은 프로젝트가 엄청나게 짧은 기간 동안 얼마나 성공했는지를 보여 주는 통계 자료와 크라우드 펀딩을 통해 모은 1천3백만 원이 10만 번의 만찬으로 이어졌다는, 보통은 다들 홍미로워하는 우리 행사의 유래를 설명하면서 횡설수설하고 있었다.

계속해 봤자 아무 소용이 없었다. 데스오버디너Death Over Dinner(죽음의 만찬)의 공동 창립자 에인절 그랜트Angel Grant와 나는 우리의 만찬 행사를 시작하려고 오스트레일리아에 있었고, 대단한 홍행을 거두고 있던 참이었다. 우리 프로젝트는 장장 열흘간 오스트레일리아 신문 1면을 장식했다. 우리는 아주 유명한 토크쇼에 출연했고, 주요 라디오 방송에도 빠짐없이 나갔으며, 오스트레일리아 총리로부터 점심 식사 제안을 받기도 했다. 또 〈60분60 Minutes〉이라는 프로그램에서 우리 프로젝트를 한 회 방송분으로 다루기로 하고, 유명한 영화배우들과 정치계 유명인들까지 참여하는 죽음의 만찬을 처음부터 끝까지 카메라에 담았다. 우리는 첫 주만에 얻은, 믿을 수 없는 성공 앞에 얼떨떨한 상태였다. 하지만 그날 아침 내 매력에 전혀 감동하지 않은 원주민 대표 50여 명 앞에서 그런 사실은 하나도 중요하지 않았다.

바션에서와 같이 나는 원래 말하려던 내용을 일단 잊기로 마음먹었지만, 이번에는 정반대의 이유에서였다. 나는 노트북을 닫고 연단 뒤에서 나왔다. 사람들에게 우리 프로젝트에서 무엇이 좋고 무엇이 마음에 안 드는지 물었다. 내가 솔직하게 묻자, 한 중년 여성이 기다렸다는 듯이 대답했다.

"제목이요. 별로 와닿지 않아서요."

나는 더 자세하게 말해 달라고 부탁했다.

"'저녁 식사를 하며 죽음을 이야기합시다.'라니요." 부인은 약간 당혹스러운 얼굴로 말했다. "우리는 죽음을 이야기하지 않잖아요."

"무슨 뜻이죠?" 내가 물었다.

"우리는 죽음이라는 말을 쓰지 않아요. '집에 갔다.'라고 말해요."

원주민들이 그제야 고개를 끄덕이고 입가에 미소를 띠며 눈을 반짝였다. 순식간에 회의실에 생기가 돌았다. "알겠습니다." 나는 말했다. "'집에 갔다', 좋네요. 제목에서 또 마음에 안 드는 부분이 있나요?"

"'저녁'이요." 부인이 말했다. "우리는 '저녁'을 먹지 않아요. 그건 백인들이나 쓰는 말이에요. 우리 부족은 '때끼'를 먹어요."

회의실이 더 활기를 띠기 시작했다. 테이블 두어 곳에서는 웃음이 터져 나왔다. 나는 새로운 단어의 미로에서 헤매고 있었지만, 때끼가 저녁을 대신한다는 점을 이해했다.

"그럼 '때끼'를 먹으면서 뭘 합니까?" 내가 물었다.

"배불리 먹고 실컷 떠들죠." 누군가 큰 소리로 말했다. 회의실에 있던 사람들의 마음이 활짝 열렸다. 사람들에게 강연할 때마다 기대하게 되는 가장 멋진 순간이 찾아왔다.

상황이 진전을 보이자, 불안해 하던 오스트레일리아 주최자들의 안색이 비로소 원래의 낯빛으로 돌아왔다. 첫 주에 예정된 행사 가운데 그들이 가장 우려했던 모임이 이 강연이었던 모양이다.

나는 처음 말문을 열었던 중년 여성을 바라봤다. "그렇다면 우리가 저 제목을 버리고 완전히 새로운 프로젝트를 만든 다음에 '때끼를 배불리 먹고 집에 가는 이야기를 실컷 합시다.'라고 부르면 어떻겠습니까?" 청중들 사이에서 '와' 하는 소리가 어렴풋이 들렸다. 몇 사람은 내 말에 동의한다는 듯 천천히 고개를 끄덕였다. 나는 그 자리에 있던 원주민 연장자들이 비언어적 방식으로 여론을 확인하는 동안 회의실을 가로질러 조용히 승낙 의사를 전하는 몇몇 사람들을 보았다.

그러자 그 부인이 대답했다. "네, 그렇게 하면 괜찮을 것 같네요."

나는 강단에서 내려와 테이블마다 찾아가서 새로운 프로젝트가 어떤 모습일지, 누가 참석할지, 누구에게 필요한지, 어떻게 구성할지, 누가 협조해 줄지에 대해 자유롭게 생각을 나누도록 사람들을 북돋웠다. 강연이 끝날 무렵, 우리는 완전히 새롭게 프로젝트의 기본 틀을 잡을 수 있었다. 따뜻한 포옹과 함께 자리를 떠나기 전, 오스트레일리아의 가장 큰 요양 시설에서 우리 프로젝트에 자금을 지원하기로 약속했다.

바셔과 오스트레일리아에서의 대조적 경험은 죽음을 이야기하는 자리에 사람들을 초대하는 법은 다양할 수 있다는 사실을 가르쳐 주었다. 오스트레일리아에서의 경우처럼 우리가 사용하는 언어에 그 답이 있을 때도 있지만, 언어 역시 한 가지 요소일 뿐이다. 사람들의 마음이 모두 다르듯이 죽음에 관한 대화 역시 모두 다를 것이다. 유전자, 어린 시절의 경험, 문화적 배경, 트라우마, 자아, 자존감, 상처, 기쁨, 고통. 마음은 이 모든 요인에 의해 다양하게 변한다. 하지만 사람들의 마음을 움직일 방법은 반드시 있고, 그것을 찾아낸다면 사람들은 기꺼이 죽음을 이야기하는 만찬에 응할 것이다.

준비되었는지 확인하기

내가 제일 자주 받는 질문이 어떻게 해야 연로한 부모님과 조부모님이 죽음과 관련된 소망이나 의견을 자연스럽게 이야기하겠느냐는 것이다. 그렇게 묻는 사람들은 대개 불안해 하고 있으며, 그럴 만한 이유가 있는 편이다. 그들은 종종 사랑하는 사람의 육체나 정신이 쇠약해지고 있음을 느낀다. 그리고 그것에 관해 이야기 나누지 않는 것은 위험하다는 것을 안다. 당신의 늙은 아버지가 정말 하면 안 되는 상태에서 운전대를 잡는다거나, 복잡한 주식 거래를 계속 시도하는 경우를 상상해 보라. 나도 잘 안다. 죽음을 이야기하기 싫어서 피하면 결국 온갖 종류의 고통을 겪게 된다는 확신이 이 책을 쓰게 된 주요 동기니까. 하지만 저 질문에 대한 내 대답은 언제나 변함없이 똑같다. '준비되지 않은 사람에게 죽음에 대한 이야기를 강요하지 마라. 원하는 대로 되지 않을 것이다. 잘 될 리 없다.'

도발적으로 제안하는 듯한 이 책의 제목에도 불구하고, 나는 누군가에게 갑자기 다가가 "이봐요, 우리 죽음에 관해 이야기해 봅시다."라고 불쑥 청하는 것은 결코 좋은 태도가 아니라고 생각한다. 시급하다고 여겨지더라도 대화의 물꼬를 트는 데 주의를 기울여야 하고, 서두르지 않아야 한다. 상대방의 동의가 필요한 대화이기 때문이다.

우선 상대의 환심을 사라. 편안하게 죽음에 대해 이야기할 수 있도록 전후 상황을 설계해라. 그리고 대화에 더 참여하고 싶게끔 환경을 만들어라. 상대가 저항감을 드러낸다면 어떻게 묻고 있는지 스스로를 되돌아봐라. 보통 어떻게 대화를 시작하고 있는가? 좋은 결과를 기대하거나 "반드시 해야 한다"는 생각으로 접근하지 않았나? 상대가 대화를 해야 한다거나, 하지 않으면 문제가 있다는 시각을 갖고 있지는 않은가? 그래봤자 소용없다. 상대방의 대답에 집착하지 마라. 거절당해도 침착하게 대처해라. 가시밭길을 걷고 곤경에 처할 것을 당연하게 여겨라. 당신의 솔직함, 취약점, 모험 요소, 매력, 장점을 총동원할 것을 각오하라.

죽음에 관해 논하기 위해서는 개인의 취약한 부분을 공개해야 하므로, 잠시 시간이 걸릴 수 있다는 점을 존중하라. 게일 로스Gail Ross는 엄마가 암으로 죽어 갈 때, 임종과 매장에 있어서 엄마가 무엇을 바라는지 계속 물었다. 게일의 엄마는 어릴 땐 정통파 유대교인이었지만, 성인이 된 후엔 거의 율법에 따라 살지 않았다. 엄마는 정통파의 장례 관습 중 어디까지 따르기를 원할까? 아버지 묘지 옆에 엄마의 자리가 마련돼 있긴 했지만 아버지는 수십 년 전에 죽었고, 왠지 뉴저지주에서 치르는 장례식은 맨해튼에서 살아온 엄마에게 더는 맞지 않는 것 같았다. 엄마는 "지금은 얘기하고 싶지 않구나." 혹은 "아직 그런 얘기를 할 준비가 안 됐어."라고 말하곤 했고, 게일은 순순히 물러났다. 하지만 게일은 다시 부드럽게 이야기를 꺼내곤 했다. "엄마, 이런 것들을 제가 알고 있어야 해요." 그리고 조금씩 이야기해 나갔다.

나는 죽음에 관한 이야기를 나누려고 셀 수 없이 많은 사람을 초대해 봤고, 믿지 않을지 모르겠지만, 보통 이메일로 씨앗을 심어 뒀다. 이메일을 이용하면 보내는 사람은 어떻게 물을지 고민할 시간을 벌어서 이득이고, 받는 사람은 저녁 식사 초대를 어떻게 받아들일지에 대해서나 뭐라고 답할지에 대해 숙고할 시간을 얻게 돼 좋다. 단순히 죽음에 관한 기사 링크를 보내면서, "흥미로운 기사죠. 이 주제에 관해 당신과 더 얘기해 보고 싶어요. 참여하시겠어요?" 같은 말을 덧붙일 수도 있다. 당신이 죽음을 이야기하는 만찬을 열기로 마음먹었을 때 참고할 수 있도록 '죽음의 만찬' 초대장 견본을 만들었다.

제가 이제껏 보낸 저녁 식사 초대장 중 가장 이상한 초대장이겠지만, 조금만 참고 끝까지 읽어 주시길 바랍니다. 곧 놀라운 경험을 하리라 믿어요.

이 초대장을 받은 분들과 함께 저녁을 먹으며 죽음에 대해 이야기 나눌 시간을 내 주신다면 대단히 고맙겠습니다. 우리는 우울한 대화가 아니라 삶에서, 또 죽는 과정에서 우리가 무엇을 원하는지 미리 생각해 보는, 매우 인간적인 대화를 나누려 합니다. 이 주제에 관한 생각과 감정을 공유함으로써 우리

는 죽음에 대한 두려움을 이겨 내고 억압에서 벗어나며, 사랑
하는 사람들을 더 깊이 이해하고 그들과 마음을 나눌 수 있게
될 거예요.

나는 죽음을 이야기하자는 초대장을 보낸 후 종종 "마음의
준비가 안 됐어요"라는 말로 거절당하곤 했다. 혹은 "식사하면
서 그런 대화를 나눈다니, 체할 것 같아"라는 대답을 듣기도 했
다. 완전히 맞는 말이다. 모든 사람에게 적절한 때나 장소일 수
는 없기 때문이다. 그러나 "기권"을 거절로 느끼지 말자. 당신
을 거절한 건 아니므로 초대 승낙 여부에 자존심을 걸어서는
안 된다. 초대장을 건네고 이야기하려는 의지를 보여 줌으로
써 원하던 변화를 이뤄 낼 수는 있겠지만, 딱 거기까지가 당신
이 할 수 있는 일이다.

누가, 어디서, 무엇을, 어떻게, 왜?

사람들은 죽음 이야기를 꺼내면 어떤 일이 벌어질지 상상의
나래를 펼치며 우려한다. "지금은 결코 적당한 때가 아닙니
다", "죽음 이야기를 하면 부모님이 슬퍼하실 거예요", "아내가
이미 우울해 하고 있습니다", "너무 일러요. 죽은 지 얼마 안 돼
서요", "화를 내고 노발대발하실 거예요", "제가 강하고 분명하
게 대화를 이끌어 갈 수 있을지 자신이 없습니다." 이야기하지

않으려는 이유는 끝이 없다. 하지만 대화해야 하는 이유는 간단하다. 당신뿐만 아니라 사랑하는 사람들이 더 나은 삶을 살 수 있기 때문이다.

가족이나 친구들이 죽음 이야기를 원치 않는다고 말하는 사람들과 이야기를 나눠 보면, 사실 상대에게 직접 물어보지 않았을 때가 많다. 죽음, 생애 말기, 심지어 사전 돌봄 계획*에 관해 부모와 나누는 대화에 있어 가장 핵심적인 오해 중 하나는 부모가 대화를 두려워 할 거라는 생각이다. 부모는 죽음의 순간에 더 가깝기에 그 주제를 더 위협적으로 느끼리라 여기는 것이다. 그럴듯한 논리지만, 현실에선 거의 사실이 아니다. 우리 어머니의 동호회 친구들은 죽음에 관한 심한 농담으로 장례 관리사를 언짢게 하곤 했다. 서아프리카의 많은 장례식에서도 애도하는 사람은 주로 젊은 여성들이고, 노인들은 식이 진행되는 내내 뒤쪽에 앉아 다음 차례는 누가 될지를 주제로 기분 나쁜 농담을 주고받는다.

사람들은 항상 내게 말한다. "차마 그에게 죽음 이야기를 할 수 없었어요. 그는 죽어 가고 있다고요!" 그러나 죽어 가는 사람은 종종 죽음에 관한 대화를 원한다. 머릿속에서 다른 무엇보다 큰 비중을 차지하고 있는 주제에 관해 이야기를 나눌 사람이 없어 고립감을 느끼기도 한다. 한 노인 복지 시설의 간호

---

* 병세가 깊어져 환자가 의사 표시를 하기 어려워질 경우를 대비해 사전에 의료 행위 및 돌봄에 관련된 의사 결정을 내리고 계획하는 것

사가 죽음의 만찬을 제안했을 때, 자신들의 자녀가 초대되었을 때에야 비로소 노인들이 제안에 동의한 것도 같은 이유다. "그래야 죽음에 관해 이야기할 수 있어요. 아이들은 우리에게 직접 물어볼 용기가 없어요." 췌장암에 걸린 스티브Steve는 같은 처지에 있는 사람들은 모두 아는 사실이라고 단언했다. "무작정 숨긴다고 될 일이 아니에요." 스티브는 말했다. "내가 아프다는 사실은 분명해요. 주위 사람들이 쉬쉬하는 것을 원하지 않습니다." 스티브의 병이 불치병이라는 사실, 그래서 어떤 감정을 느끼는지에 관한 대화를 가족 중 가장 원했던 사람은 바로 스티브 자신이었다.

사람들은 아이들에 대해서도 자주 질문한다. 아이들이 이야기 나누는 자리에 초대되어야 하는가? 짧게 답하면 상황에 따라 다르다. 죽음 이야기를 궁금해 하거나 흥미를 보이면 환영할 일이다. 특히 아이의 주위 사람이 죽었거나 아이가 죽음에 관한 질문을 많이 한다면 솔직하게 사실을 알려 줘야 한다. 157~167쪽 여덟 번째 질문을 다루면서 이 문제를 더 깊이 있게 다룰 것이다.

반드시 생각을 공유하지 않아도 되는 사람들과 대화하는 것도 삶을 활력 있고 풍성하게 한다고 생각한다. 그 비결은 첫째, 호기심과 존중으로 논의를 구성하고 둘째, 인간으로서 우리가 모두 지닌 공통점이 차이점을 완전히 압도한다는 사실을 아는 것이다. 그것을 가장 확실히 깨달았을 때는 에인절과 내가 전 상원 다수당 대표 빌 프리스트Bill Frist와 함께 죽음의 만찬에 참석하려고 내슈빌Nashville에 갔을 때다. 식탁에는 빈스 길Vince Gill, 에이미 그랜트Amy Grant 같은 내슈빌의 전설적인 인물들이 가득했지만, 그보다는 내가 진보적 정치 성향과 덜 열성적인 종교 성향으로 알려진 북서부 지역 출신이라는 사실이 나를 더욱 초조하게 했다. 남부에서 열린 죽음의 만찬에는 처음 참석하는 것이었다. 만찬이 정치적 충돌로 끝나면 어쩌지? 내가 신과 영혼에 관한 관습에 충실하지 않아서 지옥 불에 떨어질 거라는 말을 들으면 어쩌지?

하지만 그날 저녁 나는 죽음에 관한 대화가 정치나 종교보다 훨씬 깊은 영역에 있다는 사실을 알았다. 저녁을 먹는 동안 그들과 조금도 다투지 않았다. 죽음을 이야기하는 것은 상대방의 종교를 이야기하거나 평가하는 것과 다르며 교훈적인 대화가 아니다. 죽음 앞에서는 우리 모두 아이와 같다. 문화, 정치, 인종, 성차를 넘어 깊이 마음을 나누려는 순수함과 의지가 있는 것이다. 그날 밤 만찬이 진행된 세 시간 동안 강력한 유대감이 형성됐다. 식탁에 앉은 모든 사람이 눈물을 흘렸고, 남부 사람과 그들의 감정 표현 능력에 대한 나의 편견이 사라졌다. 빌 프리스트는 생각에 잠겨 말했다. "단순한 질문들이 어떻게 억압을 날려 버리는지 봤습니다. 사람들은 죽음을 이야기해야 합니다. 끓는 냄비가 뚜껑을 날려 버리는 것 같은 대화예요."

식탁에서 나누는 이야기의 힘

나는 식사를 함께하며 죽음을 이야기하는 것에 우호적인 편이다. 식탁은 인간의 고유한 문화를 탄생시킨 가장 중요한 장소이기 때문이다. 요리하고 함께 먹는 것은 우리가 유인원에서 인간으로 진화하는 데 혁신적인 역할을 했다. 식탁은 우리의 고치이자 번데기다. 우리는 요리 덕분에 진화 과정에서 도약을 이뤘다. 과거 유인원은 하루에 일곱 시간 동안 음식물을 씹었다고 한다. 뿌리와 과일을 먹으려면 거대한 위와 놀랍도록 강한 턱이 있어야 했기 때문이다. 그 후 인간이 요리에 불을 쓰기 시작했을 때, 요리의 열량이 응축되고 음식이 소화가 잘 되게 변형되어서 유인원의 큰 위를 말 그대로 '아웃소싱' 할 수 있었다. 이제 인간은 하루에 평균 24분 동안 음식물을 씹게 되었고, 유인원처럼 강한 근육질의 턱은 필요치 않아 가늘어졌다. 큰 배도 사라지고, 턱 뒤로 남겨진 공간을 채우면서 뇌가 커졌다. 식사는 사실상 우리가 누구인지를 결정하는 핵심적 요소다.

내가 처음부터 식탁을 중요하게 생각했던 것은 아니다. 나는 어린 시절의 상당 부분을 슈퍼 마리오와 시리얼 그릇 앞에서 보냈다. 십 대의 끝자락에 이복 누나 웬디Wendy와 함께 살기 위해 목가적인 해안 마을인 메인주Maine로 날아가기 전까지는 식사의 중요성을 알지 못했다. 나보다 스무 살이나 많은 웬디 누나는 훌륭한 의사와 결혼해 혈기 왕성한 아홉 살짜리 아들을 키우고 있었다. 누나는 이틀마다 협동조합형 농산물 직판장에 가서 품질 좋은 농산물, 목장에서 자란 가축의 고기, 수제 치즈를 샀고, 늘 프랑스산 와인을 충분히 샀다. 매일 저녁 주방에서 몇 시간씩 요리했고, 장을 보고 요리하고 영양을 공급하는 전 과정에는 분명 가족에 대한 사랑이 담겨 있었다. 나는 그 모습에 매료되어 오후 시간 대부분을 주방 조리대에 걸터앉아 철학이나 정신적인 것에 대해 이야기하고 누나의 요리법에 대해 질문하며 보내곤 했다. 그때까지 그곳의 저녁 의식과 약간이라도 유사한 경험은 해 본 적이 없었다. 우리는 좋은 와인을 한 병 따고, 직접 구운 빵을 뜯어 먹으며 낮에 겪은 일에 대해 이야기했다. 그것은 우리의 매우 소박하고 오래된 일상이었고, 나는 그 의식에 완전히 반해 있었다. 나는 관심받고 이해받는다고 느꼈다. 우리는 섹스, 마약, 일상, 종교에 관해 토론하고 언쟁하고 웃으며 이야기하곤 했다.

식사를 하며 대화할 때 처음 주제로 삼는 것은 대개 음식이다. 사랑과 관심을 담아 요리한 음식에는 고유의 향기가 있다. 한마디로 표현하기는 어렵다. 그것을 경험할 때 당신은 안정감을 느낀다. 이것이 집에서 만든 음식, 오븐에서 갓 나온 빵의 힘이다. 시간을 들여 재료를 고르고, 소박한 요리일지언정 요리하는 과정을 통해 정성을 들여 식사를 준비하면, 냄새가 중추신경계를 자극하고 우리에게 안정감을 준다.

사라 윌리엄스Sara Williams가 노스캐롤라이나주 채플힐Chapel Hill 외곽에서 '죽음 카페Death Café'를 연 것도 이 일환에서였다.

죽음 카페는 사람들이 모여 페이스트리부터 멕시코 음식까지 다양한 음식을 즐기며 죽음을 이야기하는 일종의 클럽이다. 사라는 말했다. "죽음을 이야기할 때 음식을 먹는 선택은 언제나 옳아요. 음식은 당신이 아직 살아 있다는 사실을 상기해 주거든요."

함께 음식을 나눠 먹으면 상대방과 서로 친숙해지기 마련이다. 과장하자면 성체를 나눠 먹는 종교적인 체험과 유사하다. 비다스 호스피스Vitas Hospice의 의료 책임자가 최근에 말했듯이 말이다.

"역사상 꽤 유명한 죽음의 만찬이 있었죠, 우리에게 잘 알려진 어느 혁명적 사상가와 그의 열두 명의 제자들이 참석했던 자리가. 그 사상가는 제자들에게 자신이 곧 죽을 것이라 말하며 시신을 어떻게 처리할지, 그리고 자신이 떠난 뒤에 가르침을 어떻게 전파할지 상세하게 설명했어요."

정적은 외나무다리가 아니라 식사 자리에서 만나며, 역사상 중대한 몇몇 순간들 또한 잘 차려진 식탁 위에서 탄생했다. 1790년 6월, 토머스 제퍼슨Thomas Jefferson, 제임스 매디슨James Madison, 알렉산더 해밀턴Alexander Hamilton은 식사 자리에서 만나 미국 재정의 미래를 논하고 수도의 위치마저 결정했다. 그 식탁은 이후 수천 년 동안이나 미국 문화를 이끈 가장 작고 효율적인 엔진이었다. 위대한 작가 어니스트 헤밍웨이Ernest Hemingway가 또 다른 위대한 화가 파블로 피카소Pablo Picasso를 만나 입체파Cubism 미술 운동을 처음 도모한 것도 거트루드 스타인Gertrude Stein의 파리 가정집 식탁에서였다. 뉴욕주 북부에 위치한 턱시도 파크Tuxedo Park 만찬은 제2차 세계대전 승리의 가장 결정적 요인이라 할 만한 전파 탐지기의 발명으로 이어졌다. 산소의 발견은 루나 소사이어티The Lunar Society*의 월례 식사 모임에서 논의되고, 정리되었다. 버지니아 울프Virginia Woolf, 존 메이너드 케인스John Maynard Keynes는 후에 블룸즈버리 그룹Bloomsbury Group으로 알려진 친구들과 매주 식탁에 모여 근대 문학뿐만 아니라 현대 경제학의 근간이 된 케인스 경제학을 탄생시켰다. 더 과거로 거슬러 올라가, 소크라테스Socrates와 플라톤Plato의 음식이 가득했던 심포지엄은 민주주의와 사법 제도의 발생지라고 할 수 있다.

굳이 위대하고 다소 비밀스러운 역사가 아니더라도, 우리가 저녁을 먹는 한 식탁은 가정생활의 핵심이다. 서로를 알게 되고 자신을 발견하는 곳이다. 대화하는 법을 배우는 곳이기도 하고, 종종 도덕을 배우는 곳이자, 처음으로 불평등을 경험하는 곳일 수도 있다. 하지만 좋은 경험이든 나쁜 경험이든 식탁은 인간의 스승이다. 어떤 식사가 역사와 국가를 형성했음에도 불구하고, 각각의 식사는 소박해도 좋다.

식사하면서 죽음을 논하려고 마음먹었다면 조언 몇 마디를 건네고 싶다. 첫째, 음식은 단순하게 준비하라. 음식 준비가 너

---

* 18~19세기 영국 버밍엄에서 찰스 다윈의 친조부이자 진화학자인 이래즈머스 다윈의 주도하에 자연과학자와 기업가를 비롯한 다양한 지식인들이 모이던 저녁 식사 친목 모임

무 부담스럽거나 스트레스가 되면 손님이 그것을 느낄 것이고, 당신도 집중하기 어려울 것이다. 둘째, 도움을 받아라. 식탁을 차리는 기본적인 일이라 하더라도, 서먹서먹한 분위기를 없애는 데 가장 좋은 방법은 같이 일하는 것이다. 셋째, 사랑하는 고인을 위해 건배하며 만찬을 시작하고 처음 떠오른 사람에 대해 각자 1분 정도 이야기하도록 격려하라. 이 책에서 대화의 물꼬를 틀 서너 개의 질문을 고르되, 너무 욕심부리지는 마라. 이것은 시합이 아니다. 손님들에게 잘 어울리는 질문을 선정하되, 대화가 다른 방향으로 흘러가더라도 준비한 질문에 연연하지 마라. 분위기가 감정적으로 흐르면 그대로 둬라. 누군가 슬퍼할 때, 달래려는 충동이 들면 의식적으로 억제하라. 그러나 대화가 통제되지 않는다고 느껴지면 더 가벼운 성격의 질문으로 대화의 방향을 바꿔야 할 수도 있다. 마지막으로 저녁 식사를 마치기 전에 차례대로 돌아가며 자신의 왼편에 앉은 사람을 칭찬하는 시간을 가져라. 이 의식을 통해 저녁을 훈훈하게 마무리할 수 있을 것이다. 329~332쪽 마지막 질문 '죽음에 관한 대화를 어떻게 마치는 게 좋을까요?'에서 이 내용을 더 자세히 다룰 것이다.

식탁을 대신해서

나는 식탁의 힘을 믿지만, 포장해 온 음식을 먹거나 맥주를 마신다거나 집 근처를 산책하면서도 안정감을 느낄 수 있고, 죽음에 관한 의미 있는 대화도 할 수 있다고 생각한다. 바션의 고등학교 강당이나 멜버른의 회의실에서도 가능한 일이었듯이 말이다. 하지만 사람에 따라 식탁이 가장 유용하거나 감성적인 공간이 아닐 수도 있다. 식사하면서 질문에 즉흥적으로 대답하는 것을 싫어하는 사람도 많다. 누군가는 필담을 나누는 것을, 누군가는 몇 주에 걸쳐 생각한 후 결론 내리는 것을 더 좋아한다. 어떤 이는 죽음에 대해 단지 관념적으로 이야기하기를 더 선호하기도 한다. 적어도 처음엔 그렇다.

책은 오래전부터 대화의 강력한 매개체였으므로 『숨결이 바람 될 때』, 『모리와 함께한 화요일』, 장의사 케이틀린 다우티 Caitlyn Doughty가 쓴 『연기가 눈을 흐린다Smoke Gets in Your Eyes』 같은 책을 읽고 주제에 관해 이야기를 나누자고 제안할 수도 있다. 책이 너무 부담스럽게 느껴지거나 이야기하려는 상대방이 책을 좋아하지 않는다면 그 사람의 개인적 경험과 연관될 만한 기사나 감동적인 글을 보내라. 예를 들어 상대가 참전 용사라면 영원히 살 수 없다는 사실을 직면한 군인에 관한 기사를 보내라. 신앙심이 깊은 사람이라면 종교적 믿음에 호소하는 기사를 보내라. 접근법은 사람에 따라 달라야 한다.

영화나 연극도 조심스러운 시작점이 될 수 있다. 우리는 영화를 볼 때 감정적으로 몰입한다. 이 현상에는 과학적 원리가 있다. 우리에게는 누군가가 보여 주는 영상을 그대로 자신에게 반영하는 '거울 뉴런'이 있다. 죽음과 슬픔을 논하는 연극 작품을 무대에 올리는 극작가인 엘리자베스 코플란Elizabeth Coplan에 따르면, 우리는 영화를 볼 때 우뇌(창의적 사고와 브레인스토밍을 담당한다)를 사용한다. 좌뇌는 분석적 사고를 한다. 죽음에 관해서라면 당신은 양쪽 뇌를 함께 사용하길, 즉 느끼면서 생각하길 원할 것이다. 예술은 양쪽 뇌가 서로 연결되는 것을 돕는다. 엘리자베스는 어느 날 죽음을 이야기하길 거부하는 80대 노인과 함께 영화 〈밀리언 달러 베이비Million Dollar Baby〉를 봤다. 아직 내용을 모르는 소수를 위해 설명하자면 이 영화는 결말에서 산소호흡기에 의존하는 사지 마비 환자의 조력 자살을 다룬 영화다. 영화를 본 후 노인은 엘리자베스에게 말했다. "나도 저 상황이라면 누가 저렇게 해 주길 원할 것 같네." 노인은 자신이 죽음 이야기를 한다고 생각하지 않았지만, 그는 분명 죽음에 관해 이야기했다.[9]

예술이 효과적인 통로 역할을 하듯이 좀 더 추상적인 질문들도 그런 기능을 할 수 있다. 예를 들면 '후대에게 어떻게 기억되고 싶습니까?', '당신의 손자가 자신의 손자에게 당신에 대해 뭐라고 이야기하면 좋겠습니까?', '생각해 둔 묘비명이 있습니까?' 같은 질문이다. 당신도 질문에 대답하라. 마음을 터놓고 취약함을 드러내며 기꺼이 이야기하려는 마음을 보여 줄 때 그들도 마음을 터놓을 것이다. 당신은 이렇게 말할 수도 있다. "음, 저는 어떻게 저희 할머니가 저희를 항상 그토록 반갑게 맞아 주고 친절했는지 생각하고 있었어요. 누구든 원할 때마다 할머니와 함께 있을 수 있었어요. 그것이 중요하다고 생각했기 때문에 나도 그런 사람이 되려고 노력했어요. 나는 내 손자가 날 그렇게 기억해 주면 좋겠어요." 그러고 나서 지켜보라. 그들이 자발적으로 응답하지 않는다고 해서 생각하지 않는 것은 아니다. 충분한 시간을 줘라. 마치 씨앗을 뿌리고 그 결실을 기다리는 것과 같다.

이 책을 활용하는 법

보다시피 이 책은 평범하지 않다. 그래서 당신이 들고 있는 것(책, 그리고 책의 주제)에 관해 알아야 할 몇 가지가 있다.

첫째, 이 책은 순서대로 읽어야 하는 책이 아니다. 이 책에는 기승전결이 없다. 언제나 존재하는 삶과 죽음이라는 굴곡이 있을 뿐이다. 스포일러도 없다. 여러 번 등장하는 사람들은 있지만, 그들이 먼저 등장하는 부분을 찾아 읽을 필요는 없다.

둘째, 앉은 자리에서 끝까지 전부 읽어야 하는 책이 아니다. 분량이 많지는 않지만, 생각하고 명상하며 읽는 책이다. 진도를 너무 빨리 나가면 한꺼번에 너무 많은 감정적, 지적 영역을 다룰 위험이 있다. 내가 이야기들을 모으는 데 자그마치 5년이 걸렸으므로, 완전히 소화하는 데는 최소 2주 이상 걸려야 하는 것이 아닌가 생각한다.

셋째, 이 책은 여러 번 볼 수 있다. 책에 쓰인 글은 변하지 않지만, 책을 읽는 당신이 변할 것이다. 만찬을 진행할 때 활용하면 혼자 책을 읽을 때와는 또 다르게 느껴질 것이다. 나는 내가 주최하는 모든 만찬이나 대화에 여전히 초심자의 마음으로 임하려고 노력한다. 내 취약점을 그대로 드러내며 마치 그 주제를 처음 접하는 것처럼 행동한다.

넷째, 이 책은 당신을 열 받게 할 것이다. 어느 부분일지는 모른다. 사람마다 다를 것이다. 공감되지 않는 주제를 만날 수도 있다. 아니면 너무 많이 비약했다고 느낄 수 있다. 어쩌면 감정이 너무 강하게 올라와서 피해야 할 수도 있다. 괜찮다. 그냥 넘어가라. 아마 그 주제로 다시 돌아올 수도 있고 아닐 수도 있다. 여기에는 옳고 그름이 없다.

다섯째, 이 책이 일목요연한 해답 목록을 제공하지 않아서 짜증이 날 수도 있다. 당신은 서점이든 인터넷이든 자기계발서 분야에서 그 답을 이미 만났을 수도 있고, 그것들처럼 결론, 처방전, 문학적 "알약"을 복용하길 원한다. 흑백논리와 옳고 그름을 원한다. 어떤 경우에는 답이 있을 수 있다. 나는 자신의 문제를 아는 많은 사람과 이야기해 왔다. 가령 '아이들에게 죽음에 관해 어떻게 이야기할까요?' 또는 '누군가가 슬픔 때문에 깊은 고통에 빠져 있을 때 어떻게 해야 할까요?'와 같은 일부 주제에는 모범 답안이 있다. 하지만 선례가 있다고 해도, 그것만으론 해결되지 않는 질문들이 많다. 이 책에 실린 이야기들은 잘 알려진 사람과 이름을 밝히지 않은 사람의 이야기를 모두 포함하며, 이야기들이 생각을 일깨우고 양쪽 뇌를 동시에 자극할 수 있길 바라지만, 최종적인 해답을 주려는 의도를 가진 것은 아니다. 일부 질문들에 정해진 답이 없다는 사실을 알면 그 이야기들이 당신을 위로할 것이다. 웬델 베리Wendell Berry는 이렇게 썼다. "무엇을 할지 더는 알지 못할 때 진짜 일을 할 수 있었고, 어느 길로 가야 할지 더는 알지 못할 때 진짜 여행이 시작됐다. 인간은 좌절하지 않으면 노력하지 않는 존재다. 장애물이 있는 개울에서 더 아름다운 소리가 난다."

이 책에 담긴 조언이 모호하게 들릴 수도 있겠지만, 가족, 낯선 사람, 친구, 애인, 심지어 철천지원수와 죽음(혹은 섹스나 마약)에 관한 대화를 할 때 어떠한 어려움도 이겨 낼 수 있는 확실한 모범 답안이 하나 있긴 하다. 자신이 말하기 두려운 것이 무엇인지 알아내 바로 그것에 대해 말해야 한다. 이 어려운 주제를 사람들과 논할 때 자신의 취약함을 완전히 드러내는 것은 효과가 검증된 방법이다. 솔직함과 진정성은 전염되는 법이니까.

III 대화의 물꼬를 트는 질문들

이어지는 각 장에 질문을 하나씩 제시했다.
내가 수천 번의 대화를 나누며 사용했던 질문들이고,
출처는 다양하며, 여러 번 다듬으면서 그 의미를
분명하게 했다. 물론 완전한 목록은 아니지만,
사랑하는 사람, 친구, 환자, 낯선 사람과
죽음에 관해 이야기할 때 이 질문들을
사용해 보길 권한다.

1

살날이 한 달밖에 남지 않았다면
남은 시간을 어떻게 보내고 싶은가요? 마지막 날,
그리고 마지막 순간에 무엇을 하고 싶은가요?

눈부신 여름날 아침, 시애틀Seattle에서 포틀랜드Portland로 가는 기차가 퓨젯 사운드Puget Sound만 하류를 따라 난 선로 위를 질주했다. 그 당시 내 딸 아이 하나가 포틀랜드에 살아서 그 기차를 타는 일이 종종 있었다. 나는 여느 사람들처럼 여행하는 동안 굳이 낯선 사람들과 대화하려고 애쓰지 않는데, 이것은 퍽 유감스러운 일이긴 하다. 동승자를 동반자라 여기고 그들에게 말을 걸었을 때, 마음이 변화되는 순간들이 있기 때문이다.

그날 기차는 사람들로 붐벼서 혼자만의 공간을 누리는 게 불가능했다. 나는 두 여성과 같은 탁자를 바라보고 앉게 되었다. 그 둘은 전통적 의료 시스템의 혼란스러움에 진저리 나고 지친 나머지 병원을 떠난 의사들이었다. 둘은 복잡한 기차를 타기 전

엔 서로 모르는 사이였지만 그렇게 빨리 공통점을 발견했음에
도 놀라지 않았다.

　나는 그들에게 미국 의료 시스템의 어느 부분이 가장 망가졌
는지 물었다. 둘은 즉시, 그리고 동시에 대답했다. "죽는 방식, 죽
음 그 자체요." 당시는 2012년이었고, 미국에서 죽음은 신문 1면
에서 다루는 주제가 아니었다(의사인 아툴 가완디의 베스트셀러
『어떻게 죽을 것인가』가 출간되기 2년 전이기도 했다). 나는 깜짝
놀라 더 자세하게 물었다. 곧바로 앞서 언급했던 충격적인 통
계 결과 두 개를 알게 되었다. 미국인이 파산하는 가장 큰 요인
이 생애 말기 돌봄 비용이며, 미국인의 80퍼센트가 집에서 죽
길 원하지만 20퍼센트만 집에서 죽는다는 사실 말이다.

　나는 죽는 방식이 미국인들이 기피하는, 아주 중요하고도 대
가가 큰 대화 주제라는 데 동의하냐고 물었다. 둘은 동의했다.

　이어 내가 '저녁 식사를 하며 죽음을 이야기합시다'라는 범
국민적 운동을 일으키면 의사, 보험사, 환자(근본적으로는 모든
사람)의 지지를 받을 수 있겠느냐고 물었다. "물론이죠." 두 여
성은 대답했다. "꼭 필요한 일입니다." 비록 그날 이후 그 두 의
사를 다신 볼 수 없었지만, 그 순간 우리 셋은 서로 손을 움켜
잡고 간절하게 희망을 나눴으며 유대감을 느꼈다.

　이 이야기를 한 이유는 그것이 죽음의 만찬 경험의 핵심이
며, 이 책의 질문들에 영감을 주었기 때문이다. '어떻게 죽고
싶은지' 진심으로 고민할 때, 그리고 그 생각을 다른 사람에게
이야기할 때, 원하는 대로 실현될 가능성이 훨씬 더 커진다. 이

질문을 모든 죽음의 만찬에서 하지는 않지만, 어쩌면 가장 중요한 질문이기도 하다. 살날이 한 달밖에 남지 않았다면 남은 시간을 어떻게 보낼 것인가? 마지막 날은 어떤 모습일까? 주위에 누가 있을 것인가?

이 질문을 듣고 떠올리게 되는 많은 생각 중에서 어쩌면 가장 중요한 것은 사람은 누구나 오직 한 번만 죽는다는 깨달음이다. 우리는 결혼과 자녀 출산 등의 문제는 신중히 생각하고 계획하며 이러한 순간들을 인생의 중요한 전환점으로 인식한다. 그런데 그것과 같은 수준으로 죽음을 바라보기를 부정하는 것은 우리의 커다란 부분, 아마도 가장 중요한 부분인 '우리가 언젠가 죽는다'는 사실을 부정하는 것이다. 우리는 마지막 날, 마지막 순간의 모습이나 느낌을 통제하지는 못하겠지만, 우리의 소망을 전달하고 기리도록 최선을 다할 수는 있다.

*

어떤 사람들은 혼자 죽고 싶다고 말한다. 나도 그렇게 말하곤 했다. 나는 마지막 시간이 다가오면 누구에게도 짐이 되지 않게, 고양이가 죽을 때처럼 숲속으로 들어가 조용히 죽고 싶다고 생각했다. 하지만 죽음의 만찬에서 이 질문에 처음 소리 내어 대답할 때 내 입 밖으로 나온 말은 그렇게 고결하고 고독한 이야기가 아니었다. 두 딸만은 내 곁에 있기를 분명히 원하고 있었다. 그 순간이 딸들에게 짐이 아니며, 우리 셋 모두에게 선물일 것임을 알 수 있었다. 그때의 깨달음은 그 순간부터 내 양육 방식을 바꿨다. 나는 내 모든 감정과 경험을 자녀에게 그대로 드러내기보다 "안전거리"를 유지하려 애써 왔다. 하지만 그것 때문에 오히려 자녀들이 내 곁에서 감정적 안정감을 느낄 수 없었다는 사실을 깨달았다. 부모가 자녀와 공유하지 않는 특정한 일들은 있게 마련이지만, 우리의 감정, 마음속 깊이 자리한 이야기는 식탁을 떠나면 안 된다.

마지막 날과 마지막 순간에 무엇을 원하는지 생각해 보면, 그 사람이 인생에서 무엇을 사랑하고 어떤 것을 소중히 여기는지 알 수 있다. 사람들은 강아지와 함께 있거나, 초콜릿 케이크를 먹거나, 바다를 보고 싶다고 이야기한다. "마지막 며칠은 마법의 버섯을 먹은 것처럼 취해 있을 것 같아." 친구 조가 생각에 잠겨 대답했다. "그리고 마지막 날엔 크고 푹신한 팬케이크를 질리도록 먹고 싶어. 그러고 나서 섹스하고 싶어."

초창기 죽음의 만찬 중 어느 날엔가 "마지막 한 달"을 묻는 질문을 던지고 나서 나는 유독 긴장하고 있었다. 그날의 참석자 중에 유나이티드헬스케어United Healthcare 회장, 웨이트워처스Weight Watchers CEO, 테드메드TEDMED의 CEO와 COO(최고운영책임자), 「뉴욕 타임스New York Times」 기자 데이비드 유잉 던컨David Ewing Duncan, 월마트 건강 부문Wellness at Walmart 부사장이 있었기 때문이다. 나는 손님 명단에 쉽게 흔들리지 않는 편이지만, 이날은 우리의 새로운 시도를 그들에게 시연해 보이는 끔찍한 상황에 내몰린 것처럼 느껴졌다.

손님 중 하나였던 올리비아 쇼Olivia Shaw가 의자를 뒤로 밀며 일어나면서, 손쉽게 방 안에 있던 모든 사람의 관심을 끌었다. 그때까지 일어서서 말한 건 주최자인 나밖에 없었기 때문에 나도 모르게 가슴이 두근거렸다. 올리비아는 주의 깊게 모든 사람과 눈을 마주치며 분명하게 말했다. "전 여러분을 잘 모르지만, 솔직하게 말할게요. 마지막 순간엔 옷을 홀딱 벗고 남자 위에 올라가 제 인생에서 가장 격렬한 오르가슴을 느낄 거예요."

웃음이 터져 나왔다. 댐이 무너졌고, 그 이후부터는 식탁 위에 모든 것을 포용하고자 하는 정신이 넘쳐흘렀다.

올리비아 덕분에 깨달음을 얻어, 이후의 모든 만찬에서는 불경하고, 야하고, 인간적인 대화가 오갈 수 있는 여지를 남겨 두었다. 죽음, 죽어 감, 생애 말기에는 유머와 솔직함이 있어야 한다. 기쁨, 눈물, 웃음이 없는 탄생을 상상해 보라. 죽음을 너무 귀하게 다루면 인간성을 느낄 수 없다. 이는 가족들과 죽음의 만찬에서 죽음에 대한 대화를 시도하든, 소중한 누군가의 발인이 끝난 후에 집으로 돌아와 다 같이 차를 마실 때든, 언제나 그렇다.

*

마리아는 죽음의 만찬에 가족을 초대한 뒤 엄청난 두려움을 느꼈다. 그녀에게는 세 번째 죽음의 만찬이었다. 한 번은 내 아파트에서 열린 만찬에 참석했고, 또 한 번은 친구들을 만찬에 초대했다. 주최자로서 첫 시도는 순조롭게 끝났고, 모든 참석자에게 만찬이 얼마나 따뜻하고 의미 있는 경험이었는지 알게 되었다. 그러니 어떻게 부모님과 여동생을 죽음의 만찬에 초대하지 않을 수 있었겠는가? 삶과 죽음의 문제에 관한 한 남편을 제외하고 가장 가깝게 연관된 사람들이었다. 하지만 더 마음을 졸여야 했고, 그 이유는 알다시피 가족이기 때문이었다.

여동생의 요청에 따라 근처 식당에서 그녀가 좋아하는 피자를 주문했다. 또 집에서 만든 야채수프, 샐러드, 넉넉한 포도주로 식사를 차렸다. 마리아의 남편은 아이들을 위층에 모아 샌드위치를 먹으며 영화를 보도록 했고, 마리아는 독한 칵테일의 도움을 받아 만찬을 잘 치러 낼 각오를 다지고 있었다.

그런데 시작부터 좋지 않았다. 여동생 콘스턴스와 제부는 세 살, 다섯 살 된 조카들을 데리고 나타났고, 마리아는 놀란 나머지 이렇게 말했다. "어머! 애들도 데리고 올 줄은 몰랐어." 콘스턴스의 얼굴이 빨개지자, 마리아는 재빨리 수습하며 말했다. "걱정하지 마. 괜찮을 거야. 위층에서 사촌 형제들끼리 영화 보면 되니까."

콘스턴스가 마음을 추스르는 데는 시간이 걸렸다. 그녀는 애초부터 죽음의 만찬을 기대하지 않았고 그래서 아이들이 초대되지 않았다는 사실에 더 서운해 했다. 콘스턴스는 마리아에게 말했다.

"분명하게 말해 줬어야지. 난 이럴 줄 몰랐어."

"괜찮을 거라니까!" 마리아가 말했다. "진정해! 아무 문제도 없다고."

그러나 마리아에게는 아직 해결할 일이 남아 있었다. 콘스턴스의 남편은 만찬 도중 미식축구 득점 상황을 어떻게 확인할지에 관한 농담을 하며 그것이 허용되기를 바라고 있었다. 마리아의 아버지인 피터는 "그건 안 되지."라고 가볍게 말했지만, 그렇게 가벼운 문제가 아니었다. 마리아의 어머니인 조는 어떠한 종류의 불화도 싫어하기 때문에 즐거운 분위기를 만들려고 몹시 애썼다. 콘스턴스는 여전히 얼굴이 벌게서 아이들 문제로 언쟁한 것 때문에 마음이 상해 있었다. 마리아는 돌이킬 수 없을 정도로 계획에서 벗어난 것은 아닌지 신경이 곤두섰고, 이제는 아이들이 영화 한 편을 보는 그 짧은 시간 동안 의미 있는 대화를 나눌 수 있을지도 걱정스러웠다.

그렇게 저녁 식사가 시작됐다. 사랑하는 고인을 기리면서 모두 마음이 조금 편안해졌다. 그러고 나서 마리아가 마지막 한 달, 하루, 한 시간을 어떻게 보내고 싶은지 물었을 때 상황이 정말 흥미로워졌다.

조는 한 달밖에 안 남았다는 사실을 알고 싶지 않을 것이라고 말했다.

"알겠어요, 엄마. 하지만 안다고 가정해 보세요." 마리아가 포기하지 않고 말했다.

"아니, 나는 알고 싶지 않다니까."

"그렇게 대충 대답하면 안 되지." 피터가 말했다.

조는 조금 더 생각한 뒤에 마지막 한 달 간은 친구들과 산책하고 마작을 하거나 자녀, 손주들과 함께 시간을 보내고 싶다고 말했다.

여러 죽음의 만찬에서, 사람들이 질문에 어떻게 대답하느냐에 따라 대화의 양상은 바뀌었다.

"섹스도 많이들 얘기해요." 마리아의 남편 엘리엇이 말했다. 마리아처럼 엘리엇에게도 세 번째 만찬이었다. "많은 사람이 그런 방식으로 죽길 원해요."

'말도 안 돼.' 마리아는 생각했다. '엘리엇, 부모님 앞에서 섹스 이야기를 하면 어떡해.'

마리아는 자신의 취약한 부분을 드러내며 가족들과 깊은 이야기를 나눌 준비가 되어 있었지만, 섹스에 관해서는 아니었다. 모두 자신처럼 당혹스러워 하는지 보려고 초조하게 식탁을 둘러보았다.

어머니는 생각에 잠긴 듯 보였다. "너희들도 알다시피 너희 할아버지가 그렇게 돌아가셨단다." 조가 말했다.

"뭐라고요?" 마리아가 놀라 물었다. 남편인 피터조차 마리아 못지않게 놀랐다.

"음, 엄밀히 말하면 병원에서 돌아가셨지. 하지만 섹스 도중에 뇌졸중을 일으켜서 다시는 깨어나지 못하셨어." 조가 이어서 설명하기 시작했다. 할아버지는 죽기 한 달 전부터 죽음을 예견한 듯했다. 완전히 멋대로 추측한 것은 아니었다. 심방세동 증상이 있었고 심장 박동이 비정상적이었으며 가벼운 뇌졸중도 겪었다. 조는 할아버지를 의사에게 데려갔고, 결과를 보니 검사를 더 많이 받아야 했지만 그는 어떤 검사도 원하지 않았다. 할아버지는 1915년에 태어나 텍사스주의 소도시에서 자랐다. 장티푸스로 가족 여러 명을 잃었고 제2차 세계대전에 참전하기도 했다. 어디를 가나 중절모를 썼고, 소박하고 남부 끄럽지 않은 삶을 살았다. 미국 33대 대통령 해리 트루먼Harry Truman이 미주리 억양 대신 중얼거리는 텍사스 억양을 썼다면, 할아버지와 똑같아 보였을 것이다. 할아버지는 쉰 살이 넘은 할머니를 '엄마'라는 애칭으로 불렀고, 할머니는 할아버지를 '아빠'라고 불렀다. 그는 독실한 감리교 신자였고 죽으면 구원받는다고 믿었다.

조는 할아버지와 생전에 말다툼한 적이 거의 없었지만, 돌아가시기 얼마 전에 친정을 찾았다가 죽음 이야기를 계속 꺼내는 할아버지와 언쟁을 벌인 일을 기억해 냈다. "죽는다는 이야기 좀 하지 마세요, 아빠." 조는 간곡히 부탁했다. "아빠는 죽지 않을 거예요."

몇 주 후, 할아버지는 한밤중에 할머니를 향해 돌아누웠다. "엄마." 할아버지가 말했다. "우리 사랑 나눌까?"

그때가 그때였단다. 식탁에 앉은 사람들 모두 큰 충격을 받았다.

"믿을 수가 없군." 아버지 피터가 끼어들었다. "나한테 50년 동안 그 이야기를 안 했단 말이야?"

"너무 민망스러워요." 하지만 여동생은 미소를 지었다.

"정말 멋져요." 마리아가 말했다. 마리아는 다정했던 할아버지가 그렇게 삶을 마감했다는 사실이 마음에 들었다. 할아버지와 아주 잘 어울렸다.

만찬은 그때부터 멋지게 진전됐다.

피터의 차례가 되자 그가 말했다. "지금 이런 생각을 하는 게 이상하구나. 정말 내 인생이 30일밖에 남지 않았다고 생각했을 때는 이런 생각을 하지 않았어." 거의 20년 전, 피터는 쉰세 살의 나이에 대장암 진단을 받았다. 암이 어느 정도 전이됐는지 알려면 수술을 해야 했으므로 진단과 수술 사이에 낀 일주일이 길고 지루하게 느껴졌다. 그 결과에 따라 30일을 살지, 1년을 살지, 아니면 30년을 더 살 수 있을지 달라질 것이었다. 그 주에 아내 조, 부모님, 자녀들과 많은 대화를 나눴지만, 남은 생이 딱 한 달이라면 어떻게 보내고 싶은지는 이야기하지 않았다. 그런 생각은 하고 싶지도 않았다.

다행히 수술 후 좋은 소식을 들었고, 오랫동안 화학요법을 받은 뒤 완치했다. 회복 후 편안한 마음으로 '인생의 마지막을 어떻게 보낼 것인가'라는 물음을 떠올리자 발을 디디기에 더 안전한 땅처럼 느껴졌다. 피터는 (불치병에 걸렸을지 모르다가 생을 다시 살게 된 사람들 대부분이 그렇듯이) 수년 동안 그 주제에 관해 자주 생각했다. 죽음의 만찬에서 그는 20년간 단편적으로 하던 생각들을 종합해 이렇게 대답했다.

"첫 주에는 책을 볼 거야. 최고의 사상가들이 영혼, 죽음, 존재에 대해 어떤 말을 했는지 공부하고 싶어. 성서를 읽지는 않을 거야. 그보다는 요약본이나 성서를 설명하는 책을 읽겠어. 그러고 나서 불교나 유대교에 대한 자료를 볼 거야. 다른 종교에서 말하는 인생의 의미를 알고 싶어. 지금까지는 그럴 여유가 없었지만, 생각을 확장하고 깊이 탐구해 볼 기회가 어느 정도 있었으면 좋겠어." 피터는 말했다.

"그다음엔 혼자 여행을 떠날 거야." 피터는 말을 계속했다. "세계의 낯선 곳들에 혼자 가 보고 싶어." 죽기 전에 세상 구경을 하고 싶다고 말하는 사람들이 많지만, 피터의 목적은 달랐다. 피터는 불교 신자가 아니고 공부를 해 본 적도 없지만, 홀로 자유를 경험해 보고 싶은 마음이 자연스럽게 들었다. "그냥 나 자신을 벗어나서 내가 자란 환경, 인간관계, 세상과 연결된 요소들을 모두 없애 보고 싶어. 죽기 전에 완전한 무명인으로서 세계 곳곳의 익숙지 않은 장소에 있어 보고 싶어."

하지만 그 이후엔 집에 돌아와서 정반대되는 일을 하겠다고 말했다. 가족사진을 들여다보고, 과거를 되돌아보고, 삶을 회상하면서 한 주를 보내고 싶었다. 1960년대부터 1980년대까지의 음악을 들으며 그 시간과 장소를 떠올려 보고 싶었다.

마지막 주쯤에는 자녀와 손주들에게 자신이 무엇을 공부했는지, 세계 여행에서 무엇을 보았는지, 어떤 삶을 살았는지 이야기를 들려주며 시간을 보내고 싶었다. 말하지 않고 공유하지 않은 철학이나 생각을 남겨 두고 싶지 않았다.

끝으로 마지막 며칠은 거의 50년 가까이 배우자로 지낸 조와 단둘이 보내고 싶었다. "그때가 되면 해야 할 말이 많지 않을 거야. 이미 모든 걸 말했을 테니 그냥 함께 앉아 있는 것만으로 충분할 거야." 피터는 설명했다.

피터의 접근법에서 흥미로운 점은 영화감독의 관점에서 바라보듯 자신의 마지막 한 달을 조명했다는 것이다. 처음에는 풍경이 모두 보이게 멀리서 찍다가 점차 거리를 좁혀 클로즈 업하고, 어두워지면서 사라진다. '삶이란 이런 것이다'라는 관점과 '이것이 네 인생이다', 이 두 가지 접근 방식으로 균등하게 나뉜 한 달이었다.

*

피터에게는 벼랑 끝에 선 것 같은 느낌에서 벗어난 뒤 이 질문에 대한 답을 숙고할 20년이 더 주어졌다. 하지만 벼랑 끝에 서 있을 때는 느낌이 다르다. 때로는 조가 그녀의 아버지의 죽음에 대해 그러했듯, 누군가 죽는다는 사실을 마주하고 싶지 않은 법이다. 때로는 의사 역시 죽음에 대해 말하길 꺼리기도 한다. 이 사실이 암 환자 열여섯 명 중 자신의 예후를 정확하게 말할 수 있는 사람은 한 명뿐인 통계 조사 결과의 이유를 설명한다.[10] 의사도, 환자도 사람에 불과하다. 우리 모두는 앞당겨진 죽음이라는 그림자를 접하면 겁을 먹는다.

"전 어떻게 그런 일이 일어나는지에 무척 공감하고 연민을 느껴요." 의료 분야의 존경받는 기업가인 알렉산드라 드레인 Alexandra Drane이 말했다. "왜냐하면 뇌종양 진단을 받은 누군가에게는 자기 죽음을 인지적으로 바라보는 일이 몹시 두려울 수 있기 때문입니다."

알렉산드라는 그 주제에 있어서 의사의 입장에도 무척 공감한다. "출근했는데 그날 해야 할 일 목록에 '환자에게 나쁜 소식 전하기'가 포함된 상황을 과연 누가 기꺼워할까요? 매일 나쁜 소식보다는 다른 이야기를 먼저 전하고 싶을 겁니다. 그렇다고 의사가 이런 대화를 하지 않는 것에 대한 변명이 될 순 없지만, 그것이 정말 얼마나 어려울지는 공감할 수 있습니다. 게다가 환자들은 보통 '어떤 나쁜 소식도 알고 싶지 않아요'라는 신호를 보내오죠. 대화가 이루어지지 않는 이유를 이해하기는 어렵지 않아요. 하지만 여전히 용납하기는 쉽지 않죠."

알렉산드라가 이 일에 몹시 열정을 보이는 이유는 암 진단을 받은 적이 있기 때문(현재는 완치됐다)이 아니라 시누이인 자의 마지막 30일 동안 받은 정신적 충격이 매우 컸기 때문이다. 알렉산드라는 죽음에 대해 이야기 나누지 않은 게 자의 죽음에 어떤 영향을 줬는지를 이해하는 데에만 수년이 걸렸다.

알렉산드라는 자의 남동생인 안토니오와 결혼하는 날까지 기대와 흥분으로 들떠 있었다. 안토니오와 자의 가족은 12월 31일로 예정된 성대한 결혼식에 참석하기 위해 이탈리아에서 날아왔다. 결혼식이 시작되기 전, 자는 극심한 두통에 시달리고 있었다. 당시 걸음마를 시작한 자의 딸을 다른 사람들이 돌보는 동안 자는 침대에서 빠져나오려고 안간힘을 썼지만, 정신을 차릴 수 없었다. 가족들은 "자, 힘 좀 내 봐. 동생이 결혼하잖아."라고 다독이면서도 걱정을 감출 수 없었다. 결혼식 당일, 누군가 자의 남편에게 자가 탈수 증세를 보일 수도 있으니 보스턴에서 멀지 않은 지역 병원에 데려가 보라고 권했다. 혹시 정맥 주사를 맞고 호전될 수도 있다고 말이다. 하지만 결국 자와 자의 남편은 결혼식에 나타나지 않았다. 알렉산드라와 안토니오가 서약을 주고받을 때 자는 뇌 정밀검사를 받았고, 의사는 그녀가 얼마나 심각한 상태인지 깨달았다. 그는 자를 응급차에 태워 잘 알려진 보스턴 의과대학 부속병원으로 이송했다. 다음날 알렉산드라와 안토니오가 전화를 받았을 때 자의 남편은 아내의 상태가 급격히 나빠진 충격에 말을 거의 잇지 못했다. 신혼부부는 신혼여행을 연기하고 황급히 병원으로 달려갔다.

그 당시 자는 영어로 말할 수 없었고 모국어인 이탈리아어로만 말할 수 있었다. 안토니오가 자의 병실에서 통역하려고 애쓰는 동안, 알렉산드라는 자의 병실 밖에 앉아 컴퓨터 화면을 보고 있는 외과 의사에게 다가갔다.

"뭐 보고 계신 거예요?" 알렉산드라가 물었다.

"뇌 정밀검사 결과입니다." 의사가 말했다. "교모세포종 4기로 보입니다."

알렉산드라는 밖으로 나가 휴대 전화로 엄마에게 전화했고 의사의 말이 무슨 의미인지 알아봐 달라고 부탁했다(그 당시는 스마트폰이 나오기 전이었다). 그녀는 곧 그것이 최악의 상태를 의미한다는 사실을 알게 되었다. 그야말로 상상할 수 있는 가장 나쁜 상황이었고, 5년 이상 살 가능성이 5퍼센트에 불과한 병이었다.

자가 즉시 수술을 받고 방사선 치료를 시작하는 동안 알렉산드라를 제외하고는 가족 중 누구도 자의 예후와 그 의미를 알지 못했다. 사실 가족들은 확실히 알고 싶어 하지도 않았다.

몇 달 후 가족들은 방사선 치료 결과가 좋지 않다는 사실을 알게 되었다. 즉시 두 번째 수술을 권고받았고, 알렉산드라는 그때를 회상할 때마다 참기 어려운 분노를 느낀다. "그때 완화치료* 전문가가 있었다면, 자에게 절대 수술을 권하지 않았을 겁니다. 절대로요. 뇌를 다시 열어서 뭘 할 수 있었겠어요?" 알렉산드라는 말했다. 특히 알렉산드라와 자의 의사가 알던 것처럼 그때는 이미 아무런 희망이 없었다.

자가 자신의 진짜 예후를 모른다는 사실 때문에 알렉산드라는 내내 마음이 무거웠다. 알렉산드라는 병원의 사회복지사에게 상담했다. "자가 딸을 위한 편지를 여러 개 남기고 싶을 수도 있잖아요. 딸이 열여섯 번째 생일이나 결혼식을 맞았을 때 읽을 편지들이요. 또 엄마의 죽음을 잘 받아들이도록 딸을 준비시키고 싶을 수도 있잖아요. 이대로 두면 안 될 것 같아요."

사회복지사는 말했다. "자를 대신해서 다른 사람이 결정을 내릴 수는 없어요. 그저 자에게 이렇게 말할 수는 있겠죠. '만약 내가 이런 상황이라면 무슨 일이 일어나고 있는지 모두 알고 싶을 거예요.'"

알렉산드라는 마침내 자와 함께 앉아 있던 때를 생생하게 기

---

* 병을 근본적으로 치료하지 않고, 증상만 누그러뜨리는 치료

억한다. "자는 대화하는 방법을 몰랐고, 저도 어떻게 해야 할지 몰랐어요. 자가 말했어요. '그 얘기는 하고 싶지 않아요.' 그리고 저는 '네'라고 답할 수밖에 없었어요."

"그 후로 머릿속이 다시 맑아질 때까지 몇 달…… 그리고 몇 년이 더 걸렸어요." 알렉산드라가 말했다.

"자가 죽는 과정을 지켜본 후 한동안 진창에서 허우적댔어요. 우리 모두 외상 후 스트레스 장애PTSD를 겪었다는 것을 이제는 분명히 알겠어요. 얼마간 극심한 고통에 시달렸어요. 어느 정도 시간이 흘러서야 다시 숨을 쉬고 명확하게 생각할 수 있었어요. 그러고 나자 제가 그냥 지나칠 수 없었던 것은 어떻게 그런 일이 일어나도록 내버려 두었는지, 어떻게 자가 최악의 죽음을 맞도록 두었는지, 어떻게 이런 일이 모두 괜찮다는 것인지 같은 의문이었어요. 우리는 결국 자에게 그녀가 어떤 진단을 받았고 무엇을 선택할 수 있는지 알려 줄 수 없었어요. 만약 더 일찍 죽음에 관한 대화를 나눴더라면, 자가 불치병 진단을 받기 전에 놓인 그런 특수한 상황 앞에서가 아니라 단지 가족으로서 자연스럽게 대화했다면, 문제를 다르게 처리할 수도 있었을 거예요."

알렉산드라는 자의 병과 죽음을 지켜본 경험에서 일부 영향을 받아 '우아한 죽음Engage with Grace'을 설립했다. 이 단체의 사명은 사람들의 생애 말기 경험을 개선하고 희망 사항에 관한 일련의 질문을 서로 묻고 이야기하게 하는 것이다.

알렉산드라가 자의 죽음을 되돌아봤을 때 후회 대신 안도를 느끼는 부분이 하나 있다. 자의 죽음이 눈앞에 다가왔을 때, 가족은 중환자실 의사를 한쪽으로 데려가 자를 집으로 데려가고 싶다고 말했다. 의사는 단호하게 자의 상황이 너무 복잡해서 안 된다고 말했다. 알렉산드라는 자의 병에 대해서는 적극적으로 말해 왔지만, 안된다고 말하는 의사의 표정에 얼어붙고 말았다. 하지만 안토니오는 굽히지 않았고, 자의 남편 존 역시 물러서지 않았다. "아뇨." 그 둘은 말했다. "우리는 자를 집으로 데려갈 겁니다." 그리고 그들은 그렇게 했다.

다음 날 자가 자신이 자란 집의 침대에 누워 익숙한 냄새와 소리에 둘러싸여 있을 때, 자의 두 살 된 딸이 기어가 엄마의 목에 머리를 파묻었다. 딸은 엄마가 병원에 있는 동안 의학 용어가 난무하던 극적인 상황에 놀란 듯, 엄마와 피부가 닿기를 한동안 꺼렸었는데도 말이다. 일주일 넘게 감겨 있던 자의 눈이 처음으로 떠졌고, 완전히 깬 상태로 딸의 모습을 물끄러미 바라봤다. 자는 다시 눈을 감았고 그다음 날 그대로 죽었다.

그녀의 딸인 작은 아기 얼레시아는 이후로 오랫동안 엄마가 눈을 떴던 마지막 순간에 관해 가족에게 묻곤 했다. 자가 마지막 밤을 가족과 집에서 보낼 수 있었고, 마지막으로 본 게 딸의 얼굴이었다는 사실은 그녀의 어머니, 딸, 남동생, 남편, 올케에게 커다란 선물이었다. 자의 병과 죽음은 비극적이었지만 알렉산드라는 가족 모두 목격한 그 아름답고 평화로웠던 마지막 순간을 진심으로 고맙게 생각한다.

가오리 요리가 나왔다. 가오리가 조금 싱거운 사람은 검은 버터에 식초를 섞은 소스를 치기 위해 식초병을 달라고 했다. 모두들 왕성한 식욕으로 열심히 먹었고, 빵은 금세 바닥났다. 그러나 포도주만큼은 물을 잔뜩 섞어 마셨는데, 경비를 줄이려는 모두의 암묵적인 배려에서였다. 양의 넓적다리 고기가 나왔을 때는 일제히 환호성이 터져 나왔다.

—에밀 졸라, 『작품』

2
사랑하는 고인이 해 준 요리 중
기억나는 음식은 무엇인가요?

작가 팀 페리스Tim Ferriss*는 내가 사랑하는 고인이 남긴 요리법을 묻자, 자기 전에 간단히 만들어 마시는 토닉 만드는 법(사과식초, 꿀, 뜨거운 물을 섞는다)을 세심하게 준비해 보냈다. 그는 음료의 새콤달콤한 냄새가 코를 찌를 때마다 멘토였던 고故 세스 로버츠Seth Roberts 박사:를 생각하고, 그러다 보면 눈꺼풀이 서서히 감기기 시작한다고 했다. 페리스는 시간을 효

• 팀 페리스(1977-)는 성공한 사업가로서 자기 관리의 노하우를 담은 자기계발서로 베스트셀러 작가가 되었다. 「뉴욕 타임스」 선정 베스트셀러 『1주일에 4시간 만 일하기The 4-Hour Workweek』가 대표작이다.

: 세스 로버츠(1953-2014)는 캘리포니아 대학교 버클리캠퍼스와 북경 칭화대학교의 심리학과 교수였다. 건강, 다이어트 등의 주제에 대하여 수십 편의 과학논문을 썼다.

율적으로 활용하기 위해 자신을 실험대에 올리는 사람으로 가장 잘 알려져 있다. 또 같은 맥락에서 바이오해킹과 개인별 최적화를 추구한다. 페리스의 대담한 시도 중 많은 것이 당신을 복잡한 혼돈 속에 빠뜨릴 테지만, 세 가지 재료가 들어간 이 간단한 혼합물은 그가 찾은 것 중에서 불면증에 가장 뛰어난 효능을 보이며 그가 소중히 여겼던 관계를 가장 잘 떠오르게 했다.

의외로 화려하거나 지나치게 공들인 음식이 가장 기억에 남는 것은 아니다. 내가 이 단순한 질문을 수백 번 물어봤을 때처럼 당신이 사람들에게 가장 기억에 남는 식사를 물어본다면, 노마NOMA*나 미슐랭Michelin의 별을 받은 식당에서 식사했던 이야기를 들을 일은 결코 없을 것이다. 미국의 뛰어난 음식 평론가인 M. F. K. 피셔Fisher는 이렇게 기록했다. "미식은 언제나 사랑이라는 예술과 자매처럼 연결되어 있다." 사람들은 사랑이 느껴졌던 식사를 기억하곤 한다. 우리가 음식과 맺는 관계는 우정, 동료애, 사랑이라는 개인적인 역사와 궤를 함께한다. 단순히 센 강변에서 먹은 낭만적인 식사 같은 게 아니라, 친구들과 가족이 모여 활기가 넘치고 사랑이 가득하다 못해 '넘쳐 흐르던' 식탁을 기억하는 것이다.

고인이 우리를 위해 만들어 준 음식을 생각하고, 만들고, 먹는 과정에서 우리는 모든 감각을 동원해 추억을 떠올린다. 말

---

* 여러 번 세계 최고의 레스토랑으로 선정된 덴마크의 유명 음식점

랑말랑한 시나몬 빵 한 입, 감자 팬케이크가 치지직 타는 소리, 닭가슴살의 부드러운 질감, 얼룩진 요리책의 여백에 휘갈겨 쓴 메모……. 이 모든 것에서 우리는 추억과 관계를 떠올린다. 꼭 음식에 관한 추억이 아니더라도 추억 속에서 함께 나눈 음식을 접할 때면 기억이 생생하게 되살아나는 것이다.

제나는 열네 살 때 할아버지를 뇌졸중으로 잃었다. 할아버지가 마지막으로 제나의 집을 방문했을 때, 늘 하던 대로 본인의 과수원에서 딴 사과로 직접 만든 사과소스를 냉장고 가득 채워 놓았다. 제나는 가족 중 유일하게 할아버지의 사과소스를 아주 좋아했다(형제들은 사과소스가 너무 덩어리졌다고 느꼈고, 부모님은 너무 달다고 느꼈다). 제나는 꽤 자기중심적인 열네 살이었지만 돌아가신 할아버지가 여전히 자신을 먹이고 보살핀다는 사실을 아주 의미 있게 여겼다. 그래서 할아버지의 정성스러운 글씨체로 소스를 만든 날짜가 병마다 적혀 있는 사과소스를 소중히 아껴 먹었다. 제나는 소스를 먹을 때마다 관절염 걸린 손으로 사과 껍질을 벗기고, 썰고, 젓고, 조심스럽게 병에 담았을 할아버지의 모습을 상상했다. 할아버지가 돌아가시고 1년이 지났을 때 마지막 한 병이 남아 있었다.

제나는 마지막 병은 남겨 두기로 했다. 할아버지가 만든 소스의 마지막 한 입을 먹고 난 후를 생각하고 싶지 않았다. 이후 수십 년이 지나 마지막 병이 어떻게 되었는지는 알지 못한다. 하지만 매년 가을이 되면 사과를 준비해 딸과 함께 껍질을 벗기고 잘게 썰어 사과소스를 만든다. 그리고 그때마다 딸에게 할아버지 이야기를 들려준다.

*

　유명한 스페인 요리사 호세 안드레스José Andrés에게 파에야*
는 어쩌면 가장 중요한 요리다. 많은 사람이 파에야를 스페인
의 대표 음식으로 생각하고, 요리사 호세는 그것에 얽힌 우여
곡절이 많았다. 하지만 이제는 파에야를 만들 때마다 데이비드
라는 한 소년을 떠올린다. 호세는 워싱턴시의 듀폰DuPont 농산
물 직판장에서 열여섯 살이던 데이비드를 만났고, 그 소년에게
채소를 더 많이 먹일 방법을 찾기 시작했다. 데이비드는 공격적
인 뇌종양에 걸린 환자였다. 그 때문에 병과 싸울 만큼 강해지
기 위해 식이요법을 바꿔야 했다. "채소가 많이 들어간 데다 데
이비드가 즐겨 먹을 수 있는 파에야 요리법을 알려 주려고 같이
시장을 돌아다니며 재료를 골랐어요."라고 호세가 말했다. 그날
저녁, 둘은 호세의 집 뒷마당에서 같이 파에야를 만들었다.
　"데이비드는 요리와 재료에 매우 열정을 보였어요. 심지어
나처럼 음식에 말을 걸었죠. 그는 음식과 삶에 진심으로 감사
했어요. 병과 고통에도 불구하고 한 번도 특별 대우를 바라지
않았고 늘 받은 만큼 돌려주었습니다. 크리스마스에 무엇을
원하는지 물었을 때도 그는 자신이 받을 선물을 병원에서 만

---

* 고기, 해물, 채소, 쌀 등을 볶다가 사프란과 육수를 넣고 졸여서 만든 스페인 요리

난 아픈 아이들에게 주고 싶다고 말했습니다. 소원성취재단 Make-A-Wish Foundation이 소원을 들어주려 했을 때도 다른 사람의 소원을 들어주면 좋겠다고 말했죠." 호세는 말했다.

데이비드와 호세는 그 후 몇 년 동안 좋은 친구로 지냈다. "2012년 봄 데이비드가 떠나기 불과 얼마 전에 병원으로 그를 찾아갔을 때, 그는 직접 요리한 음식을 다시 먹고 싶은 마음이 얼마나 간절한지 계속 이야기했어요. 음식과 요리가 데이비드를 얼마나 신나게 했는지를 생각하면 정말 놀랍습니다."

데이비드의 장례식에서 호세는 고인을 이렇게 추억했다. "사랑하는 사람 수백 명이 함께 이야기를 나누고 파에야를 마음껏 먹으러 이 자리에 모였습니다. 데이비드를 처음 만난 날 우리 집 뒷마당에서 함께 만들었던 파에야와 똑같군요. 전 오늘의 행사를 일종의 파티라고 생각합니다. 데이비드가 이런 장례식을 원했을 거라고 직감적으로 알 수 있기 때문에 매우 행복하네요. 친구들과 가족이 음식을 나눠 먹으며 하나가 되었습니다. 제가 떠날 때도 이런 모습이었으면 좋겠어요. 저는 언제까지나 데이비드를 기억할 겁니다. 데이비드는 이타적이고 열정적인 청년이었고 여전히 매일 제게 영감을 줍니다. 이 채소 파에야를 만들 때마다 웃음이 나고 데이비드가 떠오르니까요. 하늘나라의 천사들은 데이비드 같은 요리사가 생겨서 정말 행운이라는 생각이 드는군요."

호세의 요리 실력은 언론에서 종종 호평을 듣지만 2017년 가을에는 다른 이유로 신문의 1면을 장식했다. 푸에르토리코를 완전히 파괴한 허리케인에 대한 미국 대통령과 비영리단체의 미온적 대응에 좌절한 호세는 배고픈 사람들을 돕고자 보트를 빌려 푸에르토리코로 향했다. 그러곤 파에야와 샌드위치 같은 따뜻한 식사 수백만 끼를 제공할 방법을 찾아냈다. 그의 노력을 보도한 한 기사에 따르면 "호세는 허리케인 이후 적십자와 구세군을 비롯한 그 어떤 정부 기관보다도 더 많은 사람에게 갓 요리한 음식을 먹이고 정성껏 보살폈다." 그 일은 데이비드가 할 수 있었다면 했을 것 같은 일이었다.

*

캐슬린 플린Kathleen Flinn은 아마도 현대판 줄리아 차일드Julia Child*에 가까운 사람이다. 캐슬린은 서른여섯 살 때 회사에서 해고된 뒤 여행 가방을 꾸려 파리로 향했다. 르코르동블루 요리 학교에 입학하겠다는 오랜 꿈을 이루기 위해서였다. 캐슬린은 그곳에서 겪은 일들을 「뉴욕 타임스」 베스트셀러에 오른 유쾌하고 화려한 책『칼을 갈수록 눈물이 멎는다The Sharper the Knife, the Less You Cry』에 담았다. 요즘은 사회경제적 영역을 넘나들며 집에서 요리하는 법을 가르친다.

몇 년 전 캐슬린이 북투어를 떠났을 때 그녀의 어머니가 얼마간 합류하게 되었다. 어느 날, 둘은 노스캐롤라이나주의 한

---

* 미국의 전설적인 요리사

카페에서 아침을 먹던 참이었다. "종업원이 커다랗고 겉이 얇게 벗겨지는 빵 두 개, 식힌 자기 그릇에 담은 부드럽고 달콤한 버터와 작은 그릇에 담은 짙은 빛깔의 잼을 테이블에 내려놓았어요. 엄마는 나와 수다를 떨면서 빵에 버터와 잼을 펴 발랐어요. 그런데 한 입 깨물고 나서 눈이 휘둥그레졌어요. 그리고 빵을 내려놓더니 울기 시작했죠."

캐슬린은 깜짝 놀라 무슨 일인지 물었지만, 엄마는 그저 휴지를 찾아 핸드백을 뒤졌다. 몇 분이 지난 뒤에야 엄마는 울음을 터트린 이유를 설명할 수 있었다. "아버지가 만든 잼하고 맛이 똑같았어." 엄마가 눈가를 닦으며 조용히 말했다. 캐슬린의 엄마는 수년 동안 그녀의 아버지가 만들던 잼을 따라 만들려고 애썼지만, 결코 똑같은 맛이 나지 않았다. 외할아버지는 요리법에 대한 어떤 메모도 남기지 않았고, 아무도 그 맛을 재현할 수 없었다. "이 잼을 먹으니 갑자기 아버지가 너무 그리워졌어." 엄마는 말했다.

캐슬린 역시 불과 열세 살 때 아빠를 잃었기 때문에 이해할 수 있었다. 아빠가 돌아가신 후 그녀는 하루도 빠짐없이 아빠를 그리워했고 졸업이나 결혼 같은 크게 기념할 만한 일이 있으면 특히 더 그리웠다. 캐슬린은 "지금 아빠와 잠시 대화를 할 수 있다면 아빠가 만든 치킨 앤 덤플링*의 비법을 물을 거예요."라고 말했다. 그녀는 30년 이상 아빠가 했던 방법처럼 그것을 요리

---

* 닭고기와 밀가루로 빚은 수제비를 함께 넣고 끓인, 미국 남부에서 주로 먹는 요리

해 보려고 노력해 왔다. 캐슬린은 이렇게 말했다. "말도 안 되는 소리 같지만, 그냥 제 느낌에 그 요리법을 알게 되면, 아빠를 잠시라도 되찾을 수 있을 것 같아요. 그걸 딱 한 입만 먹으면요."

음식(그리고 어떤 요리나 맛에 깃든 오래된 기억)은 우리가 다른 사람을 돌보는 방법이기도 하다. 그래서 우리는 무언가 해야 할 때거나 사랑을 보여 주고 싶을 때 상대방에게 음식을 가져다준다. 음식은 몸에, 그리고 타인에게 영양분을 공급하는 수단이다. 그래서 누군가가 식음을 전폐할 때 곁에서 아무것도 하지 않는 것은 부당하다는 느낌이 든다. 제임스 비어드James Beard상을 받은 유명 요리사 조디 애덤스Jody Adams의 가족은 옥수수, 바닷가재, 토마토를 맘껏 먹기 위해 매년 코드곶Cape Cod에 모인다. 하지만 어느 해엔가 조디의 아버지는 수프밖에 먹을 수 없었다. 아버지가 좋아해서 조디가 직접 만든 버섯 크림 수프였다.

"둘째 주에 우리는 보스턴으로 돌아왔고 아버지에게 수프를 먹여 드려야 했어요." 조디는 말했다. 셋째 주에 접어들자 아버지는 의식이 오락가락했다. "아버지 침대 옆에 앉아 눈물을 삼키며 식은 수프 그릇을 들고 있을 때, 어머니가 제 팔을 쓰다듬으며 말했어요. '이제 충분하단다, 얘야. 아빠는 더 먹고 싶지 않은가 봐. 이제 멈출 때란다.' 그리고 정말 멈출 때가 왔어요."

음식은 우리가 삶을 영위하게 해 준다. 식물과 햇빛의 관계와 같다. 많은 문화권에서 단식을 죽음의 실현으로 본다. 몸이 죽기 시작하면 자연만큼 오래된 시계 장치에 불이 붙는 셈이다.

죽을 때, 처음으로 피와 에너지원을 잃는 장기 중 일부가 소화기관이다. 우리의 훌륭한 생체 시스템은 피가 뇌, 폐, 신장, 간으로 가도록 경로를 바꾸는 법을 알기 때문에 배고픔과 갈증이 사라지기 시작한다. 이 정보가 너무 사실적이라는 것을 안다. 하지만 우리와 사랑하는 이들의 몸이 보여 주는 현실을 받아들이기 시작한다면 가장 어려운 시간을 보내고 있더라도 현재에 더 충실할 수 있을 것이다. 호스피스 간호사들이 오랜 시간 공유해 온 지혜 중 하나가 때가 되었을 때 사랑하는 사람에게 떠나도 괜찮다고 알려 주는 것이다. 많은 죽음이 "가족을 위해 살아 있어야 한다"는 의식 때문에 지연되기 때문이다. 사랑하는 사람에게 떠나도 괜찮다고 알려 주는 몹시 어려운 일을 함으로써 고통을 줄여 줄 수 있다. 더는 음식이 필요하지 않게 되는 때가 온다.

죽어 가는 환자의 문제는 끝이 있는 데 반해 가족들의 문제는 계속된다. 그러나 환자가 죽음을 맞이하기 전에 이러한 문제를 논의함으로써 상당 부분이 해결될 수 있다.

—엘리자베스 퀴블러 로스, 『죽음과 죽어감』

3

자신의 장례식이나 죽음을 기리는 기념물을 직접 준비한다면 어떻게 기획하고 싶은가요?

당신의 할머니가 그녀 자신의 관을 직접 만들기로 (나무를 고르고 치수를 재고 설계도를 그리기로) 했다고 상상해 보라. 동호회 친구들을 초대해 함께 톱질하고, 사포로 문지르고, 밑칠하고, 페인트칠한 다음 좋아하는 플러시 천으로 안감을 댄다고 말이다. 더 나아가 특정한 주제를 담은 관을 만든다면 어떻겠는가? 그녀가 엘비스 프레슬리를 좋아했거나, 거대한 무당벌레 안에 묻히고 싶어 할지도 모른다. 할머니가, 피할 수 없는 죽음을 직면하고 주관하기 위한 용감하고 즐거운 방법의 일환으로써 관을 만들고, 자신을 어떻게 기념하며 기억할지에 대해 말하길 원한다면? 장례식의 대본을 미리 정하고, 장례식에서 누가 말하고 노래할지 상세하게 지시하고, 묘지 터나 화장 서비스를 제공하는 업체를 알아보고 좋은 조건으로 계약했다면? 그러고 나서 장례식장을 좋은 가격에 구하고, 초대장을 디자인하고, 부고를 누가 쓸지 결정하는 것이다.

지금은 이런 상상이 더 이상 가상의 허구가 아니므로 이러한 사고 실험을 멈춰도 된다. 뉴질랜드 관 짜기 동호회Kiwi Coffin Club에서 바로 그런 일을 하고 있다. 게다가 나날이 성장하고 있다! 그들은 아마도 역사상 가장 유쾌한 "임종 비디오"를 촬영해 자신이 죽는다는 사실을 더 늦기 전에 즐겁게 받아들이려고 노력하는 모습을 소개하면서 뮤지컬 노래에 맞춰 춤을 춘다. 또 직접 디자인한 "영광의 상자"를 자랑한다(그 관들은 엘비스 프레슬리를 주제로 한 것부터 작은 요정 모형과 토끼풀로 덮인 것까지 다양하다).

"상황을 직시해." 그들은 노래한다. "장례식에는 혼이 담겨 있어야 해."

처음에는 동호회 구성원이 50~60명에 불과했지만, 인기가 급격히 치솟았다. 이제는 뉴질랜드 전역에 유사한 동호회들이 생겨났고 아일랜드처럼 멀리 떨어진 곳까지 전파됐다. 관 짜기 동호회의 혜택 중 하나는 경제적인 이점이다. 금과 마호가니로 만든 관은 400만 원까지 나가지만, 동호회를 통하면 단돈 15만 원에 나무함을 주문할 수 있다. 온갖 종류의 상조 서비스 회사들이 노인들의 호주머니를 노리지만, 누군가 죽었거나 죽음을 앞두고 있을 때는 누구도 냉정하기 어렵다는 게 잔인한 현실이다.

또 다른 이점은 그들의 주제가(그리고 그들이 노래하는 방식)

가 증명하듯, 개성이다. 동호회 최초 창립자인 케이트 윌리엄스Kate Williams가 『내셔널 지오그래픽National Geographic』에서 밝혔듯, 죽음을 축하하는 것은 삶을 축하하는 것만큼이나 중요하다. 누군가의 기념식이 그 자신이 생전에 그랬던 만큼 진지해야 하는 것은 지극히 당연하다.

"우리는 죽음이 얼마나 끝내주는 것인지 절대 알 수 없다."

*

내가 죽음에 관한 대화를 함께 나누기 좋아하는 사람 중 하나가 그렉 룬드그렌Greg Lundgren*이라서 이 책에는 그가 자주 등장한다. 그렉은 본래 예술가로, 지난 20년간 시애틀 예술계에서 그만의 입지를 구축했다. 어떤 큐레이터나 비평가보다 미국 북서부 예술가들을 위해 더 많은 일을 했고, 이런 노력은 늘 스스로 자청한 일이었다. 창의적인 예술가가 으레 그렇듯 그는 바쁘게 일했다. 그래서 언론인 톰 울프Tom Wolfe가 포착할 정도로만 비공식적으로 미술계의 "시장" 노릇을 했다. 국제적으로 칭송받는 비엔날레를 본인 부담으로 개최하는 일과 대중을 위한 거대한 무면허 설치 미술품을 선보이는 작업 사이에서, 그렉이 무게중심을 두는 본업은 '룬드그렌 기념물Lundgren

---

• 그렉 룬드그렌(1969–)은 미국의 예술가 겸 사업가로, 2004년부터 진행한 묘비에 설치할 기념물들을 제작하여 판매하는 사업으로 유명하다.

Monuments'이라 불리는 사업이다. 기존 추모비의 디자인이 불만족스러웠던 그렉은 조각가와 유리공예가로서 그간 갈고닦은 실력을 바탕으로 묘비, 석물,* 유골함을 새롭게 만드는 일에 헌신하기로 했다. 요컨대 죽은 사람을 위한 예술 말이다. 그렉은 장례를 준비하는 의뢰인들이 힘겹게 여러 사람을 만나는 과정을 거칠 때, 자신은 그들과 어떻게 소통하는지에 대해 이렇게 설명한다. "의뢰인들은 의사, 경찰관, 장례업체와 이야기해야 합니다. 나는 그들과 우울하지 않은 대화, 그들을 신나게 하는 대화를 하려 노력합니다. 의뢰인들에게 기쁨을 주고, 힘든 시기에 있는 의뢰인들이 잊고 있던 아름다움을 상기할 수 있게 도우려 해요."

그렉은 디자인, 주물, 조각, 전 세계 곳곳에 묘비를 설치하는 것도 모자라, "죽음에 대한 부티크"가 필요하겠다고 착안했다. 미국의 유명 디자이너 조나단 애들러Jonathan Adler가 오직 사랑하는 고인을 창조적으로 기리기 위해 세련되게 꾸민 상점 전면을 상상해 보라. 유명 제작자에게 주문 제작한 유골함, 사랑하는 고인의 재로 만든 도자기 접시, 네덜란드 거장이 그린 듯한 초상화를 특별 제공하는 부티크…… 죽음을 기리기 위해 만들어진 완벽하게 예술적인 유원지 같은 곳 말이다.

지금쯤이면 여러분도 그렉이 남들보다 더 발전적으로 생각

---

* 무덤을 지키게 하기 위해, 무덤 앞에 세우는 돌로 만든 조각. 한국에는 전통적으로 사람 모양을 본뜬 석인石人, 동물 형상의 석수石獸, 석등 등이 있다.

한다는 사실을 알아차렸을 것이다. 평생의 사명이 죽음에 예술을 불어넣는 것이었던 그렉은 어느 날 어른들뿐만 아니라 아이들에게도 죽음을 이야기해야 한다는 사실을 깨달았다. 이후 그는 죽음에 관한 아동용 도서를 여러 권 출간했다. 그중 한 권인 『죽음은 빛과 같아요Death Is Like a Light』를 소개한 내용을 이 책의 162쪽에서 더 자세히 볼 수 있다.

그렉의 첫 번째 책 『푸른 숲 묘지The Greenwood Cemetery』는 세상을 떠난 괴짜 과학자에 관한 이야기다. 과학자의 조카는 과학자의 재산을 물려받은 뒤, 죽은 과학자를 추모하려고 설계된 테오 3000THEO 3000이라는 이름의 로봇을 포함해 온갖 이상한 기계 장치들을 발견한다. 조카는 그에게 맡겨진 임무를 충실히 따라, 테오 3000을 과학자의 묘지에 가져다 둔다. 소문이 퍼지자 이웃의 아이들은 로봇을 구경하러 모여든다. 아이들은 로봇과 놀며 로봇의 익살스러운 행동에 즐거워한다. 그 광경을 보고 누군가 말한다. "우리 엄마는 수다 떨기를 좋아하셨으니 거대한 전화기를 만들어 볼까." 또 다른 사람은 이렇게 말한다. "우리 할아버지는 골프와 바나나 스플릿을 좋아하셨어. 그러니 나는 그것에 어울리는 특별한 뭔가를 만들어야겠어!" 마을 사람들은 죽은 사람을 표현하는 유쾌한 작품을 만들어 달라고 예술가에게 잇따라 의뢰한다. 그 후 그전엔 모두가 꺼림칙하게 여기던 묘지가 즐거움과 추억이 가득한 멋진 곳으로 변한다.

"그런 점에서 조각 공원은 기본적으로 백만장자들을 위한 묘지죠." 그렉은 말한다. 조각 공원에는 '누가 언제 죽었는지' 대신 '누가 무엇을 위해 돈을 기부했는지'를 알리는 명판이 있다. "유일한 차이점은 조각 공원에는 시신이 없다는 거죠." 그렉은 묘지를 중산층을 위한 조각 공원으로 여겨야 한다고 주장한다. 그 아이디어는 정신적으로 누군가를 기리고 예술을 향유하는 아름다운 방법이 될 수 있다. 의미 있는 작품이 반드시 비쌀 필요는 없는 법이다.

그렉은 테오 3000 같은 기발한 기념물을 직접 면밀히 조사했다. 그는 자신의 조각가 친구가 웨딩케이크 위에 놓을 신랑 신부 모형을 만드는 모습을 본 후, 죽은 사람을 위해서도 그렇게 하면 어떨지 고민했다. 사랑하는 사람을 기념하는 액션 피규어를 만들면 어떨까? 그들이 낚시하고, 춤추고, 책 읽는(그게 무엇이든, 살아 있을 때 즐기던 활동을 하는) 모습을 작은 모형으로 만드는 것이다. 그렉은 이제 이 모형을 의뢰인에게 선택 사항으로 제공한다. 하지만 그에게 개인적으로 가장 크게 와닿는 것은 초상화다. "나는 친구들에게 내 아버지의 초상화를 그려 달라고 의뢰했어요." 그렉이 말했다. "두 점을 그렸는데 그 그림들은 내게 가장 소중한 재산입니다. 아버지에 대한 많은 기억과 감정이 떠오르게 하거든요. 초상화 중 하나는 주방에 걸려 있어서 매일 아침 식사를 할 때마다 봅니다. 누군가를 기리는 건전한 방법 같아요. 가끔만 가 볼 수 있는 묘지와 다르고 으스스하게 느껴질 수 있는 유골함과도 달라요. 집안의 가보가 되죠."

*

애초에 브라이어 베이츠Briar Bates는 수중 발레로 그녀의 추도
식을 꾸릴 계획이 없었다. 브라이어의 인생이 다른 방향으로
흘러갔다면 그녀도 친구들 곁에서 첨벙거리고 있을 것이었다.

　예술가였던 브라이어는 당시 마흔두 살이었고, 불과 몇 달
전에 진단받은 공격적인 암으로 죽어 가고 있었다. "브라이어
가 죽어 간다는 사실을 알게 됐을 때, 그녀에게 가서 죽기 전에
뭘 하고 싶은지 물었어요. '그녀가 다음 5년 동안 하고 싶었던
일 중에 남은 4개월 동안 우리가 할 수 있을 만한 일은 뭘까?'
그것은 브라이어의 스케치북에 있던 스케치들을 구현해서 그
아름다움을 세상으로 끄집어내는 일이었어요." 친구 베빈 킬
리Bevin Keely가 말했다.

　「시애틀 타임스Seattle Times」에 따르면 브라이어는 침대에 누
워서 몇 시간 동안이나 수영 모자를 쓴 바비 인형들을 전형적
인 버스비 버클리Busby Berkeley* 대형으로 배치한, 직접 만든 샹
들리에를 바라봤다. 브라이어와 같은 이를 위해 수중 발레를
떠올리게 하는 샹들리에였다.

　"수중 발레는 즐겁고 우스꽝스럽죠." 베빈은 말했다. "세상
을 더 밝고 아름답게 해요. 브라이어는 예술가로서 그 공연을

　• 미국의 영화감독 겸 안무가(1895-1976)

통해 행복하게 살라는 메시지를 전하고 싶다고 했어요!"

브라이어의 또 다른 친구 캐리 크리스티Carey Christie는 이렇게
말했다. "브라이어가 수중 발레 공연을 부탁했을 때, 그녀의 요
청을 거절할 수 없었어요. 단지 브라이어가 죽어 가고 있었기
때문이 아니라 그녀에게 도움이 되고 싶었어요. 그리고 갑자
기 함께 보낼 수 있는 시간이 짧아졌기 때문에 브라이어 곁에
있고 싶었어요."

브라이어는 의상을 어떤 천으로 만들어야 하는지부터 그녀
가 바라는 대형과 몸동작까지 모든 것을 세심하게 신경 썼다.
브라이어는 상상이 실현되도록 돕고 있는 창의적이고 헌신적
인 영혼들에게 세부 계획을 전했다. 발레 작품의 제목은「발목
깊이」고, 어린이들의 꿈동산인 시애틀 볼런티어 공원Volunteer
Park의 콘크리트로 된 대형 어린이 풀장에서 공연할 예정이라
고 했다.

브라이어가 죽고 몇 주 후 친구들이 모였다. 옷을 입고 화장
을 하는 등 공연 준비를 한 뒤 공원으로 향했다. 무용수 50여 명
이 큐 사인에 맞춰서 입고 있던 카프탄드레스,* 트렌치코트, 덧
옷을 벗어던지자, 질감이 독특한 초록빛 수영모와 꽃무늬 수
영복, 사각팬티가 모습을 드러냈다. 무용수들은 물속에서 바
비 다린Bobby Darin의「Beyond the Sea(비욘드 더 씨)」와 퍼렐 윌
리엄스Pharrell Williams의「Happy(해피)」같은 노래에 맞춰 대형

• 서양 여성 복식 중에 소매가 길고 허리통이 헐렁한 원피스를 이른다.

을 만들며 이리저리 움직였다. 작은 소녀 무용수는 공중으로 들어올려지기도 했다. 거품 기계가 공중으로 비눗방울을 날리며 마지막을 장식했고, 어리둥절하면서도 즐거워진 구경꾼들이 물속으로 첨벙 뛰어들었다.

공연은 창조적이고 기발하고 즐거웠으며, 그곳에는 서로 사랑하고 의지하는 친구들로 가득했다. "수중 발레 공연은 우리가 공통의 상실을 겪으면서 삶을 긍정하고자 기울인 노력이었어요. 서로에 대한, 특히 우리 친구 브라이어에 대한 사랑을 기억하고, 그 사랑을 다른 사람들과 나누기 위한 공연이었어요." 베빈은 말했다.

"누구나 이런 프로젝트를 할 수 있어요." 캐리는 말했다. "그리고 더 많은 사람이 이렇게 할 수 있길 바랍니다. 왜냐하면 삶은 이토록 믿을 수 없는 선물이고, 죽음이 그 사실을 깨닫게 하기 때문이죠. 우리는 슬픔을 내려놓을 곳이 필요해요. 살아 있음에 대한 가슴 벅찬 기쁨을 표현할 기회가 필요하고, 사람들과 그것을 함께해야 합니다."

*

홀리는 자신이 죽어 간다는 사실에 관해 이야기하고 싶지 않았다. 홀리와 그녀의 남편은 그런 생각을 하지 않으려 애썼다. 홀리를 병문안하는 친구들에게조차, 죽음에 대한 이야기를 꺼내거나 홀리가 지금 있는 곳이 호스피스라는 사실을 밝히지 말아 달라고 당부했다.

이 결정은 의외로 많은 스트레스를 불러왔다. 홀리의 친구 안드레아는 그녀와 함께 이야기하며 울고 싶었지만, 현실에는 완전히 다른 이야기가 펼쳐져 있기에 그럴 수 없었다. 예전에는 둘 사이가 매우 가까웠지만, 홀리 삶의 마지막 해 즈음에는 그녀와 나누는 모든 대화가 겉돌고 있었다.

하지만 안드레아는 홀리가 죽은 뒤에 그녀가 자기 죽음을 어떻게 생각했는지 이해할 기회가 있었다고 회고했다. 홀리는 오랫동안 동물 인형을 수집했다고 한다. 이는 주위 사람들이 모두 알 만큼 공공연한 사실이었다. 일부는 그녀가 치료사로서 일할 때 활용하기도 했지만, 홀리가 아이같이 순수한 마음을 간직한 만큼 인형의 상당수는 오로지 그녀 자신을 위한 것이었다. 그녀는 여행지를 방문할 때마다 동물 인형을 수집했고, 홀리의 남편은 항상 그녀의 생일 선물로 인형을 준비할 정도였다.

홀리가 죽기 전, 홀리의 엄마는 몇 주 동안 그녀 곁을 지켰다. 홀리는 엄마에게 종이 한 장을 가져와 모든 동물 인형의 이름을 받아써 달라고 부탁했다. 그렇다고 인형들에게 처음으로 이름을 지어 준 건 아니었다. 인형들에게 원래 이름이 있었지만, 한 번도 기록해 두지 않은 것이었다. 엄마와 함께 앉아 동물 인형들의 명부를 만듦으로써 홀리는 두 가지 사실을 말하는 셈이었다. 첫째, 나는 곧 죽을 것이고, 둘째, 내가 죽어도 누군가가 이 동물들의 이름을 알고 그 이름으로 불러 주면 좋겠다는 것.

홀리가 죽은 후, 친구들은 먼저 곁을 떠난 친구를 애도하기 위해 그녀가 살던 아파트로 초대되었다. 그리고 "아가"(홀리는 생전에 동물 인형을 그렇게 칭했다)를 하나씩 입양했다.

안드레아는 사랑스러운 눈 때문에 꼭 껴안고 싶어지는 너구리 인형 라일리를 입양했다. 안드레아와 다른 친구들은 각자 어떤 인형과 함께 지내게 되었는지 입양 결과를 정리한 다음, 홀리 엄마에게 사진을 첨부해 이메일을 보냈다. 홀리 엄마는 새로운 집에서 홀리를 사랑했던 사람들과 함께 있는 녀석들을 보고 위로받았다.

홀리와 같은 치료사인 안드레아는 라일리를 사무실에 두기로 했다. 안드레아의 환자들은 아이들이 아닌 어른들이 대부분이었지만, 어른들도 라일리를 즉시 알아본다고 그녀는 말했다. "저는 이렇게 설명하곤 해요. '한 친구가 죽었는데 이 인형은 친구의 아가 중 하나였고, 라일리라고 해요. 한번 안아 보실래요?' 그러면 정말로 안아 보는 이들도 있어요. 라일리는 진짜 포근하답니다."

죽음을 기리는 기념물은 유리로 된 유골함처럼 의례적인 것일 수도 있고, 액션 피규어처럼 실체적인 것일 수도 있으며, 무료 아이스크림선디처럼 상징적인 것일 수도 있다. 또 어린이 풀장에서 어른 여럿이 모여 수중 발레를 하는 것처럼 즐거운 일일 수도 있고, 동물 인형처럼 위안을 주는 물건일 수도 있다. 우리는 비록 누군가의 죽음 그 자체를 바꿀 수는 없지만, 기념물에서 큰 즐거움을 맛볼 수 있고, 어쩌면 뭔가 더 좋은 것을 창조해 낼 수도 있을 것이다.

조만간 나의 요양은 끝이 날 것이다. 다행히도 상태가 나아져 잘 지내고 있다. 일주일간이나 나는 전혀 어찌할 바를 모른 채 침울해 있었다. 그저 계속 병든 상태로 지치고 권태로웠으며, 나 자신에게 진절머리가 났다. 하마터면 내 지팡이에 고무 깔창을 만들어 달라고 할 뻔했다. 하마터면 요양객 명단을 읽기 시작했을 것이다. 하마터면 그저 15분이나 30분간 대중음악이나 듣는 정도가 아니라 아예 한두 시간씩이나 이어지는 완전한 연주회를 찾아다니고, 저녁이면 맥주를 한 병이 아니라 두 병은 마셨을 것이다.

— 헤르만 헤세, 『요양객』

4
죽음에 이르는 과정에 의료 개입이
과도하다고 생각하나요?

전 미국 상원 의원이자 다수당 대표를 역임했던 빌 프리스트 Bill Frist는 1950년대에 그가 소년이던 시절, 아버지와 함께 왕진을 가곤 했던 일을 이렇게 회상했다. "왕진을 따라가면, 그러니까 아버지 차에 올라타 시골길을 따라 덜컹거리면서 달리고 나면, 아버지는 어떤 집 앞에 차를 세운 뒤 왕진 가방을 들고 어둡고 음침한 방으로 들어갔어요. 그러고는 심각한 병에 걸린 환자의 침대 곁에 앉으셨어요. 나는 멀찍이 앉아 아버지가 침대 머리맡으로 가서 환자의 손을 잡거나 진맥을 짚는 모습을 지켜보며 그들의 대화를 듣곤 했습니다. 아버지는 죽음이란 총체적이고도 사회적이며 정신적인 것이라고 이야기했습니다." 그는 추억에 잠겨 말했다.

나의 친애하는 친구 아이라 바이오크Ira Byock 박사°는 종종 "죽음은 의료 행위가 아니라는 사실"을 우리에게 일깨워 주려 한다. 하지만 의사와 간호사들은 삶과 죽음의 경계를 넘나드는 이들이다. 오후가 되면 이제 막 아이를 낳은 서른 살의 여성에게 살날이 앞으로 6개월밖에 남지 않았음을 알려야 하는 암 전문의의 심정이 어떨지 잠시 생각해 보라. 우리는 얼마나 오래 살 수 있는지, 죽을 때 얼마나 고통스러운지, 삶을 연장하기 위해 할 수 있는 일이 무엇인지, 싸워야 하는지 포기해야 하는지 의사에게 답을 구하려 한다. 죽음과 벌이는 필사적인 전쟁에서 의사는 결정권자이자 판사, 치유자이자 장군, 더 나아가 제왕의 역할까지 도맡는다.

어쩌다 한 인간에게 이토록 많은 역할이 부여되고 강한 압력이 가해지게 되었을까? 대부분의 의료계 종사자들은 그 이유를 미국의 의료 시스템과 돌봄 방식이 간호사들에 의해 맹목적으로 운영되는 데에서 찾을 것이다. 이 질문 또한 그들의 역할에 대해 말하고 있지 않은가. 간호사들의 할 일 목록은 끝이 없다. 죽어 가는 환자들을 돌봐야 하고, 환자 가족들을 보살피고 위로해야 하며, 수술실에도 계속 들어가야 한다. 이 모든 일을 시시각각 응급 상황이 발생하는 환경에서 수행해야 한다. 또한 병원 관리자로부터 환자별 간호 시간을 제한당하고 불필

• 아이라 바이오크(1951-)는 다트머스 대학 가정의학과 교수이다. 40년 넘게 호스피스 활동에 헌신하고 있다.

요한 일을 없애 업무를 간소화하라는 압박을 받는다. 간호사가 된다는 것은 엑셀 전문가와 인내심 있는 성인군자, 그리고 지구력 강한 운동선수가 동시에 되어야 하는 일이다. 미국의 의료 시스템이 사실상 망가졌다면, 실제로 무엇이 어떻게 망가졌는지 생각해 볼 문제다. 그것은 압력을 견디지 못할 때 망가지며, 전부가 무너질 수도 있는 것이다. 나는 우리가 의료 전문가를 더 많이 요구할 게 아니라 더 적게 요구해야 한다고 주장한다. 죽음은 의료 행위가 아니다. 그것은 공동체의 행위이고 인간의 행위이기에, 우리가 앞장서서 그 무게를 견뎌야 한다.

사우스캐롤라이나주 그린빌Greenville의 한 의사는 에인절 그랜트Angel Grant와 그녀의 가족에게 에인절의 아버지가 암으로 일 년 안에 죽을 거라고 선고했다. 에인절은 의사의 선고가 성의 없고 무신경하다고 느꼈다. 에인절은 그동안 가족 간에 편을 갈라 싸우느라 아버지와 일 년 동안 대화하지 않았다는 죄책감과 큰 슬픔에 휩싸여 그만 그 자리에서 폭발하고 말았다. "저는 그 의사에게 그것이 그에게는 흔한 대화일지 몰라도 우리에게는 아니라는 사실을 알려 줬어요. 그가 아무런 감정 없이 태평스럽게 한 말이 우리 아버지가 죽는다는 선고였다고요. 새어머니에겐 남편이자 작은아빠에게는 형, 할머니에겐 아들이 죽고 있다는 말이라고요. 그때 나는 눈물이 그렁그렁한 눈으로 의사를 죽일 듯이 노려보면서 거기에 서 있었어요."

"그 의사는 예상했던 것과 다르게 조금 부드러워졌어요." 에인절은 이렇게 회고했다. "나를 쳐다보는 의사의 눈에는 연민이 담겨 있었어요. 그리고 그는 말했죠. '제 진단이 인간적으로 들리지 않았다면 미안합니다. 당신 말이 맞아요. 저는 직업 특성상 환자들과 이런 대화를 너무 자주 해야 해요. 하지만 제가 한때 지금 당신이 있는 자리에 서 있었기 때문에 암 전문의가 되었다는 걸 말씀드리고 싶군요. 제 아버지도 암으로 돌아가셨고 그때 무력감을 느꼈거든요.'"

응급실 의사 제이 바루크Jay Baruch는 이런 글을 남긴 바 있다. "나는 울분 섞인 슬픔을 목격했는데 곧바로 내 안위가 걱정되었다. 언젠가 어떤 환자의 성인이 된 딸이 나를 때리려고 달려들다가 내 발 앞에 주저앉은 적도 있다. 또 한 번은 어느 환자의 철이 덜든 아들이 내가 하는 말을 받아들이길 거부하면서 내 흰 가운을 움켜쥐고 의자에서 끌어내더니 나더러 가족 대기실을 나가 이미 죽은 그의 부모님을 위해 무언가를 더 하라고 요구했다. 나는 마치 그들이 이 비보를 기다렸지만 그저 언제 일어날지 몰랐기 때문에 놀라 당황했을 거라고 합리화하며 자리에 앉아 있었다. 그리고 조금 뒤 멍청하게 고개만 끄덕였다."[11]

*

닐 오포드Neil Orford는 오스트레일리아에 있는 한 병원의 중환자실을 책임지고 있는 의사다. 그가 죽음의 만찬에 처음 참여했을 때 의사로서 경험한, 우리에게 들려줄 이야기가 많았다. 요컨대 닐은 지난 20년 동안 환자 그리고 환자의 가족과 죽음에 관한 대화를 수없이 나눴다. 환자 가족이 강렬한 비애감에 짓눌린 채 복잡한 의료 정보와 의료 시스템 속에서 문제를 해결하려고 안간힘 쓰는 모습을 무수히 목격했다. 개인적으로도 그런 일을 경험했지만, 그 이야기를 입 밖으로 낸 적은 거의 없었다. 사실 그날 만찬 장소에 도착하기 전까지도 그곳에서 아버지 이야기를 하게 되리라고는 그 자신도 전혀 예상하지 못했다.

닐이 개인적 소회를 털어놓은 오스트레일리아의 한 신문 기사에 따르면, 닐의 아버지가 죽어 가고 있을 때 의사들은 닐의 요구에 전혀 귀 기울이지 않았다. 가족은 닐의 아버지가 병원에서 죽을 날만 기다리며 연명하고 있는 건 아닌지 우려를 표했지만, 의료진은 심폐소생술에 관한 이야기만 거듭할 뿐이었다. 의사들은 다음 날까지 치료 제한 요청을 들어 주지 않았고 그다음 날도 마찬가지였다. 무려 일주일 동안이나 완화 치료 전문가는 오지 않았다. "난 내가 아버지나 가족의 고통을 줄여 줄 수 있다고 생각했지만, 결코 그럴 수 없었다. 이 일을 겪으면서 몇 가지 교훈을 얻었다."

닐은 회상했다. "아버지의 상태가 무척 나빠져 고통스러워했지만 병원의 대응은 서툴렀다. 아버지는 병원에서 지내는 열흘 동안 점점 더 괴로워하고 두려워하다가 기력뿐만 아니라 존엄마저 잃었다. 방광에서 소변이 배출되지 않아 소변 줄을 삽입할 때에는 하루가 넘는 긴 시간 동안 극도의 고통을 겪었다. 섬망과 불안 증세 때문에 야간에 진정제를 투여받을 수 있는지 물었지만, 뇌 손상 때문에 안 된다는 답을 들어야 했다.

그러나 밤에 상태가 나빠져 결국 진정제를 긴급하게 투여해야 했고, 우리는 아버지를 안심시키고 위로해야 했다."[12]

결국, 닐은 하는 수 없이 의사 신분을 밝히고 아버지의 의사들과 논의했고 그제서야 닐의 의견이 진지하게 받아들여졌다. 그 후 빠르고 효과적인 완화 치료를 받았고, 아버지를 편안하게 보내 드릴 수 있었다. 그러나 닐은 대가를 치렀다고 생각한다. "아버지는 마지막 나날을 평온하게 보낼 수 있었음에도 긴 시간 고통받았다. 가족들에게는 아버지를 치료하기보다는 더 편한 길을 택했다는 죄책감이 남았다. 나는 아들로서 아버지 곁에서 슬퍼하고 마지막 작별 인사를 나누는 대신, 의사라는 걸 밝히고 의사로서 개입하느라 시간을 소모해야만 했다."

닐에 따르면 원칙적으로는 죽는 과정에 의료 개입을 해야 한다. 응급 부서에서 일하는 애쉴리 위트Ashleigh Witt 박사도 동의하며 이렇게 썼다. "많은 의사가 병을 고치길 원하기 때문에 완화 치료를 힘들어 합니다. 우리는 치료를 좋아하고 생명을 구하는 일에는 뛰어나지만, 모두를 구할 수 없음을 받아들이는 일은 어려워 합니다. 그러나 성공적으로 심폐소생술을 해내는 일만큼 존엄한 죽음을 돕는 일도 중요합니다."

애쉴리는 어느 시점 이상의 의료 행위가 환자에게 트라우마를 일으킬 뿐이라는 사실을 알면서도 가족이 요청하면 개입해야 한다고 토로한다. "심장이 멈추면 심폐소생술을 실시할 수 있어요. 그때 나는 누군가의 나이 든 부모 위로 올라가 체중을 실어 흉골을 압박해야 해요. 효과적으로 하려면 어쩔 수 없이 갈빗대 몇 개를 부러뜨려야 합니다. 끔찍한 소리가 나긴 하지만, 그렇게 하지 않으면 심장이 몸으로 피를 보내지 못하고 피가 없으면 사망하기 때문이죠."

젊은 사람의 심장은 다시 뛸 가능성이 있지만, 노인의 심장은 그럴 확률이 낮다. "수련의로서 노인에게 심폐소생술을 해야 하는 코드 블루(심폐 정지 환자가 발생해 소생술이 필요한 때) 상황을 겪으면, 퇴근 후에 보통 집에 가서 울게 마련이에요. 심폐소생술을 10분을 하든, 한 시간을 하든, 세 시간을 하든, 그건 중요하지 않습니다. 우리는 노쇠한 사람의 흉부에 강한 충격을 주는 거예요. 병실에 있는 의사라면 환자가 결국 사망할 거라는 사실을 알면서도 그 일을 해야 해요. 환자는 자녀들 대신 의사들에게 둘러싸인 채 갈비뼈가 부서지는 고통을 느끼며 인생을 마감하는데, 이는 결코 '좋은' 죽음이나 '존엄한' 죽음이 아니죠."[13]라고 애쉴리는 설명했다.

이 믿기 어려운 상황에서 다수의 뛰어난 의사와 간호사들이 연민을 안고, 수술을 위해 바늘에 실을 꿴다. 그리고 그 시스템 속에 놓인 많은 사람이 그 일을 해 낸다(혹은 인간이 할 수 있는 만큼 해 낸다).

닐은 이렇게 썼다. "적절한 시간이 주어지면, 우리는 견디고, 듣고, 설명하고, 반복하며, 결국에는 죽는 과정을 함께 헤쳐 나간다. 결코 서두르지 않는다. 우리는 서로 알아 가고 믿게 되며, 몇 시간, 며칠, 몇 주가 지나면 병에 두던 초점이 사람을 향하게 된다."

워싱턴대학교 의과대학[14] 몰리 잭슨Molly Jackson교수는 대학 3학년 때 죽어 가는 사람과 함께하는 법을 어떻게 배웠는지 생생하게 기억한다. 몰리의 선생은 이렇게 말했다. "자네에게 에이즈로 죽어 가는 이 환자를 맡기겠네. 환자가 죽어 갈 때 그와 나란히 걷는 일은 잊을 수 없는 경험이 될 거야." 몰리는 준비돼 있었고, 어서 빨리 환자의 가족과 마주 앉아 증상을 관리하는 법에 관해 이야기하고 싶었다. 그러나 교수가 환자의 모친에게 (환자는 그때 이미 의사소통을 할 수 없었다) "존에 관해 말해 줘요." 하고 생각나는 대로 말을 걸기 시작했을 때, 몰리는 깜짝 놀랐다.

"그때 우리가 그곳에서 진짜 하려는 일이 뭔지 이해했어요. 존의 생명을 구하는 단계를 지나, 이제 존의 엄마가 아들의 죽음을 잘 받아들일 수 있도록 돕는 일이었지요. 우리가 죽음을 앞에 두고 해야 하는 중요한 일이란 남은 사람들에게 죽음에 관해 의미 있고 긍정적인 기억을 심어 주는 것과 환자의 보호자가 환자를 진정으로 알게 하는 것임을 깨달았어요." 몰리가 얘기했다.

몰리는 자신이 마음씨 따뜻한 의사에게 배울 수 있어서 매우 운이 좋았다고 생각하며, 모든 학생이 이러한 경험을 할 수 있도록 대학에서 꾸준히 노력해야 한다고 여긴다. 미국 내 122곳의 의대 중 겨우 여덟 곳만이 '생애 말기 돌봄 과정'을 필수적으로 이수하게끔 하고 있다.[15] 또 앞서 I장에 썼듯이, 말기 환자와 대화를 나누는 어려운 일에 진료 수가를 지불하도록 제도화했음에도 불구하고, 의사가 환자에게 죽음에 대해 상담하는 횟수가 크게 늘지 않았다.[16] 여기에는 복잡한 이유가 있다.

"의사들도 사실 어떻게 이야기해야 할지 잘 몰라요." 완화 치료 분야의 선도자인 토니 백Tony Back 박사는 이렇게 말한다. "상담이 중요하다는 사실은 알지만, 무슨 말을 할지, 또 뭘 해야 할지 모르는 거죠." 그것이 토니가 의사와 간호사의 의사소통 능력을 키우는 데 주력하는 비영리단체 '중대한 대화Vital Talk'를 설립한 이유다. "이러한 대화를 잘 나누지 못하는 의학계의 무능력함이 우리를 무력하게 합니다. 사람들은 의사가 아닌 낯선 이들과 죽음에 관해 더 쉽게 이야기합니다. 암으로 죽어 가는 사람 중 약 30퍼센트가 죽음에 관한 첫 대화를 낯선 사람과 한다고 해요. 그리고 가장 마지막 순간에 이르러서야 감정, 절망, 두려움에 사로잡혀 의사에게 간절하게 이야기합니다. 그들은 '모든 것을 해 달라'고 의사에게 애원하지만, 그들이 끝내 깨닫지 못하는 점은 그렇게 하면 산소호흡기를 낀 채 원치 않는 곳에서 죽게 될 거라는 사실입니다."

"실제로 결정을 내리는 일은 정말 어렵습니다." 몰리가 말했다. "우리는 환자와 동반자 관계를 공고히 하고, 죽을 때 의료 개입이 어떤 역할을 하는지 환자가 현실을 이해하도록 돕기 위해 노력하고 있지만, 쉽지 않은 일이에요. 삶을 연장하기보다 고통을 더할 가능성이 크다고 우려되는 의료 개입이 많지만(저는 환자와 환자 가족에게 그 사실을 솔직하게 이야기하는 편입니다), 그들로서는 그것이 실제로 어떨지 상상하기란 어려운 일이죠. 만약 우리가 하는 일이 죽음으로 이어지는 고통을 연장하기만 할 뿐이라면, 즉 의미 있는 회복을 할 가능성도 없이 질 나쁜 삶을 연장만 하는 거라면, 그것은 의료계의 실패라고 생각합니다."

이러한 현상의 상당 부분이 환자뿐 아니라 의사나 간호사에게도 생소한 일임을 이해해야 한다. 몰리가 2000년대 초반 의대에 진학했을 당시에는, 그의 스승이나 선배 들 상당수가 죽음을 대할 때 온정주의적으로만 접근했다고 몰리는 회상한다. 몰리의 아버지도 1970년대에 의대를 다닌 의사였지만, 공식적으로 환자와 죽음에 관해 이야기하는 훈련을 받은 적이 없다. 그렇다고 환자에게 할 수 있는 치료의 선택지가 많은 것도 아니었다. 예전엔 사람들이 병에 걸리면 그 병 때문에 죽는 일이 허다했다. 이제는 다양한 선택지가 있고, 여러 치료 단계를 거쳐야 하며, 우리 모두 그 단계를 어떻게 처리할지 함께 배우는 중이다. 몰리는 이제 의대생들에게 환자와 의사 간 의사소통과 직업의식을 가르친다. 그녀는 밀레니얼 세대 학생들이 이 주제에 보여 주는 반응에 큰 힘을 얻는다. "그들은 팀 지향적이고 환자 지향적 소통 방식을 추구하며 환자 개인과 사회 모두에 가치 있는 일을 하려고 노력합니다. 그들은 정의와 평등에 관심을 둬요."

의료비가 급증하고 있으므로 두 갈래 길 사이에서 적절한 균형점을 찾으라는 압박이 날이 갈수록 증대되고 있다. 새로 승인된 백혈병 치료제의 1회 투약 비용이 5억 6천만 원이라고 할 때, 당신이라면 그 비용을 내면서 얼마나 더 오래 살겠는가? 그리고 환자의 나이와 삶의 질에 따라 그 답이 어떻게 달라지겠는가? 생각하기도 싫은 끔찍한 계산이다.

"환자가 일흔두 살인지 서른두 살인지에 따라 이야기는 달라지죠." 몰리는 말했다. "그리고 누구에게도 무엇이 가장 좋고 무엇이 가장 나쁘다고 섣불리 말할 수 없어요."

의사와 간호사, 심지어 환자의 손을 멀리 떠난 요소가 매우 많다. 의사에 대한 에인절의 분노가 아빠와 싸웠다는 죄책감 때문에 폭발한 것을 기억하자. 문화적 요소도 문제를 복잡하게 만든다. 한국에서는 관습적으로 노인 환자는 아들의 결정에 따르고자 하고, 아들은 아버지를 위해 할 수 있는 모든 것을 한다. 따라서 의료 개입을 둘러싼 결정은 복잡한 인간관계와 얽히고설킨다.

비록 어쩔 수 없이 이 문제에 쉬운 답은 없지만, 이 혼돈과 고통을 뚫고 들어오는 빛이 있으니, 그것은 바로 "현존"이다.

토니 백은 불교 신자로서, 스승 로시 조앤 핼리팩스Roshi Joan Halifax와 함께 일한 수년간 의사로서 받은 교육을 다각도에서 재조명해 보니 그가 정복할 수도 관통할 수도 없는, 방패를 내던지는 법을 배웠음을 깨달았다. "선생님이 가르쳐 주신 것은 성공하는 법이 아니었어요. 그녀는 항상 방패를 버리고 '강건한 등과 어진 가슴'으로 살라고 권했어요. 편의주의에 굴복하기보다 원칙을 지키며 살라고 하셨죠. 무적이 되어 선두에 서는 대신 마음을 조율하라고요. 물론 이는 훈련이 필요합니다.

처음엔 위험에 노출된 느낌이었어요."

하지만 거듭된 수행을 통해 마침내 정답을 찾았다. 완화 치료 분야에서 일한 그는 자연스레 선불교에 끌렸고, 무려 15년 동안 선종Zen Buddhism*을 수행했다. "처음에는 현존이 무엇인지 몰랐습니다." 토니는 말했다. "의대에서는 현존이 신비하고 카리스마적인 거라고 가르쳤어요. 하지만 카리스마의 문제가 아니라 수행의 문제예요. 자기 자신, 자신의 모든 걱정, 두려움과 함께 있을 수 없다면 환자와 함께 현존할 능력 또한 지닐 수 없어요."

토니는 침묵의 가치를 강조한다. 내적으로 침묵하는 능력을 어떻게 기르는지 깨달으면 환자에게 먼저 말할 여백을 줄 수 있다. 침묵이나 현존의 질을 높이는 것은 선종 수행에 제한되지 않는다. 모든 종교는 명상을 수행하고, 마음 챙김과 명상의 영역은 호기심 있는 누구에게나 열려 있다.

미국에는 현존을 활용하는 의료 전문가들을 돕는 강력한 도구들이 있다. 슈워츠 정기 모임Schwartz Rounds이나 죽음 정기 모임Death Rounds이라 불리는 이 제도들은 의료 전문가들을 공개 토론회에 모아 두고, 죽음을 피할 수 없다는 사실 때문에 느끼는 감정을 공유하게 한다. 정기적으로 열리는 슈워츠 정기 모임은 병원의 목사부터 사회복지사, 의사에 이르는 여러 분야의 사람들이 참여하는 공개 토론회로 시작한다. 토론자는 한 사례나 주제에 관한 짧은 발표를 하고 그 자리에 참석한 간병

---

* 참선을 통해 인간 본성을 탐구하고 깨달음을 얻는 불교 종파

인이 그들의 관점이나 감정을 공유하게 한다. 죽음 정기 모임은 매월 열리는 토론으로, 간병인이 초대되어 죽어 가는 사람을 돌보는 일부터 그들이 겪는 어려움까지 어떤 것이든지 이야기한다. 죽음 정기 모임에 대한 연구에 따르면 참석자의 76퍼센트가 토론이 유익하며, 중환자실 공식 업무에 포함시켜야 한다고 느꼈다.[17] 슈워츠 정기 모임에 대한 평가에서는 토론회에 참석한 간병인들이 환자와 그 가족에게 연민을 더 느끼며 잘 대응할 수 있고, 더 나은 팀원이 되었으며, 스트레스와 고립감을 덜 느끼는 것으로 나타났다.[18] 이 모든 모임은 분명 유용하지만, 실행에 옮기는 것은 매우 어렵다. 다시 말하자면 의료 종사자들은 더 적은 인원으로 더 많은 일을 하도록 요구받는다.

생애 말기 환자를 돌보는 과정을 오랜 기간 살펴보면 카프카의 소설처럼 느껴지기 시작한다. 예산이 부족하므로 의료인들은 숙고할 시간이 없다. 예산이 부족한 이유는 작은 결과를 내기 위해 점점 더 많은 것을 개입시키고 있기 때문이다. 그리고 의료인과 환자들이 이 모든 것을 숙고할 시간이 부족하기 때문이다.

그렇다고 이러한 현실을 목격하고 있는 의사와 간호사들이라고 우리와 다르게 죽을까? 켄 머레이Ken Murray 박사는 몇 년 전에 '의사는 어떻게 죽는가How Doctors Die'라는 유명한 기사를 썼다. 기사에서 켄은 많은 의사들이 자신의 환자와 똑같은 치료를 받길 원치 않는다고 밝혔다. 완화 치료 옹호자인 아이라 바이오크도 비슷한 일화를 전했다. "내가 돌봤던 몇몇을 포함해 불치병에 걸렸던 내 동료 의사들은 일반적으로 삶이 살 만한 가치가 있을 때까지는 의료 기술의 도움을 받으려 했고, 죽어 갈 때는 치료를 피하고 차라리 고통을 감수했습니다." 하지만 이 주제에 관한 최신 연구에 따르면, 의사라고 의사가 아닌 일반인과 특별히 다른 생애 말기 치료를 받는 것은 아니다. 왜 그럴까? 아이라는 이렇게 추측했다. "아마 다른 환자들처럼 삶이 순식간에 끝나려고 할 때에는, 지나친 연명 치료를 피하고자 했던 이전의 희망 사항을 따르기가 어렵다는 사실을 의사도 깨닫게 된다."[19]

내가 이 모든 것을 통해 알게 된 사실은 논리적 사고, 통계 자료나 의학의 도움을 토대로 무언가를 이성적으로 믿는 것과 막상 현실에서 생애 말기 돌봄에 관한 결정을 내리는 것은 별개라는 것이다. 우리는 의사가 우리와는 다른 방식으로 죽기를 바란다. 치료 전문가라면 그들의 가족과 어려운 주제에 관해 자유롭게 대화할 것이라 기대한다. 마치 코미디언이 기분이 안 좋은 날에도 재미있길 원하는 것처럼.

스투 파버Stu Farber 역시 이러한 인간의 딜레마에 빠지게 되었다. 그는 워싱턴대학교 의대에 완화 치료 서비스 전공을 설립하고 이끈 의사이다. 완화 치료 훈련 센터를 발전시켜 젊은 의사들이 잘 훈련될 수 있도록 도왔다. 그러던 중, 뜻밖에 백혈병 말기 진단을 받았다. 비극적이게도 조금 후에 그의 부인도 같은 병을 진단받았다. 스투는 그때 의사였던 동시에 환자가 되었다가, 간병인이자 교육자의 역할도 해야 했다. 부인의 말에 따르면 스투는 그동안 그렇게 지식을 쌓고 준비를 해 왔음에도 자신의 치료에 대해 "충분하다"고 판단할 때를 알기 어려웠다. 부인은 「타코마 뉴스 트리뷴Tacoma News Tribune」에서 이렇게 회상했다. "제가 그의 병원 침대 곁에 앉아 그에게 이렇게 말했어요. '있잖아, 스투 파버가 바로 지금 여기에 이 가족과 함께 앉아 있었다면 집에 갈 시간이라고 말했을 거야.' 그러자 그가 일어나 앉아 나를 보더니 말했어요. '집에 가자.'"

유서와 유품을 모두 보고 난 샹난은 샤오징과 샤오하이를 꼭 끌어안고 물었다. "내가 밉지 않니? 너희한테 정말 미안하다!" 샤오하이는 아무 말도 못 하고 그저 샹난을 바라보고 고개를 저으며 울기만 했다. 뜻밖에 샤오징은 울지도 않고 오히려 샹난의 손을 꽉 쥐면서 위로했다. "아줌마, 우린 이제 철없는 애들이 아니에요. 아버지를 잃었으니 아줌마도 우리처럼 가슴 아프실 텐데 우리가 왜 아줌마를 미워하겠어요? 미워하려면 아버지를 죽게 만든 그 사람들을 같이 미워해야죠!"
　ー다이허우잉, 『시인의 죽음』

5

유언장, 사전 연명 의료 의향서,
위임장을 준비했나요?
아니라면 그 이유는 뭔가요?

앞서 I장에서 우리 가족이 아버지의 죽음과 병에 관해 대화하
지 못한 걸 어머니 탓으로 돌려 어머니가 나쁜 사람이 되었지
만, 한편으로는 그녀가 지금 내 일에 큰 영감을 줬다는 사실을
밝혀야겠다. 어느 날 밤 클래식 공연을 관람하고 집으로 돌아
가던 차 안에서 난데없이 어머니는 자신이 죽었을 때 어떻게
하길 바라는지 이야기하기 시작했다. 어머니는 지금 그녀가
살고 있는 집이 생애 말기에 간병인이 2층에 입주해 그녀를 돌
볼 수 있도록 설계되었음을 일러 주었다. 어머니는 삶이 크게
바뀌는 것을 바라지 않았다. 요양원이라는 개념을 싫어했고
윌래밋Willamette강 위에 자리 잡은 그녀의 작은 집에서 생을 마
감하길 원했다. 그리고 형과 나에게 간호에 대한 세세한 부담

을 주길 원치 않았다. 화장을 원한다는 점을 일깨워 주며, 이미 비용 일체를 냈다는 사실과 화장할 장소까지 알려 줬다.

나는 말문이 완전히 막혀 동의의 표시로 몇 마디 웅얼거릴 뿐이었고, 어머니는 계속 말씀을 이어 나갔다. 모든 서류는 두 곳에 준비돼 있었다. 즉시 필요한 서류들은 문서 보관함 안 "비상시"라는 파일에 들어 있었고 의사 명부, 처방전, 의료 기록, 사전 연명 의료 의향서, 사망 시 유언장, 심폐소생술 거부 동의서 등이었다. 은행 금고 열쇠는 책상 맨 위 서랍에 있었고, 형과 나는 이미 금고 접근 권한이 있었다. 거기에 은행 계좌 번호, 주식 관련 정보, 집 안의 물건에 대한 세부적인 처분 의사를 담은 공증된 최신 유언장이 있을 것이다. 아마 우리가 뭔가를 빨리 결정해야 해서 급전이 필요한 경우를 대비해 충분한 현금도 있을 것이다.

나는 어머니의 사려 깊음과 솔직함에 고마움을 느끼면서 어머니를 집에 내려 드리고 두 가지 매우 분명한 감정을 느끼며 어둠 속으로 차를 몰았다. 하나는 어머니의 용기와 철저함에 대한 존경이었다. 다른 하나는 홀가분함이었다. 어머니가 이야기를 시작했을 때 우울하지는 않았지만 참을 수 없는 부담감이 어깨를 짓누르는 것을 느꼈다. 또 어머니가 말씀하시는 동안 어머니의 죽음이 지닌 무게감, 슬픔의 잠재력, 고통 속에서 내려야 하는 결정들, 이런 모든 부담감이 몰려와서 얼굴이 굳어졌다. 그때, 어머니가 마법을 부리듯 분명한 의사 전달을 한 뒤 손가락 두 개로 딱 소리를 내자 모든 시름이 사라졌다. 그것을 채 다 느끼기도 전에 부담감과 그 무게가 싹 사라져 버린 것이다. 어머니는 우리가 어떻게 그녀를 기릴지, 어머니가 마지막 몇 달과 최종 죽음의 관문에서 무엇을 바라는지 내게 미리 이야기해 줬다. 이것이 어머니가 내게 준 가장 멋진 선물이었다.

*

타일러Tyler의 새아버지는 유언장이 있었지만, 15년 동안 다시 검토하지 않았다. 모든 재산을 타일러의 어머니인 배우자에게 남겼다. 2년 후, 타일러의 어머니 도리Doree가 죽었을 때 타일러는 부모님 재산의 주된 수령인이었고 방대한 미술 소장품을 정리할 책임이 있었다. 도리는 예술가였고, 타일러는 어머니의 열정을 물려받았다. 타일러와 의붓형제들이 덜 값비싼 예술품 일부를 분배했을 때 타일러는 이베이eBay에서 예술품을 간단하게 처분하는 형제들을 보며 슬픔을 느꼈다. 그들의 권리인 것을 타일러도 알았지만, 의견 차이가 커졌다(상속에서 타일러의 역할이 그들보다 컸기 때문에 갈등이 시작될 수밖에 없었다).

가장 간단한 상황에서도 재산 문제를 다루는 일은 복잡해질 수 있기 마련이다. 혼인과 형제 관계가 복잡하게 얽혀 다툼의 소지가 있을 때, 유동 자산이 거의 없고 많은 물건이 각자에게 다른 의미를 지닐 때, 다음 세대의 어느 자식이 다른 자식들보다 더 많이 물려받을 때에는 더욱 그렇다. 타일러의 경우는 이 셋 모두에 속했다. 돌아가신 부모님이 무엇을 원했는지 잘 모르는 형제들 사이에서 종종 상처만 남는 다툼이 벌어졌다.

재산 분할이 완료되기 전에 의붓형제 중 하나가 죽었고 타일러와 남은 의붓형제들은 그 후 6년간 서로 대화하지 않았다. "우리 각자는 시간이 필요했어요." 타일러는 설명했다. 형제들은 유산 분배를 두고 충돌하기 전, 일부러 한데 섞은 그의 새아버지와 어머니의 유골을 타일러 어머니가 유언장에 지정한 대로 어느 바닷가에 함께 뿌리기로 약속했었다. 그 유골은 아직 타일러 집 벽장 안에 놓여 있다. "형제들 없이 저 혼자 유골을 뿌리는 건 도의에 어긋나는 것 같아요." 타일러는 말했다. 그래서 그는 부모님 두 분이 다시 연결될 그날을 기다리고 있다.

아직 건강하게 살아 있는 타일러의 친아버지는 이제 그에게 이렇게 말한다. "내가 죽을 때 너에게 남길 모든 것은 구두 상자 하나에 다 담을 수 있을 거야." 예술품으로 가득한 방들도 없고 꼼꼼하게 살필 작품들도, 유산 목록도 없다. 복잡한 상황을 만들지 않겠다는 농담이자 약속이었다.

*

샤넬 레이놀즈Chanel Reynolds는 중환자실에 앉아 있는 동안 머릿속이 복잡해졌다. 남편은 겨우 마흔세 살이었다. 그들은 둘 중 한 사람의 삶이 꺼져 가는 동안, 나머지 한 사람이 이곳 대기실에 있게 될 줄은 꿈에도 몰랐다. 그녀는 애도하는 대신 조용히 생각했다. '도대체 정신을 어디다 빼놓고 있었던 거지?'

자전거 사고로 남편을 잃은 후에 스트레스를 주는 수많은 요인 중에서 샤넬이 직면한 문제는 결국 경제적인 문제였다. 그들은 아직 유언장에 서명하지 않았기 때문이다. 샤넬은 중요한 경제적 정보, 보험 관련 정보, 심지어 중요한 계정이 누구 명의로 되어 있는지 여부와 모든 은행 계좌의 비밀번호마저 몰랐다.

2011년 시행된 설문 조사에 따르면, 미국 성인의 57퍼센트가 유언장을 마련해 두지 않았다. 스무 살 청년들 얘기를 하는 게 아닌데도 말이다. (이 설문 조사에 대해서는 나중에 자세히 설명할 것이다.) 충격적이게도 마흔다섯 살부터 예순네 살까지 미국 전체 인구의 44퍼센트가 유언장에 서명하지 않았다고 한다.

샤넬은 남편이 죽고 몇 주, 그리고 몇 달이 지난 후에 변호사와 자산관리사들과 함께 앉아 있던 것을 생생하게 기억한다. "나는 공증에 관해 물었어요." 샤넬이 말했다. "그리고 우리 퇴직금을 합치는 방법을 물었죠. 그들은 책상을 가로질러 나를 빤히 쳐다보더니 말했어요. '아시다시피 서명된 유언장이 없어요.' 저는 생각했어요. '누가 이런 장난을 치고 있는 거지? 도대체 왜 일이 이렇게 된 거야?'"

단순히 법적 사실만을 따지자면, 만약 당신이 죽고 난 후 유언장이 없다면 유산은 유언 검인 법원으로 넘겨져 국가가 그 소유를 판단하게 된다. 유산을 받는 사람과 그 순위가 당신이 원하는 바와 다를 수 있다. 샤넬은 진실을 이렇게 전한다. "고인이 성인 용품 같은 사적인 물품들을 처리해 주길 부탁하고 싶은 사람이 직계가족이 아닐 수도 있어요. 혹은 엘비스 프레슬리 점프슈트를 입고 묻히길 원한다든가 하는 개인적인 부탁이 있다면, 생전에 저희에게 말하고 어디에 있는지만 살짝 알려 주시면 돼요."

물론 이것들은 비교적 큰 문제를 일으키지 않는 경우의 시나리오다. 하지만 샤넬은 그녀의 경험담을 이렇게 회상한다. "순식간에 상황이 복잡해질 수 있어요. 제가 큰 타격을 받은 것도 그런 이유였어요. 전 백인이고, 중산층이자, 대학을 나왔고, 영어가 모국어인 사업 책임자예요. 이 조건들만 보면 저는 대다수 사람보다 그 일을 더 잘 처리해야 했겠지만, 문제를 해결하기가 몹시 어려웠고 거의 포기할 뻔했습니다."

샤넬은 그 일을 겪으면서 큰 깨달음을 얻어 GYST.com('Get Your Shit Together'의 약자: '정신 차리라'는 뜻)이라는 홈페이지를 열었다. 이곳에 사용자들이 사망 시 유언, 생명보험 같은 중요한 요소들을 일별해 차례차례 준비할 수 있도록 했다. 샤넬의 메시지는 수많은 대중에게 즉시 반향을 불러일으켰고, 에이전트와 출판사의 관심을 얻어 『지와이에스티 가이드: 마침내 정신 차리는 법(낙관만 하지 말고 계획을 하라)The GYST Guide: How to Finally Get Your Shit Together(Because Hoping for the Best Is Not a Plan)』라는 책을 출간했다. 분명, 이 주제는 (훈계하는 변호사보다 겪은 사람이 이야기할 때 더) 많은 사람들의 관심을 불러일으킨다. 하지만 우리 중 다수는 여전히 서명한 정식 유언장을 마련해 두지 않는다. 왜 행동으로 옮기지 않는 걸까? 유언장과 위임장은 떠올리기조차 불쾌하다는 생각 때문인가? 연말정산처럼 따분하고 어려운 일로 여기기 때문인가? (유언장이 연말정산과 다른 점은 연말정산이 '연초'라는 "확실한 마감일"이 있는 반면 유언장은 마감 시간을 알 수 없다는 것이다.)

*

스물두 살의 헤더 하먼Heather Harman은 미주리주 스프링필드 Springfield에 있는 드루리대학에 다니고 있다. 졸업을 불과 몇 달 앞둔 인기 농구 선수로, 성인이 된 지 얼마 되지 않았고 아직 너무 행복해서 죽음은 상상조차 할 수 없다. 그런데 사실 그녀는 그녀 나이 또래들이 죽음에 관해 더 많이 이야기해야 한다고 생각한다. 최저임금을 받고 소매상점에서 일하고 있다면 누군가에게 유산을 상속할 계획을 할 필요는 없겠지만, 사전 연명 의료 의향서는 나이와 상관없이 중요하다는 입장이다. 시애틀에 있는 아동 병원의 예를 들면, 어린 환자들은 의사소통할 수 없는 최악의 상태를 대비해 사망 시 유언장을 작성함으로써 의료팀이 환자에게 무엇이 중요한지 미리 알 수 있도록 한다.

헤더는 졸업 작품으로 대학생들이 사전 연명 의료 의향서를 쓰지 않는 이유를 살펴보기로 했다. 그녀는 드루리대학의 학생 중 운동선수, 동아리 회원, 신입생, 기숙사생을 대상으로 죽음의 만찬을 총 네 번 주최했다. 헤더가 발견한 점은 놀랍기도 하고 그렇지 않기도 했다. 50명의 참석자 중 절반 정도가 죽음 이야기를 쉽게 할 수 있다고 말한 것이다. 예상했던 것보다 긍정적인 답변이었다. 하지만 실제로는 아홉 명만이 가족과 죽음에 관한 대화를 나눈 적이 있었다. 헤더는 놀라 물었다. "가족과 이야기해 본 적이 없다면서 어떻게 죽음 이야기를 쉽게 할 수 있다는 거죠?"

헤더를 도운 전문 진행자는 식사를 시작할 때마다 만찬 참석자들에게 최고의 하루를 상상해 보라고 했다. 참석자들은 가족이나 친구들과 함께 보내는 하루를 떠올렸지만, 구체적으로 언제 그런 날을 보내겠다는 계획은 하지 않았다. 그때 진행자가 물었다. "어느 날 큰 교통사고를 당하거나 죽을병에 걸린 상황이라면, 그리고 그렇게 좋은 날을 다시 보낼 가능성이 희박하다면, 생애 말기 희망 사항을 다른 것으로 바꾸시겠어요?" 참석자들 중 어느 누구도 대답을 바꾸지 않았다고 헤더는 강조했다.

"참석자들은 죽음에 관한 대화를 어려워했어요." 헤더는 말했다. "많은 사람이 말했어요. '난 그냥 그런 생각하기 싫어.' 어떤 면에서 그들은 죽음과 자신을 분리하려고 정말 애써요……. 그들 중 많은 사람이 죽음을 미리 계획하는 걸 삶을 비관적으로 보는 거라고 여겨요. 그들은 말하죠. '저는 아직 너무 어려요. 너무 어려서 죽음을 생각하기 힘들어요.'"

60세 이상의 사람들이 흔히 하는 말은 "내가 아플 때 누구에게도 부담을 주고 싶지 않아요"다. 그리고 만찬의 참석자들도 같은 생각이었다. "'부담'이라는 단어가 계속 반복해서 언급됐어요." 헤더는 말했다. "단지 감정적 부담이 아니라 경제적 부담 말예요. 그들에게는 자신의 희망 사항이 존중받는 일보다 가족에게 부담을 주지 않는 게 훨씬 더 중요했어요." 헤더가 주최한 만찬 참석자들의 평균 나이는 19.66세로, 우리가 밀레니얼 세대라고 칭하는 세대와 그보다 더 경제적으로 의식 있는 Z세대 사이에 걸쳐 있는 세대였다. 그리고 두 세대와 마찬가지로 모두 돈을 중시했다.

헤더는 신입생들과 나눈 대화가 가장 어려웠다. 신입생들은 내성적이었고, 심지어 두려워하는 것처럼 보였다. 헤더는 신입생들에게 만찬이 크게 유익하지 못했다고 느꼈는데, 정반대의 반응에 기분 좋게 놀랐다. "만찬이 끝난 뒤 실시한 설문 조사에서 모두 앞으로 죽음에 관한 대화를 나눌 생각이 '있다' 또는 '약간 있다'라고 응답했어요."

헤더는 학생들을 올바른 방향으로 유도하기 위해 여러 가지 계획을 세웠다. 농구팀 후배들을 동원해 핼러윈 복장인 죽음의 신Grim Reaper 옷을 입고 교정 곳곳에서 사전 연명 의료 의향서를 나눠 주도록 했다. 다음번엔 파티를 열고, 특별 손님으로 대학 공증인을 초대할 생각이다.

헤더는 분명히 놀랄 만한 예외적 인물에 가깝다. 사실 알다시피 대부분의 사람들은 나이가 적든 많든, 또 갑작스러운 죽음이든 서서히 다가오는 죽음이든, 죽음을 준비하지 않는다. 그렇지만 이제 우리 모두 비상시에 대비해 서류를 깔끔하게 준비해 두면 어떨까? 이는 생명보험을 신청할 때, 1차 진료 의사나 의료보험 제공업체가 당신이 조건을 갖췄음을 확인할 때 유용하게 쓰일 것이다. 또 혼인신고를 할 때나 근로 계약서를 쓸 때, 사전 연명 의료 의향서와 의료 결정 대리인 서류를 준비하기를 권장한다.

어쩌면 우리가 해야 할 일은 미리 계획하도록 서로 독려하는 지역사회 분위기를 만드는 것이다. 사람들이 책임감을 더 느끼도록 지역사회가 이끌어야 한다. 위스콘신주의 라크로스 LaCrosse라는 도시에서는 5만 2천 명의 주민 중 95퍼센트가 사전 연명 의료 의향서를 작성했다. 20년에 걸친 놀라운 노력으로 라크로스의 생애 말기 지출은 미국 평균의 하위 30퍼센트로 줄어들었다. 국가적 차원의 비용 절약을 위해 굳이 경제학자가 애쓰지 않아도 된다. 라크로스는 피할 수 없는 죽음을 이야기하고 계획하기 위해 지역사회 전체가 노력해야 한다는 엄연한 현실을 증명한다.

그렇지만 여기, 반전이 있다. 지난 5년 동안 만찬을 주최한 나조차도 이 장을 쓸 때까지 서류 준비를 완수하지 못했다.

6
당신이 지켜본 가장 소중한 임종의 순간은 언제인가요?

죽음과 다이아몬드는 공통점이 있다. 논박의 여지가 없고 다면적이다. 또 모든 각도에서 새로운 빛깔과 형태를 보인다. 그동안 목격했던 죽음에 대해 이야기를 나누다 보면 새로운 관점을 고찰하고 자신의 희망 사항을 발견하게 된다. 우리가 느끼는 감정을 이야기 주인공의 그것과 비교하면서 우리 자신을 더 잘 알게 된다. 이 이야기들을 공유하지 않으면 우리의 감정을 솔직히 표현할 수 있는 기회를 잃게 된다. 이것이 우리가 문학을 읽는 이유고, 신화가 중요한 이유다.

로리 앤더슨Laurie Anderson은 그녀의 남편인 전설적인 가수 루리드Lou Reed가 간암으로 죽을 때 동료 음악가, 친한 친구와 함께 그의 곁에 있었다. 루 리드는 할 수 있는 모든 치료를 받았고, 생의 마지막 30분 전까지도 포기하지 않았다. 로리는 그가 죽음을 "갑자기 그리고 완전히" 받아들였다고 그 순간을 표현했다. 로리는 그가 어떻게 아침 햇살을 쐬러 집 밖으로 나가게 해 달라고 부탁했는지, 감동적인 이야기를 「롤링 스톤Rolling Stone」지에 썼다. 그는 그때 무슨 일이 일어나고 있는지 알았던 것이다. "난 그때처럼 그렇게 크게 놀란 표정을 한 그를 본 적이 없다." 로리는 이렇게 묘사했다. "그의 손은 태극권의 물 흐르는 동작을 하고 있었고, 눈은 크게 뜨고 있었다. 그가 죽을 때 나는 세상에서 가장 사랑하는 그 사람을 품에 안은 채 말할 수 있었다. 마침내 그의 심장이 멈췄다. 그는 두려워하지 않았다. 나는 세상 끝까지 그와 함께 걸어갔다. 삶은 너무 아름답고 고통스럽고도 눈부셔서 가치 있는 게 아닐까. 죽음이란 뭘까? 나는 죽음의 목적이 사랑을 표현하는 데 있다고 생각한다."[20]

*

리사가 난소암 판정을 받았을 때는 칠십 대 초반이었다. 그때 리사가 본능적으로 떠올린 생각은 오랫동안 그래왔듯 자식들을 보호해야 한다는 것이었다. 리사의 아들은 막 첫째 아기를 낳았고, 딸은 첫째를 임신하고 있었다. 자식들이 그들의 삶에서 각자 귀중하고 아름다운 시기에 있었기에, 리사는 자신의 건강 문제가 자식들의 마음을 어지럽히는 걸 원치 않았다. 리사가 자식들에게 병에 대해 세세히 밝히기까지는 꽤 많은 시간이 걸렸다. 리사의 딸 자메이카가 리사의 건강 상태를 분명히 알게 된 건 수개월이 지나 (자메이카의 딸이 9개월 되었을 때였다) 리사가 자메이카의 새집을 방문했을 때였다. 리사는 병색이 매우 완연해 보였다.

"엄마와 현관 바깥쪽에 앉아서 엄마에게 우리 집에 머물길 원하는지 물었던 것을 기억해요." 자메이카가 말했다. "그러자 엄마가 말했어요. '네 집에서 죽고 싶지 않구나.'" 그들이 앞으로 무슨 일이 일어날지에 대해 직접적으로 이야기한 것은 그때가 처음이었다. 자메이카는 엄마에게 물었다. 왜? 내 집에서 죽는 게 어때서? "엄마는 말했어요. '이 집은 네 새집이고 네가 정착할 곳이야. 여기서 그런 일이 일어나는 걸 원하지 않아.'" 자메이카는 생각이 달랐다. 엄마가 다른 곳에서 죽는 걸 원하지 않았다. 자메이카의 오빠도 그렇게 생각했다. 엄마와 가까이 있고 싶었다. 하지만 리사는 두 자식에게 짐이 되지 않겠다는 고집을 꺾지 않았다.

리사와 리사의 남편은 인근의 아파트를 임대하려고 알아봤지만, 그 어떤 것도 실행되기 전에 리사의 건강이 급격히 나빠졌다. 한밤중에 응급실로 옮겨져 며칠 뒤 입원 수속을 밟게 될 만큼. 그리고 리사가 마음에 들어 한, 그리고 자메이카가 좀 히피 같지만 오스틴 파워Austin Powers*를 닮았다고 묘사한 매력적인 의사가 일일 진료 시간에 리사에게 그녀의 퇴원 후 계획에 대해 톡 까놓고 물었다. 퇴원하면 딸과 함께 지낼 것인지 의사

─────────
• 미국 코미디 영화의 주인공

.

가 물었을 때 리사가 싫다고 대답하자, 의사는 리사 쪽으로 몸을 돌려 다 안다는 듯이 고개를 저으며 간곡히 말했다. "자녀들에게 엄마를 돌볼 기회를 주세요."

이것은 강력한 충고이자 신뢰하게 된 누군가의 다른 관점이었기에, 리사의 접근 방식에도 변화가 생겼다. 리사는 이제 더는 보살핌을 받는 것에 대해 그전처럼 저항하지 않았다. 아들과 딸에게 부탁할 일이 있으면 기꺼이 했다. 자녀들이 사랑을 표현하고 보살펴 주려 할 때 밀쳐 내지 않는 게 온당하다고 인정했다.

리사의 마지막 몇 주 동안 자메이카는 엄마를 육체적으로 돌보는 일에 깊게 관여했다. "아빠와 오빠는 말했어요. '수개월이나 1년은 더 살 수 있을 거야……' 하지만 엄마와 함께 지내는 딸은 다른 것 같아요. 보살피는 측면에서 밀접하게 관련돼 있어요. 보고, 만지고, 삶의 일부로 받아들이기 시작하죠. 매일 엄마와 함께 지내면서 뭔가가 달라졌어요. 엄마가 자신의 몸에서 일어나는 일을 피할 수 없었던 것처럼 저도 그랬어요. 그리고 그건 괜찮았어요. 치유되는 것 같았어요. 가슴 아프지만 손을 엄마에게 갖다 댈 때, 일주일씩 지날 때마다 얼마나 힘든지 지켜볼 때, 날마다 변하는 상태를 지켜볼 때, 그것이 현실이되고 실체가 돼요. 가장 좋은 결과를 희망하다가, 결국 받아 들이게 되는 때가 와요. 받아 들이고 나니 조금 평화롭다고 느꼈어요. 아빠와 오빠는 여전히 묻고 있었어요. '엄마가 얼마나 더 살 수 있을까?' 저는 상황을 아주 다르게 보고 있었어요."

수년 전 자메이카는 아프리카에 있는 평화 봉사단Peace Corps
에서 일했고, 리사도 그곳에서 자메이카와 함께 지냈다. 오
스틴 파워를 꼭 닮은 의사도 아프리카에서 국경 없는 의사회
Doctors Without Borders의 의사로 일한 적이 있었다. 모녀가 의사와
아프리카에서의 추억에 관해 이야기할 때 그는 향수에 젖어
한숨을 쉬었다. "그곳 사람들은 죽는 법을 잘 알죠." 그는 말했
다. 자메이카도 그 말이 사실이라는 것을 알았다. 그녀가 살던
기니Guinea에서는 누군가가 죽어 가고 있으면 모두 모여 그 사
실을 공유했다. "가족과 친구들이 오고, 모든 사람이 반나절 동
안이나 종일 그냥 집 밖에 앉아 있고, 아픈 사람을 만나고 가족
을 도우러 집으로 들어오죠." 자메이카는 회상했다.

리사도 그러기를 원했다. 리사가 자메이카의 집에 편안히
안착했을 때는 현관을 절대 잠그지 않았고 심지어 대부분 활
짝 열어 놓았다. 가족과 친구들이 리사를 만나러 들락거렸고
리사의 마지막 몇 주 동안 집은 그야말로 북새통이었다. 리사
의 오빠와 올케는 1천6백 킬로미터 떨어진 곳에서 왔고, 아예
진을 쳤다. 리사의 올케는 어마어마한 양의 음식을 만들었으
며 매일 밤 자메이카 집의 뒷마당에 차린 저녁 식사에는 항상
여섯 명에서 열다섯 명의 어른과 최소 두 명의 아이가 참석했
다. "제 삶에서 가장 슬픈 시간인 동시에 가장 좋은 시간이었어
요." 자메이카는 말했다. 그곳에는 항상 도와주거나 필요한 일
을 해 주는 누군가가 있었다. 냉장고에는 사람들이 사다 준 음
식들이 떨어지는 날이 없었고, 그 사실은 자메이카에게 현실

적으로나 상징적으로나 무척 소중하게 느껴졌다. "이 모든 것이 엄마의 작별 선물이었어요. 가족이 함께 3주를 보냈어요. 내내 파티를 벌인 셈이죠. 와인, 맛있는 음식이 넘쳐 났고 엄마는 그 모든 중심에 있었어요. 마지막 밤에도 엄마는 의식 없이 일광욕실에 있었지만 우리는 창문을 열어 엄마가 바깥쪽 식탁을 내다볼 수 있게 했어요."

리사가 죽은 후 자메이카는 엄마가 자식들에게 또 다른 선물을 남겼다는 것을 알아차렸다. 리사는 준비할 시간이 충분히 있었기 때문에, 할 수 있는 만큼 보험 문제부터 보석류를 처분하고 누가 무엇을 받을지 지정하는 문제까지 죽음과 관련한 세부 계획의 많은 부분을 처리했다. 자메이카는 여전히 많은 세부 계획이 아빠의 몫임을 인정했지만 슬픔에 집중할 수 있는 기간이 있어서 감사했다. "많은 사람에게 유산을 관리해야 한다는 부담이 얼마나 큰지 알아요. 그런데 제겐 그런 부담이 전혀 없었어요. 기니와 비교하자면, 그곳에서는 누가 죽으면 서명할 게 아무 것도 없어요." 자메이카는 말했다. "분명한 절차와 전통이 있고 그것에는 마땅한 이유가 있어요. 결정할 필요가 없다는 것을 의미하죠. 전통을 그대로 따르며 슬픔에 집중할 수 있어요."

사실 자메이카의 직업은 인구 통계학자로, 직업상 출생과 죽음 문제를 일반 사람들과 매우 다르게 느낀다. 일할 때는 죽음을 숫자로 본다(그래야 한다). 하지만 엄마가 죽어 갈 때 함께 산 경험이 죽음을 생생하게 느끼게 했고, 본인의 죽음도 준비하게끔 했다. 이제 그녀는 생명보험부터 유언장까지 모든 것을 제대로 갖췄다. "우리는 모두 언젠가 죽을 겁니다." 그녀는 생각에 잠겨 말했다. "우리는 그 사실을 덤덤하게 받아들일 수도 있고, 주위 사람들을 모두 혼란스럽게 만들 수도 있어요."

자메이카는 엄마가 세부 계획에 관심을 쏟은 덕분에 그녀가 마지막에 잘 떠날 수 있었다고 생각한다. "엄마는 말했어요. '나는 멋진 삶을 살았어. 정말 잘 살았어. 정말 운이 좋았어.' 저도 그렇게 느끼고 싶어요. 아직 할 일이 남았다고 불평할 수 있어요. 실제로도 그렇고요. 하지만 꽤 잘 살았고 이제 마음이 평온해졌다고 말할 수도 있죠."

*

8월의 뜨거운 밤이었고 보이시Boise를 감도는 공기는 훈훈하고 향긋했다. 주에서 가장 영향력 있는 기업 대표 여럿이 현관으로 성큼성큼 걸어 들어오고 있었다. 앨버트슨즈Albertson's,* 노르코Norco,: 세인트매튜스 병원St. Matthew's Hospital 블루 크로스 블루 실드Blue Cross Blue Shield:*의 대표였다. 손님들이 도착하자 다닥다닥 증축한 집은 웃음소리와 따뜻한 포옹으로 가득했다.

---

* 미국의 대형 슈퍼마켓 체인
: 농산품을 공급하고 마케팅하는 오스트레일리아의 대형 농업협동조합
:* 1억 명의 넘는 미국인에게 의료보험 서비스를 제공하는 미국의 비영리 조직

보이시의 모든 시민이 지난 일주일 동안 다 함께 최소 골프 18홀은 친 것 같은 분위기였다.

이들은 어렵지 않게 진짜 대화 주제에 빠져들었다. 아이다호주 사람들은 과묵하거나 어려운 대화에 대해 중서부 지역 사람 특유의 두려움을 가졌다는 편견이 즉시 사라졌다. 사람들은 100퍼센트 진짜 이야기를 나눴다.

그날 밤 모인 사람들이 주로 오십 대나 육십 대였기 때문에 어떤 질문이 와닿을지 알았다. 나는 질문을 던졌다. "당신이 지켜본 가장 소중한 임종의 순간은 언제인가요?"

대화는 즉시 죽어 가는 부모를 돌보던 경험에 초점이 맞춰졌다. 부모의 죽음은 우리를 여러 감정으로 이끈다. 우리를 낳아 준 이들과 맺어진 부모 자식 관계라는 특성상 후회와 비애, 친밀감, 극적으로 화해할 가능성이 모두 섞여 있다. 나는 인생의 마지막 장에 들어선 부모님을 돌본 경험에 관한 다양한 이야기를 들었다. 얼마나 스트레스 받고 혼란을 겪었는지, 혹은 간병 중에 얼마나 부모님을 원망하고 경멸했는지…….

사람은 대개 타인이 자신과 같은 감정을 표현하면 놀라곤 한다. 자기 자신만 부끄럽게도 관대하지 못하다고 자책하다가, 공통점을 발견하면 기뻐하는 것이다. 이것은 산후 대부분의 산모가 우울하다거나, 엄마가 된 게 마냥 좋지만은 않다거나, 아직 아기에게 모성애가 느껴지지 않는다고 차마 발설하지 못하는 것과 유사한 측면이 있다. 수치심을 표현하지 않고 숨겨 둔다고 해서 그 감정이 사라지는 것은 아니다. 오히려 끓어오르거나 커지기 쉽다. 그 때문에 이날 밤 보이시에서 우리는 이 모든 감정을 꺼내 보였다.

아만다 피셔Amanda Fisher는 어느 투자회사의 출자자다. 아만다는 몇 년 전 어머니가 급격하게 건강이 나빠지셔서 텍사스 남부에 있는 호스피스에 갑자기 입원했을 때 정말 당혹스러웠다고 회상했다. 삼촌에게 전화를 받았을 때, 아만다와 엄마는 몇 년째 연락하지 않는 상태였다.

그녀는 이 이야기를 시작할 때 목소리가 약간 흔들렸다. 남편의 손을 꼭 잡고 만찬회에 모인 동료들에게 가슴속에 묻어 놓았던 어린 시절 이야기를 들려줬다. 아만다의 어머니는 열여섯 살에 그녀를 임신했고 아만다가 숨김없이 털어놓았듯 "마약중독자"였다. 그 고백은 그날의 만찬을 새롭게 이끌었다. 아만다는 단어 하나로 우리를 더 깊고 거칠고 알 수 없는 물속으로 밀어버렸다. 우리는 오늘 밤 진부하거나 일반론적인 이야기는 할 수 없을 것이다. 단순하고 가공되지 않은 진실만을 말할 것이다.

아만다는 자신의 어린 시절에 대해 이렇게 간략하게 요약했다. 그녀의 어머니는 한밤중에 새 남자친구와 함께 할머니의 안정된 집에서 그녀를 몰래 데리고 나오기 일쑤였다. 위험한 상황이 있을 때마다 할머니가 아만다를 구했으며 결국 그녀의 법정 후견인이 되었다. 지난 30년 동안 어머니와의 관계는 전혀 개선되지 않았지만, 어머니가 4천8백 킬로미터 떨어진 곳에서 의식이 오락가락한다는 이야기를 들었을 때 내면에서 들려온 목소리는 분명했다. '엄마가 있는 곳으로 가자.' 그녀는 일하고 있던 사모펀드 회사의 상사에게 어머니 곁으로 가야 한다고 말했다. 그녀는 며칠, 길게는 일주일 동안 자리를 비울 수 있었다.

일주일이 2주가 되었고, 3주에서 마침내 한 달까지 늘어났다. 아만다가 도착했을 때 어머니의 건강은 회복 중이었고 모녀는 전엔 닿을 수 없었던 관계를 다지던 중이었다. 마치 잘 안다고 생각했던 집에 비밀의 문이 나타난 것 같았다. 아만다는 밤낮으로 어머니를 돌보다가 결국 일자리를 잃었다. 하지만 그 한 달이 그녀의 삶에서 가장 의미 있는 경험이었다고 여긴다. 마침내 그들은 종지부를 찍은 것이다. 오래된 상처가 모습을 드러내 깨끗이 닦고 붕대를 감았다. 아만다는 어머니가 다음 세상으로 우아하게 떠나는 모습을 지켜볼 수 있었다. 어머니의 마지막 순간에 대해, 자신에게 생명을 준 여성이 숨을 거둘 때 손을 잡고 있었던 것이 얼마나 신성하게 느껴졌는지에 대해 이야기할 때 아만다의 얼굴 위로 눈물이 하염없이 쏟아졌다.

2년 뒤에는 사랑하는 할머니의 건강이 급격하게 나빠졌다. 아만다는 당시 회사에서 공동 출자자로 가는 출세 가도를 걷고 있었다. 그러나 그녀는 모든 것을 내려놓고 시카고로 가는 비행기에 올라 중환자실에서 3일을 보냈다. 회고하는 그녀의 말투에서 할머니를 잃는다는 두려움이 손에 만져질 듯 다시 살아났다. 할머니는 아만다를 구원했고, 길러 줬고, 깊이 사랑했으며, 멀어진 어머니를 용서하고 돌볼 수 있는 사람이 되도록 가르쳤다. 아만다가 설 수 있는 안정된 땅이고 비빌 언덕이자, 세상에서 가장 많은 빚을 진 사람이었다.

아만다는 앉아서 할머니의 손을 몇 시간 동안 잡고 있었다. 의사는 할머니의 상태가 위태롭긴 해도 며칠 동안은 안정적일 것 같다고 판단했다. 아만다는 어떤 선택을 해야 할지 고민했다. 일은 쌓여 가는 중이었고, 어머니를 돌보느라 너무 오래 자리를 비웠다가 이전 회사에서 일자리를 잃은 일을 잊지 않고 있었다. 그녀는 보이시에서 처리 중이던 거래를 빨리 마무리 지어야 할 것 같아서 집으로 가는 가장 빠른 비행기를 타고 갔다가 48시간 안에 할머니 곁으로 돌아와야겠다고 결정했다. 어려운 결정이었지만, 최대한 빨리 일을 다 끝내고 와야 할 것 같았다. 비행기가 보이시에 착륙했을 때, 전화기가 쉴 새 없이 울려댔다. 그때 할머니는 의식을 잃고 돌아가셨다.

아만다는 잠시 이야기를 멈춰야 했다. 숨을 고르려고 애쓰는 것 같았다. 그녀는 그 일을 지금도 후회한다고 고백했다. 그때를 생각하면 날카로운 칼로 심장, 폐, 뼈 사이 어딘가를 파내는 것처럼 아프다고 했다. "그 순간으로 돌아가서 다른 선택을 할 수만 있다면," 그녀는 단어 하나하나를 힘겹게 내뱉으며 우리에게 말했다. "일자리, 집, 보트, 모든 것을 포기할 수 있어요……. 저는 할머니가 세상을 떠날 때 자리를 지키지 않았어요……. 그건 잘못된 선택이었어요."

*

　게일 로스Gail Ross는 일에 파묻혀 사는 저작권 대리인이다. 정확히 말하면 일 중독자는 아니고, 고객이 가족이 된 경우다. 그녀의 세계관이 그녀의 책을 형성하는 만큼 책이 그녀의 세계관을 형성한다. 출판은 그녀에게 천직이었다.

　게일의 일은 그녀와 홀어머니 사이를 더 가깝게 하는 역할도 했다. 그녀의 어머니는 뉴욕시에 아파트가 있는, 출판업계의 중추적 인물이었다. 게일은 회의에 참석하려고 워싱턴시에서 뉴욕으로 갈 때면 엄마와 함께 지내곤 했다. 그래서 30년 내내 한 달에 이틀이나 사흘꼴로 단둘이 시간을 보내곤 했다. 그들은 외식하러 나가서 조용하고 편하게 저녁을 먹고, 집으로 돌아와 엄마가 좋아하는 드라마〈엔씨아이에스NCIS〉나〈로 앤 오더Law and Order〉를 함께 시청했다. 모녀간 역학관계에서 우위를 차지하려는 신경전 한번 없이, 또 게일이 나이듦에 따라 둘은 자연스럽게 가까워졌다.

　공교롭게도 게일의 관심 주제 중 하나가 죽음이었다. 그녀는 완화 치료, 임사 체험, 슬픔, 치유에 관한 책을 주로 다뤘다. 그래서 엄마가 말기 암 판정을 받았을 때 그녀가 어떤 영역으로 들어가고 있는지 잘 알았다. "저는 죽음에 관해 쓰는 작가나 죽음을 자연스럽게 받아들이는 사람들에 둘러싸여 있었어요." 그녀는 말했다. "그 때문에 저는 죽음을 둘러싼 질문들에 집착했어요. 어떻게 하면 죽음이 덜 혼란스럽고 무서울 수 있을까요? 어떻게 죽음이 영적인 여정의 일부가 될 수 있나요?"

그녀는 이렇게 덧붙이며 명확하게 했다. "제가 죽음에 대한 두려움에서 완전히 자유로웠다는 건 아니에요. 하지만 일 덕분에 죽어 가는 누군가의 곁에 있는 걸 두려워하지 않았던 거예요."

끝이 더 가까워졌을 때, 게일은 뉴욕에 있는 엄마 집으로 이사했다. "일도 좀 하고 회의에도 참석하면서 엄마를 돌볼 수 있겠다는 생각으로 그곳에 갔어요." 그러나 상황이 빠르게 나빠졌고 계획했던 어느 것도 할 수 없었다. "정말 이상하게 들리겠지만 제 아이들이 막 태어났을 때 외엔 이번 기회가 제 삶에서 뭔가 다른 것에 온전히 집중했던 유일한 시간이었어요. 일에 대해 생각하지 않았어요. 세상에 대해 생각하지도 않았고요. 엄마를 보살피는 것에 대해서만 생각했어요."

그것은 육체적으로도 정신적으로도 고단한 일이었다. 게일은 호스피스에 대해 보통 사람보다 더 많이 알고 있었음에도, 항상 두 팔 벌려 도와주는 사람이 곁에 있는 건 아니라는 사실을 깨달았다. 현실의 호스피스 관계자들은 매우 바빴다. 12월이었고 연말연시가 코앞이었으며, 호스피스 직원들은 친절했지만 곁에서 많이 도와주지는 못했다. 게일의 어머니도 간호사가 자주 병실에 들락거리는 것을 좋아하지 않았다. 결국, 게일과 여동생은 집에서 야간 간호사가 잠을 조금 잘 수 있도록 도와준 마지막 며칠만 빼고 24시간 내내 붙어서 엄마를 돌봤다. 게일은 마지막 주 며칠간은 엄마와 같은 침대에서 자기도 했다.

"어느 날 밤 엄마가 절 깨워서 엄마가 꿈에서 본 아름다운 중

세 교회에 관해 이야기한 게 기억나요. 또 다른 날 밤엔 제가 엄마를 호스피스 병동에서 지내게 해 몹시 화가 난다고 말했어요. 저는 말했어요. '아니야, 엄마, 여기는 엄마 아파트야.' 그러자 엄마가 이렇게 말했어요. '그래, 여기 도와주는 사람 진짜 별로다.'" 게일은 그 순간을 회상하며 웃었다.

마지막 날 간호사는 새벽 4시에 게일과 여동생을 깨워 엄마가 곧 돌아가실 것 같다고 말했다. 다음 열두 시간 동안 게일과 여동생은 교대로 엄마 옆에 앉아 있었고, 종국에는 거실에 영화를 틀어 놓고 5분마다 방에 들어가 엄마의 상태를 확인했다. "그러고 나서 우리가 방에 들어갔을 때 엄마가 평소와는 다르게 보였어요. 엄마가 마지막 숨을 거두는 것 같았어요. 엄마 목에 손을 대고 맥박이 뛰는지 확인했어요. 1초쯤 후에 나와 여동생이 거기 서 있을 때 엄마가 마지막 숨을 거뒀어요. 강렬한 감정이 차올랐어요. 하지만 아름다운 순간이었죠."

*

이 장에서 공유한 이야기는 대부분 죽어 가는 부모님을 돌본 이야기였다. 내가 만찬에서 이 장의 질문, 즉 가장 소중한 임종의 순간이 언제인지를 물으면 정말로 참석자들 대부분이 부모님을 돌본 경험을 이야기한다. 아마 그것이 평범한 사람이 가장 흔하게 경험하는 간병 상황이기 때문일 것이다.

나는 죽어 가는 부모님을 돌본 적이 없다. 아버지가 돌아가셨을 때 나는 너무 어렸고, 아버지는 집에서 멀리 떨어진 시설에 살고 있었다. 하지만 나는 단지 나중에 어머니를 돌보는 것을 상상해 본 게 우리 관계를 치유하는 다채로운 기회를 가져왔다는 사실에 놀랐다.

어머니와 나는 이미 내가 걸음마를 배울 때부터 가깝지 않았다. 내가 기억할 수 있는 가장 어릴 적부터 우리 사이에는 거리감이 있었다. 내 주관적 느낌만으로 어머니와 친하지 않았다고 판단하는 게 결코 아니다. 아버지가 치매, 그다음엔 완전히 진행된 알츠하이머병으로 고통받는 동안, 어머니에게 있어 나와 형을 키우는 일은 살아 있는 악몽이었다. 게다가 어머니에게는 애초에 모성 유전자가 없는 편이었다. 경제 대공황이 한창이었을 때 유타주 오그던Ogden의 한부모 가정에서 자란 어머니의 성장 배경은 문제를 해결하는 데 도움이 되지 못했다. 열여덟 살 때 모태 신앙이던 모르몬교와 가족을 모두 버린 것도 마찬가지였다. 어머니는 아버지를 만나면서 비로소 삶의 아름다움을 알았지만, 영혼의 반쪽을 찾은 지 10년도 채 되지 않아 아버지의 정신이 스스로 잠식되기 시작했다. 우리 가족의 이야기는 뭔가 아름다운 게 생겼다가 도로 사라지는 이야기다. 나 또한 최근까지 누군가를 만났다가 떠나보내기를 무의식적으로 되풀이하며 살고 있었다.

아버지가 돌아가신 후로 어머니와 나 사이에 눈에 보이는 불편함이 눈덩이처럼 불어났다. 그리고 사춘기와 갱년기라는 최악의 조합이 모여 상황을 완전히 치명적으로 만들었다. 어머니는 내가 열다섯 살 때 나를 집 밖으로 내쫓았고 나는 그 뒤 돌아와 1년 동안 지냈다가 열일곱 살 때 집에서 영원히 나왔다. 그럼에도 불구하고 우리는 가족 모임과 공적인 자리에서 언제나 좋은 모습을 보였다. 어머니는 우아하고 매력적이며 똑똑하고 아름다운 여성이었고, 우리 둘 다 사람들과 잘 지내는 법을 알았다. 분명히 마음속 깊은 곳에 항상 사랑이 있었다. 하지만 분노나 원망, 고통 역시 아주 많이 존재했다.

우리는 살아가면서 이따금 뜻밖의 사실을 알게 된다. 그 순간은 항상 예기치 못할 때 찾아오고, 그 깨달음이 진실이라면 삶의 형태를 바꾼다. 누군가는 그것을 정신이 명료해지는 순간이라 부르고, 누군가는 신이 내린 메시지라고 여기기도 한다. 어떤 용어로 그 순간을 설명하는지는 중요하지 않다. 이 강력한 뜻밖의 사실은 사람이 온전히 철드는 데 필요한 요소다. 어머니에게 언젠가 죽음의 순간이 올 거라는 뜻밖의 사실을 깨달았을 때 나는 한창 명상 수행을 다니고 있었다. 내 복잡한 생각을 가라앉히려고 애쓰다가 불현듯, 어머니의 죽음과 직전 마지막 몇 달에 대해 완전히 확실하게 정리된 생각이 떠올랐다. 초자연적인 방식은 아니었고, 어머니가 어떤 병에 걸릴지도 모른다는 염려도 아니었다. 단지 어머니의 죽음에 있어서 내 역할에 대한 생각이었다. 어머니가 어찌할 도리 없이 인생의 마지막 몇 개월, 몇 주, 며칠을 맞았을 때, 어머니를 위해 곁에 있어야겠다는 생각이 분명해졌다.

이후 9개월 정도가 지났지만, 어머니에게 전화로 내 새로운 결심을 공유하지는 못하던 차였다. 로스앤젤레스에 머물던 11월의 어느 토요일, 나는 남자들을 대상으로 하는 강연을 듣던 중 어떤 명단을 작성하는 데 집중하고 있었다. 강사는 우리에게 살면서 어떤 방식으로든 부당하게 대했던 모든 여성을 떠올려 보라고 요청했다. 그 여성들이 우리에게 무엇을 했거나 안 했던 것에 초점을 두지 말고, 우리가 후회하는 행동을 한 상대방에게만 초점을 두라고 했다. 우선순위를 매긴 목록을 작성해야 했다. 어머니, 아내, 전 여자친구, 딸, 친구, 애인. 우리가 비열하고, 못되고, 냉정하고, 공격적이고, 가증스러웠던 순간들. "명단을 작성하세요." 강사가 말했다. "모두 빠짐없이 적으세요." 큰 고민 없이 명단을 작성해 갔다. 종이 위에서 펜이 쉴 새 없이 움직였고 목록은 점점 길어졌다.

20분 뒤 강사는 우리를 멈추게 하고 말했다. "자 여러분, 제가 여러분에게 완전히 솔직하지 못했습니다. 이 목록은 단순한 명단이 아닙니다. 여러분 앞에 놓인 것은 통화할 사람 목록입니다……."

그때 강의실에 차올랐던 감동의 물결을 당신도 느낄 수 있도록 전해 보겠다.

"목록에서 제일 위에 있는 다섯 명을 선택해 보세요. 감옥에 있을 법한 사람이나 전화했을 때 당신이나 당신 주변의 당신이 사랑하는 누군가를 위험에 빠뜨릴 수 있다면 제외하기 바랍니다. 하지만 그런 경우가 아니라면 기꺼이 전화해 보세요. 그리고 옆자리에 앉은 남자 분을 바라보세요. 서로 파트너가 되어 전화하는 동안 도와주도록 하겠습니다. 통화 시간은 한 시간을 주겠습니다. 이 여성들에게 전화해서 사과하세요. 단, 진심으로 해야 합니다. 진심으로 미안하다고 말할 내용을 통화하기 전에 미리 결정해 보세요. 그들은 어떤 헛소리라도 즉시 감지해 낼 수 있어요. 조금 짧게 통화하도록 해요. 당신이 곧 그녀에게 이에 대해 길게 해명할 기회를 원하며, 오늘은 단지 당신이 그녀에게 사과하고 싶은 행동을 했다는 걸 인정하고 싶었다는 사실만 알려 주면 됩니다."

나는 만일 내가 내 아이들의 엄마들(그렇다. 두 명의 다른 엄마가 있다)에게 전화한다면, 그 당시 양육 계획과 양육권을 둘러싸고 진행 중이던 분쟁을 더 복잡하게 만들 거라고 즉시 판단했다. 그 다음, 내 목록의 세 번째 자리에서 희미하게 빛나고 있던 게 바로 어머니였다. 그리고 어머니 밑에는 사귀다가 내가 매우 잔인하게 찼던 여자였고, 그 밑에는 처벌하지 않아도 될 어떤 일 때문에 내가 쫓아냈던 훌륭한 예전 동료였다. 그다음부터는 크게 신경 쓰지 않아도 될 사람들이었다. 나는 주로 내 삶에서 중요한 관계였던 사람들에게 최악의 모습을 보였고, 총을 쏘지만 않았을 뿐, '경멸'이라는 날카로운 도구로 그들에게 상처를 줬다.

나는 그 어머니에게 전화했다. 심장이 쿵쾅거렸지만 녹음된 음성 메시지가 흘러나와 마음이 아주 평온해졌다. 내 옆자리에 앉아 있던 남자 맷 역시 그의 어머니에게 전화했다. 그들의 꽤 길고 진심 어린 수다 도중에 내 전화기에 진동음이 울렸다.

어머니였다. 나는 잠시 망설이다가 전화를 받았다.

몇 마디 의례적인 인사를 교환한 뒤, 나는 본론으로 들어갔다. 떨리는 목소리로 어머니에게 어머니의 마지막 몇 달에 대해 깨달은 바를 말했다. 또 진작에 전화를 걸어 이 얘기를 하지 못해서 미안하다고 사과했다. 우리는 비록 과거에는 감정적으로 친밀하지 못했지만, 어머니는 이제 자신의 마지막 몇 달과 며칠이 다가왔을 때 죽음에 이르는 단계마다 어머니 곁에 있을 내게 의지할 수 있게 됐다. 이제 그녀는 내게 기댈 수 있고, 세부 사항을 누가 관리할지 걱정하지 않게 됐으며, 내가 그녀를 돌볼 것이라는 확신을 가질 수 있었다. 나도 울고 어머니도 울고 있었다. 나는 내가 어머니도 언젠가 죽게 된다는 '뜻밖의 사실'을 깨닫고 충격을 받은 만큼 어머니도 내 말을 듣고 놀랐다고 확신한다. 어머니는 형이 항상 그 역할을 맡아 왔기 때문에 어머니의 마지막 순간에도 형 혼자 그 무게를 감당하리라 기정사실처럼 여겨 왔을 것이다.

어머니가 눈물을 쏟는 동안, 내가 이 이야기를 하는 것이 얼마나 어려웠을지 자신이 그것에 대해 얼마나 깊이 고마워하는지 알게 되었다. 그러고 나서 마법 같다고 표현할 수밖에 없는 일이 일어났다.

어머니가 내게 사과했다.

어머니는 우리 사이의 거리감이 자신 탓이며, 어린 나를 제대로 돌보지 않은 것에 대해 사과했다.

내가 어릴 적에 어머니는 항상 방어적이었다. 나나 형이나 다른 누군가가 자신을 비난하는 것 같다고 느끼면 즉시 회피했다. 그녀의 명예를 훼손한 자에게 즉각 반격을 가할 때도 있었다. 신체적으로 가장 취약한 상태인 노년의 어머니에게 마지막 순간에 함께 있겠다고 말하자 우리 사이에 40년간 존재했던 얼음벽이 순식간에 녹아내렸다. 함께 죽음을 직면함으로써 어머니를 용서하고 더 분명하게 바라볼 수 있었다. 죽음은 우리를 하나가 되게 했다.

그때 이 장의 질문이 가진 큰 잠재력을 깨달았다. 죽어 가는 사람을 돌보는 아름다운 순간을 떠올려 봄으로써 다가올 시련을 미리 준비하게 하고 그 마지막 순간을 맞닥뜨리기 전에 치유할 기회를 준다는 점이다.

7
우리는 왜 죽음에 관해
이야기하지 않을까요?

사우스캐롤라이나주 북서부의 어느 구릉 도시는 입을 벙끗하는 소리도 들리지 않을 만큼 대화가 단절돼 있다. 베키의 암 전문의는 그녀의 상태에 대해 명쾌하게 설명했지만, 베키 가족에게 죽음, 그중에서도 암은 대화 주제로 허용되지 않았다. 베키의 아버지는 심지어 "암의 'ㅇ(이응)' 자도 입에 담지 말아라."라고 말했다. 그렇지만 (또는 아마도 그랬기 때문에) 베키는 죽음의 만찬과 죽음의 명상 행사에 참가했다. 그녀는 미국에서 가장 극심하다는 교통 체증을 뚫고 무려 조지아주의 세렌브Serenbe라는 작은 도시까지 찾아왔다.

베키는 남부의 매력을 물씬 풍기는 친환경 커뮤니티 겸 행사장인 리조트의 고급 카펫 위에 서둘러 자리를 잡았다. 죽음의 명상 행사가 막 시작하려던 참이었다. 어두워진 실내에 명상 수업의 진행자 에인절 그랜트Angel Grant의 자신감 있는 목소리가 울려 퍼졌다. 남부 출신 수십여 명이 바닥에 등을 대고 시체처럼 누워 눈을 감고 있었다.

"제가 하는 말에 내면에서 어떤 반응이 일어나는지 의식해 보세요." 에인절이 말했다. "그저 몸에서 일어나는 느낌에 집중해 보세요. 옳거나 틀린 방법은 없어요……. 현재 지구상에 존재하는 70억 명이 넘는 사람 중에 100년 후에도 살아남아 있을 사람은 거의 없답니다……."

그녀는 그 말이 여운을 남기도록 잠시 멈췄다. "죽는 순간 마음의 상태가 중요합니다. 만약 우리가 삶을 놓지 못하거나 어떤 식으로든 방해나 저항을 하려 한다면 말로 표현할 수 없는 고통을 겪게 됩니다. 감정적으로 해결되지 않은 일이 있는 환자들은 죽는 과정에서 가장 큰 육체적 고통을 겪는다고 증언하는 호스피스 간호사들도 있습니다. 숨을 내쉬는 동안 정수리부터 발바닥의 오목한 안쪽 부분까지 훑고 내려가면서 근육을 부드럽게 풀어 주기 시작합니다. 코끝으로 들고 나가는 호흡에 집중해 보세요……."

에인절은 75분간의 행사 내내 사람들의 명상을 이끌며 신체가 죽는 과정을 아주 상세하게 묘사했고, 베키는 큰 깨달음을 얻었다. "에인절이 명상을 이끌던 방식 덕분에 제 몸을 평상시보다 더 친밀하게 느끼게 됐어요." 베키는 말했다. "전에는 제 몸이 협력자라고 생각해 본 적이 없었어요. 제 몸이 절 위해 하는 일들에 대해 생각해 본 것은 그때가 처음이었어요. 우리가 죽음에 가까워졌을 때 장기들이 어떻게 차례로 멈추는지 알게 됐어요. 그것이 우리를 보호하려는 자연의 섭리라는 사실도요. 그 점을 깨달으니 갑자기 인간의 몸이 신성하게 여겨졌어요. 이런 종류의 생각은 금기였기 때문에 이전에는 이 같은 생각 근처에도 가 보지 못했어요. 아프다는 사실조차 남들에게 쉽사리 얘기할 수 없었어요."

그동안 베키는 자신의 몸이 항상 "부족하다고" 여겨 왔다. 종종 쓸 만할 때도 있었지만 대체로 골칫거리였기 때문이다. 한 번도 지혜를 얻을 수 있거나 귀를 기울여야 할 독립체로 여기지 않았다. 그녀는 몸이 보내는 '멈추겠다'는 메시지에 초점을 뒀다. 여전히 머릿속에서 웅웅거리는 새로운 관점과 함께 사람들은 천천히 현실로 돌아왔고, 방을 둘러보자 모든 사람의 눈이 깨달음으로 반짝거리고 있었다. 옆방에서는 접시가 달가닥거리는 소리가 여덟 명이 둘러앉을 수 있는 작은 탁자 곁으로 사람들을 유혹했다. 초가 켜지고, 깊은 잔에 포도주가 채워지고, 탁자 위에는 남부의 농장 요리가 담긴 호화로운 접시들이 가득 놓였다.

각자 테이블에 앉은 사람들과 추모할 고인의 이름을 공유하고 고인을 기리며 초를 켜고 건배했다. 그때, 에인절이 그날 저녁의 첫 번째 질문을 던졌다. 우리는 왜 죽음에 관해 이야기하지 않을까요? 두려운가요? 두렵다면 무엇이 두려운가요?

"저는 원래 사람들 앞에 나서서 말하길 좋아하는 사람이 아니에요." 베키는 이렇게 회상했다. "하지만 제일 먼저 입을 열었고 그때 그 모든 말이 쏟아져 나왔어요. 저는 누구에게도 제가 마주하고 있는 그런 것들을 이야기할 수 없었어요. 제가 죽는 걸 두려워했던 이유는 제가 묻히고 싶은 장소에, 묻히고 싶은 방법대로 가족들이 묻어 주지 않을 것을 알았기 때문이었어요. 그리고 내 암이 가족들의 기운을 모두 빨아들이고 있는 것 같았어요. 저는 그저 모든 사람에게 혼란을 일으키고 있었어요. 너무나 명백하고 심각한 문제가 있는데 모두 애써 외면하고 있었죠. 제 존재 자체가 잘못인 것 같고 아프면 안 될 것 같았어요. 그래서 전 제가 말해야 할 것에 관심을 기울이는 똑똑한 사람들이 모인 이곳에 찾아왔어요. 행사장의 사람들이 제 얘기를 열심히 듣고는 여러 질문을 해 줬어요. 대화를 하다 보니 암이 갑자기 대수롭지 않게 느껴졌어요."

이날 저녁 베키의 치유 과정에 처음으로 한 줄기 빛이 비쳤다. 암 진단을 받은 이후 줄곧 머릿속을 점령한 주제인 '죽음'에 관해 솔직하게 이야기할 수 있게 되자, 베키는 자신의 인생에서 무엇이 진짜 균열인지 식별할 수 있었다. 베키는 가족들이 크게 실망하더라도 더는 항암 치료를 받지 않겠다고 결심했고, 그 대신에 태평양에서 수영을 하기 위해 자동차로 미국을 횡단했다.

그해 가을에는 캐나다인 의사이자 작가인 가보 마테Gabor Maté와 함께 멕시코에서 진행하는 수련회에 참석하기로 했다. 베키는 가보가 이끄는 모임에 매일 참여했다. 모임은 정해진 틀 없이 그들의 억압된 고통, 두려움, 분노, 슬픔으로 서서히 빠져들었다. 가보는 그 수행의 과정을 "자비로운 탐구"라 부르고, "내가 제공할 수 있는 가장 자비로운 것은 솔직함이다."라고 즐겨 말한다. 더 과학적으로 접근해 보면, 여러 연구를 통해 억눌린 감정이나 감정이 억눌린 행동 방식은 질병을 유발한다는 사실이 밝혀졌다.[21] 가보의 방법은 신화학자인 마이클 미드Michael Meade가 말하는 잠비아 부족의 치유 의식을 연상하게 한다. 이 부족은 누군가 아프면 그 사람에게 조상의 치아가 박혔다고 믿고, 그가 진실을 고백해야만 박혔던 치아가 빠진다고 믿는다. 그래서 부족이 똘똘 뭉쳐서 의식을 치른다. 아픈 사람은 무엇이든 자신이 겪고 있는 강렬한 감정을 밝히고, 다른 이들도 그것에 동참한다. 이 고통스러운 진실이 목소리를 통해 '언어화'되면 조상의 치아가 빠지고 모두 죄책감을 씻는다.

그래서 베키는 평생 동안 혼자만 알고 숨겨 둔 진실을 수련회의 낯선 사람들에게 공유했다. 성폭행을 당한 어릴 적 경험과 부모님이 그 이야기를 부정했을 때 느꼈던 감정이었다. 성폭행 사건을 부정당한 이후로 베키는 필요한 것을 요구하지 않고 어려운 문제에 관해서는 이야기하지 않게 되었고, 그러다 보니 그녀가 얻은 것은 종양 덩어리뿐이었다. 이제 4기 암 환자로서 베키는 다른 삶의 규칙을 따르려 한다. 바로 모든 것에 대해 기꺼이 이야기하는 것이다.

3박 일정의 수련회 참가자들은 어떤 의식을 치르기 위해 모인 이들이었다. 그 의식은 서남아메리카에서 아야와스카Ayahuasca로 알려진, 두 정글 식물을 혼합해서 만든 쓴 양조주를 마시는 행위를 포함했다. 의식을 관장한 주술사는 수련회가 끝나갈 때 베키에게 다가와 앞으로 3개월 동안 매우 제한된 식이요법(소금, 조개류, 설탕, 돼지고기, 발효 음식, 유제품, 감귤류, 마늘·양파·고추와 같은 강한 양념을 피해야 한다)을 행한 뒤 2월에 돌아와 아야와스카를 한 번 더 마실 의향이 있는지 물었다. 주술사는 2월 말까지 그렇게 하면 암이 사라질 것이라고 말했다. 베키는 아마 지금 당신의 머릿속에 떠올랐을 그 모든 의문을 맞닥뜨렸다. 어떻게 암이 사라질 수 있지? 내가 정신을 지배하려는 사이비 종교 집단에 발을 들인 건 아닐까? 정글에서 어떤 약물을 복용하고 감정을 이야기하는 것이 죽어 가는 몸에 영향을 줄 수 있다고 생각하다니 이 얼마나 어리석은 짓인가?

물에 빠진 사람은 지푸라기라도 잡기 마련이다. 베키는 모험을 감행하기로 마음먹은 90일 동안, 이 엄청나게 새로운 식이요법을 지키기 위해 발버둥치며 기진맥진한 상태로 지냈다. 정글에 다시 돌아갈 시기가 가까워지자, 놀랍게도 단것에 대한 욕구가 사라지기 시작했다. 게다가 음식을 단순히 배를 채우기 위한 것이 아니라 직접적인 에너지원이자 치료제로 보게 되었다. 베키가 정글에 두 번째로 다녀온 후 암 전문의를 만났을 때, 의사는 정밀 검사와 혈액 검사 결과를 재차 확인하고는 혼란에 빠졌다. 베키의 암이 차도를 보이고 있었던 것이다. 난소암 4기의 생존율은 10퍼센트에 불과한데 말이다.

이 이야기의 교훈이 암 환자 모두가 정글로 달려가 페루인 주술사가 만든 기이한 혼합물을 마셔야 한다는 것은 아니다.

무엇이 베키를 낫게 했는지, 또 그 효과가 얼마나 오래 갈지는 알 수 없는 노릇이다. 하지만 베키는 처음 '죽음의 명상' 행사에 참여하러 세렌브의 채터후치 힐스Chattahoochee Hills에 찾아갔을 때의 그녀와는 완전히 다른 사람으로 다시 태어났다. 그녀는 자신의 경험과 감정적 고통을 외면하기보다는 남들과 공유해야겠다고 확신했다(그리고 자신에게서 나오는 빛이 남들에게 전염된다는 사실도 알게 되었다). 베키는 다시 젊은 시절의 활력을 얻었고 자신과 미래에 대한 사고방식을 바꿨다.

사람이 어린 시절 일어났던 나쁜 일 때문에 죽을 수도 있다는 이야기를 하려는 게 아니다. 사람들이 알아야 할 메시지는 이거다. 나쁜 일에 대해 피하지 않고 이야기할 때, 치유될 가능성이 훨씬 더 커진다.

*

노벨상을 수상한 심리학자 대니얼 카너먼Daniel Kahneman과 아모스 트버스키Amos Tversky의 연구는 우리가 죽음을 이야기하지 않는 이유를 분명히 밝혀 줬다. 이 연구를 보면, 왜 우리가 줄곧 죽음과 같은 대화 주제를 피하는지, 왜 베키의 가족이 암에 대한 이야기를 허용하지 않는지, 왜 우리 모두가 장기를 기증하지 않고 일부만 기증하는지, 왜 우리가 사망 시 유언장, 의료 결정 대리권, 심폐소생술 거부 동의서를 미리 준비하지 않는지, 왜 묘지를 미리 준비하지 않는지를 알 수 있다.

우리가 죽음 이야기를 회피하는 것은 사고방식의 시스템적 오류 때문이다. 인간은 대개 합리적인 선택을 하지 않는다. 뛰어난 경제학자나 행동주의 과학자들은 오랜 기간 인간의 행동을 예측하고자 노력했다. 그들은 사람들이 무엇을 구매하는지, 어떻게 행동할지에 대한 그들의 예측이 왜 이렇게 빗나가는지 몹시 궁금해 했다.[22]

카너먼과 트버스키는 우리가 현실을 잘못 판단하는 이유, 그리고 우리의 두뇌가 사고 체계 전반에 걸친 오류를 계속해서 일으키는 이유를 알아내려고 연구를 시작했다. 획기적인 연구를 통해 알아낸 바는, 인간이 편향과 경험으로 구축된 방대한 망을 바탕으로 행동한다는 것과 진화하는 동안 두뇌가 생각하는 패턴이 틀에 박히게 됐다는 사실이다. 카너먼이 그의 독창적인 책 『생각에 관한 생각Thinking, Fast and Slow』에 썼듯이 "우리는 분명한 사실을 보지 못할 수 있고, 심지어 보지 못한다는 사실조차 보지 못할 수 있다."

매일 우리의 행동에 영향을 미치는, 보이지 않는 편향 중 다수가 죽음을 피할 수 없다는 사실을 인식할 때도 영향을 미친다. 이 탐구는 책 한 권을 모두 할애해서 얘기해야 할 것 같지만, 개략적으로 설명하고 넘어가는 것을 이해해 주길 바란다.

우리가 죽음을 이야기하는 방식에 영향을 미치는 편향 하나를 살펴보자. 기저율 무시로도 알려진 '기저율 편향'이다. 우리와 관련된 일반적인 정보는 무시하고 특정한 사례에만 연관된 정보를 선호하는 경향을 뜻한다. 모든 인간에 대한 기저율 정보는 우리가 언젠가 죽을 것이라는 사실이다. 인간이 죽음을 피할 확률은 0퍼센트다. 항상 그래 왔고, 거의 틀림없이 앞으로도 그럴 것이다. 하지만 우리는 평소에 우리가 죽으리라는 사실을 느끼지 않는다. 우리가 숨 쉬고, 생각하고, 읽으며, 여기에 있다는 사실이 중요하다. 그래서 우리가 언젠가 죽는다는 기분 나쁜 현실을 무시한다.

다른 편향을 하나 더 살펴보자. '정상화 편향'은 어떤 일이 전에 일어난 적이 없으므로 앞으로도 일어나지 않을 거라고 믿는 경향이다. 이 생각을 욜로YOLO, 즉 "인생은 한 번뿐이다.You only live once."라는 상냥한 표어 문구와 함께 강조할 수 있다. 우리는 기억하는 한 처음 태어났고, 거의 모두 죽은 기억이 없다. 그래서 죽음을 생각한다는 게 거의 불가능하다.

우리는 이제 편향의 댄스파티 속으로 완전히 들어왔으므로 마지막으로 '예의 편향' 속에서 리듬을 타 보자. '예의 편향'이란 누군가를 불쾌하게 하지 않으려고 실제 자신의 의견보다는 사회적으로 더 적절한 의견을 말하는 경향이다. 특히 이 편향은 소리 없는 살인마로써, 부모 또는 배우자와 죽음에 대해 이야기를 나눌 가능성을 0에 수렴하게 한다. 예의 편향은 또 의사와 간호사에게도 영향을 미쳐서 환자에게 실제 마주한 현실보다 훨씬 희망적인 전망을 제시하게 한다. 앞에서 언급했듯이 3천5백 명을 대상으로 한 연구에서 전이성 암 환자 16퍼센트만이 자신의 정확한 예후를 예측했다.[23] 인간이 죽음을 피할 수 없다는 사실과 관련된 딜레마를 카너먼은 이렇게 깔끔한 문장으로 압축해서 보여 준다. "인간은 어려운 문제를 직면하면 종종 더 쉬운 문제에 답하고, 대부분 대체된 줄도 모른다."[24]

좋은 소식은 비록 인간이 바로 눈앞에 있는 것을 보지 못할지라도, 뇌가 돌처럼 굳지 않았다는 것이다. 인간의 뇌는 유연하고, 살아 있으며, 끊임없이 변한다. 신경가소성 때문에 매일 뇌 속에 새로운 경로가 생길 수 있다.[25] 이 과학 지식을 쉽고 직관적으로 체감하게 하는 오래된 북미 원주민 우화가 있다.

할아버지가 손자에게 말했다. "우리 안에는 항상 서로 싸우고 있는 늑대 두 마리가 있단다. 둘 중 하나는 착한 늑대고 우정, 용기, 사랑 같은 것을 위해 싸우지. 다른 하나는 나쁜 늑대고 욕심, 미움, 두려움 같은 것을 위해 싸운단다."

손자는 잠시 생각에 잠겼다가 할아버지를 쳐다보며 말했다. "할아버지, 그럼 둘 중에 누가 이겨요?"

할아버지는 빙그레 웃으며 대답했다. "네가 먹이를 주는 늑대가 이긴단다."

8
아이들에게 죽음에 관한 이야기를 어떻게 하는 게 좋을까요?

많은 사람이 자신이 언젠가 죽을 거라는 사실을 언제 처음 깨달았는지 알지 못한다. 대부분 어느 순간 깨달았다기보다는 죽음에 대한 이해가 점차 깊어졌다고 묘사한다. 어린 시절, 새 이빨을 가져다준다는 까치의 존재에 대해 천천히 탐구하고 의문을 갖다가 산타클로스, 마법, 하늘나라에 대한 더 큰 의문으로 이어지는 것과 같다.

하지만 어떤 사람들은 죽음에 대해 깨달은 순간을 선명하게 기억하기도 한다. 제나는 몇 살 때였는지는 기억나지 않지만, 캘리포니아 코로나도Coronado에서 샌디에이고로 이어지는 다리를 차로 건너며 가족과 휴가를 보내던 중이었음을 분명히 기억한다. 그녀는 '나는 나야. 그리고 언젠가 나인 것을 멈출 거야.'라고 생각했다. 한편 낸시는 이렇게 추억했다. "저는 네

다섯 살 때쯤 '무한대'라는 개념을 알고 흥분했던 기억이 나요. 욕실 바닥 위에 놓인 내 발을 보며 내가 없어져도 세상은 무한대까지 계속될 거라는 사실을 갑자기 깨달았던 순간이었어요. 그때쯤 부모님께 매일 밤 내가 내일이 오기 전에 죽는지 묻곤 했어요. 아마 그 질문에 약간 집착했던 것 같아요."

스티브는 열 살쯤 되었을 때, 지하실에서 장난감 공을 가지고 별생각 없이 놀고 있다가 어렴풋한 깨달음이 머릿속을 서서히 장악했다. 스티브는 겁에 질려 어쩔 줄 몰라 하다가 엄마에게 달려가 털어놓았다. 엄마는 마음의 준비가 된 듯 보였다. 차분하게 스티브를 방으로 데려간 엄마는 성경책을 꺼내 성경을 읽어 주고, 하나님의 집에 준비된 스티브를 위한 공간에 대해 이야기해 줬다. 듣기 좋은 설명이었지만 그의 어린 시절 존재에 닥친 위기를 조금도 막아 주지는 못했다고 스티브는 고백했다.

캐런은 열한 살이나 열두 살쯤, 친구들과 함께 탄 버스가 야영지로 향하던 중 도로에서 뒤집혔을 때 처음 죽음을 의식하게 되었다. 심각하게 다친 사람은 없었지만, 그 사고의 트라우마(부모님이 달려와 그녀를 집으로 데려가던 상황과 옆으로 뒤집혀 있던 버스의 모습)가 죽음을 실감하게 했다. 그날 밤 부모님이 이불을 목까지 끌어올려 줄 때 캐런은 천천히 깨달은 것을 말로 표현했다. "나 오늘 죽을 수도 있었어."

에인절은 다섯 살이었고 자기 방에서 혼자 놀고 있었다. "흩어져 있던 조각들이 맞춰졌고 나는 그냥 침대 옆에 앉아 조용히 생각했어요. '나는 죽을 거야. 결국 다 죽을 거야.' 내 몸을 내려다보며 생각하던 것을 기억해요. '이 몸도 끝나는구나.' 나는 이 사실이 별로 중요하지 않은 것처럼 행동하며 주위를 걸어 다니던 내 주변의 모든 어른들을 떠올리니 무섭고 혼란스러웠어요. 나는 말하고 싶었어요. '뭘 하고 계세요? 죽을 거라는 사실을 모르세요? 우리 모두 죽는다고요!'" 에인절은 새로 발견한 사실을 가까운 어른들에게 말했지만 하나같이 이런 식으로 말했다. "얘야, 왜 벌써 그런 걱정을 하니? 그런 생각 안 해도 돼."

하지만 에인절은 그 후로 매일 그 생각에 사로잡혔다.

에인절은 격주로 토요일 밤마다 아빠와 새엄마와 사우스캐롤라이나주의 소도시에서 함께 지낸 후, 다음 날 아침 남침례교회에 가곤 했다. 에인절은 당시 목사의 말을 생생하게 기억한다. "구원받지 않으면 죽어서 지옥 불에 떨어집니다!" 에인절은 이미 다른 교회에서 세례를 받았었다. 하지만 지옥 불에 떨어지는 장면이 너무 생생하게 떠올라서 스스로 자격이 되는지 확실히 하고 싶을 만큼 두려웠다. 그래서 에인절은 그 목사의 교회에서도 세례를 받았다. 그런데 또 다른 주일날 목사는 이렇게 설교했다. "구원을 받았지만, 구원받기 전과 느낌이 다르지 않으면 지옥 불에 떨어질 것입니다!"

에인절은 그 문제에 대해 깊이 고민했다. 세례를 받은 뒤 내면에서 뭔가가 바뀌었나? 다르게 느낀 게 있었나? 별로 그렇지 않았다. 에인절은 공황 상태에 빠졌다. 이번에 세례받은 것도 소용이 없었다. 매일 밤 잠자리에 들며 지옥 불에 떨어지면 어떨지 상상했다.

에인절은 결코 아빠나 새엄마에게 두려움에 관해 말하지는 않았다. 토요일 밤엔 부모님과 함께 모노폴리나 스크래블 같은 보드게임을 한 뒤 잠자리에 들며 다음 날 아침에 교회에 갈 생각을 하곤 했다. 그 후 토요일 밤마다 심하게 앓기 시작해 부모님이 그녀를 수차례 응급실에 데려갔다. 처음에는 아무도 이유를 몰랐지만, 마침내 에인절에게 궤양이 생겼음을 알아냈다. 한 응급실 의사가 에인절에게 다정하게 말했다. "아가야, 무슨 걱정거리가 있니?" 에인절은 없다고 말했다. 그녀는 지옥 불에 떨어진다는 두려움 때문에 아플 수 있다는 사실을 깨닫거나 이해할 수 없었다. 그리고 아주 나중에 대학에 가서야 그 이유를 이해했다.

나는 에인절의 이야기를 들으면서 지옥에 대한 두려움보다는 (분명 생각할 거리가 많은 주제이긴 하다) 다섯 살짜리 아이가 솔직하고 안전하게 대화를 나누고 질문할 어른 한 명 없이 삶과 죽음과 존재라는 어려운 개념을 이해하려고 애썼다는 사실에 더 관심이 갔다. 당신이 처음으로 죽음에 관련된 생각을 할 때 그 어두운 터널을 지날 동안 누군가 이끌어 주었는가?

우리는 아이들이 질문할 때 잘 대답할 수 있길 원하고, 대답을 못 하면 아이들이 더 흥분하게 될까 봐 걱정한다. 그러나 여전히 죽음에 대해 우리가 대답할 수 없는 질문이 많다.

시신을 퇴비로 전환하는 친환경 기업 리컴포즈Recompose의 설립자 카트리나 스페이드Katrina Spade는 자녀에게 죽음을 이야기할 때 환경적 측면에서 접근했다. 아이들이 두 살과 다섯 살이었을 때 목욕을 시켜 주며 생명이 순환하는 원리를 설명한 일을 기억한다. "먼저 닭이 있어." 그녀가 말했다. "닭은 마당에서 풀을 먹어. 어느 날, 달걀을 낳아. 너희 꼬마들은 달걀이 들어 있는 팬케이크를 먹지. 달걀 껍데기를 퇴비에 넣으면 더 많은 흙이 생기고, 그 흙에서 닭이 먹을 풀이 자랄 수 있단다. 그게 자연의 순환이야! 그리고 언젠가 우리가 죽으면 우리 몸을 흙 속에 묻어. 그러면 풀이 자라는 데 도움을 줄 거야. 그러면 혹시 모르지, 어쩌면 그 풀들도 언젠가 닭이 먹을 거야. 그리고 너희들도 알다시피 엄마가 하는 일은 순환이 약간 더 빨리 일어나도록 돕는 거야. 삶과 죽음이 정말 연결되어 있다는 걸 이해하겠니? 누군가 죽으면 그 모든 과정이 새롭게 시작된단다."

카트리나는 자녀들이 슬픔을 느낄 수 있는 여지를 남겨 두려고 주의를 기울였다. 그녀는 아들에게 그저 가벼운 찰과상으로 보이는 상처가 생겼을 때 아이가 얼마나 크게 울었는지 기억해 냈다. 그녀가 아들에게 무엇이 그렇게 속상했는지 묻자 아이가 말했다. "피가 나면 죽을까 봐 무서워."

"아, 그렇구나." 카트리나는 고개를 끄덕였다. "그럴 땐 울어도 괜찮아."

에인절은 자기가 다섯 살 때 어떤 대화를 원했었는지 기억나지 않는다. 하지만 어린 조카 둘과 죽음에 대해 대화했을 때에는 철학적인 방식으로 대답했다. "전 이렇게 말했어요. '있잖아, 우리 몸이 겉으로 보기에는 고체인 것 같지? 아주 작은 것도 다 볼 수 있는 현미경이 있다면 우리 몸이 실제로는 진동하는 아주 작은 입자로 이루어진 걸 볼 수 있어. 온 우주에 있는 모든 것이 그래. 입자를 진동하게 하는 에너지는 시작이나 끝이 없어. 무언가 끝이 없다면 그건 절대 죽지 않는다는 걸 의미해. 그리고 우리 모두 그런 물질로 이루어져 있다면 우리 몸은 죽지만 우리는 죽지 않아. 그러니까 우리, 즉 우리 몸의 모든 입자는 언제까지나 죽지 않고 항상 이어지는 거란다.'"

에인절은 조카들에게 어느 정도의 기초 교육이 필요하다고 느끼는 데 반해 그렉 룬드그렌은 생각이 다르다. 그는 아이들에게 불확실성을 편하게 받아들이도록 가르친다. 정답이 없어도 괜찮고, 답이 반드시 하나일 필요도 없다고 여긴다. 그는 이 주제로『죽음은 빛과 같아요』라는 멋진 동화책을 썼다. "제 작업 공간을 개조하고 있던 차였어요." 그는 그 책의 영감이 떠올랐던 순간을 묘사했다. "그리고 할로겐전구가 죽어 가고 있다는 걸 알았지요. 처음엔 천천히 깜박거리기 시작했고 그다음엔 몇 초 동안 불이 꺼졌다가 켜지길 반복했어요. 그리고 마침내 완전히 죽어서 깜깜해졌죠. 나는 생각했어요. '죽음과 정말 닮았구나. 부정할 수도, 고칠 수도 없잖아.'" 그 생각은 죽음을 아이들이 이해할 수 있는 사물과 경험에 빗대어 이야기하는 '어쩌면' 시리즈로 이어졌다.

"어쩌면 죽음은 배움과 친구들로 가득한 학교 같아, 끝나면 어디로 갈지 확실히 알지 못하니까."

"어쩌면 죽음은 휘핑크림, 체리 두 개, 말랑말랑한 사탕을 곁들인 밀크셰이크 같아, 어느새 밑바닥이 보인다고 불평할 순 없으니까."

"어쩌면 죽음은 10센티미터까지만 잴 수 있는 자 같아, 이어서 잴 수 있으니까."

"어쩌면 죽음은 데이지나 클로버 꽃 같아, 봄철이 끝나면 흙으로 돌아가니까."

아나스타샤 히긴보텀Anastasia Higginbotham도 이 주제로 어린이를 위한 책을 썼다. 『죽음은 바보야Death Is Stupid』는 할머니의 죽음을 겪은 작은 소년에 대한 책이다. 소년은 어른들에게 "여기보다 좋은 곳으로 가신 거야"라거나 "이제 편안히 쉬실 거야." 같은 공허한 위로조차 받지 못한다. 대신 소년은 이렇게 묻는다. "제가 죽는다면 여기보다 좋은 곳에 있을까요?", "왜 할머니는 여기에서 쉴 수 없고 돌아가셔야 하죠?"

아나스타샤는 아이들에게 죽음을 이야기하는 방법을 다 안다고 주장하지 않는다. 또한 그녀는 그녀의 자녀들에게조차 우리가 죽으면 무슨 일이 일어나는지 안다고 말하지 않는다. 하지만 세 가지는 분명하게 말한다. 첫째, 아이가 죽음을 덜 무서워할 수 있도록 도울 수 있다. 둘째, 아이의 질문에 호기심과 협동심으로 접근할 수 있다. 셋째, 아이가 죽음을 어떻게 받아들이는지 주의 깊게 지켜볼 수 있다.

사실 우리는 아이들의 질문이 너무 불편해지면 종종 묻지 못

하게 막곤 한다. 우리 자신을 위해서 혹은 아이들을 걱정해서
그렇게 한다. 예를 들어 여섯 살짜리 폴리는 엄마에게 케이 고
모가 아직 땅에 묻혀 있는지 물었고 엄마는 대답했다.

"아니, 고모는 화장했어."

"화장이 뭐야?" 폴리는 물었다.

"음, 몸을 재로 만들어서 죽은 사람에게 의미 있는 장소로 가
져가서 주변에 뿌리는 거란다."

"그러면 어떻게 몸을 재로 만들어?"

폴리의 엄마는 말문이 막혔다. 하지만 아나스타샤가 제시한
세 가지 경험 법칙에 따라 대답했다. "태워서. 하지만 전혀 아
프지 않아. 솔직하게 말하면 엄마도 아직 잘 몰라. 어떻게 하는
지 더 알고 싶니?"

만약 아이가 더 묻지 않으면 그대로 두라고 아나스타샤는 말
한다. 아이가 다시 궁금해 하면 대화를 더 나눈다. 그리고 감정
을 솔직하게 표현하라. "'엄마는 죽음을 생각하는 걸 좋아하지
않아.'라고 단호하게 말하셔도 좋습니다." 아나스타샤는 말했
다. "그러면 아이들도 답할 거예요. '사실 나도 별로 좋아하지
않아.'"

아나스타샤의 자녀 중 한 아이는 여섯 살쯤 되었을 때 죽음
을 무서워했다. 때문에 몇 년 동안 그녀는 아이가 잠자리에 들
때 불안하지 않도록 곁에 있어 주곤 했다. "아이에게 가끔 이렇
게 묻곤 했어요. '넌 죽음에 관한 생각을 너무 많이 하지만, 우
리는 지금 아무 문제없이 잘 살아 있어. 그리고 우리와 가까운

사람 중에 아픈 사람도 없잖아. 왜 그렇게 무서운지 엄마에게 더 자세히 말해 줄래?'" 아나스타샤의 아들은 자기가 움직이거나 말할 수는 없는데 생각만 할 수 있는 상황에 빠질까 봐 두렵다고 했다. "저는 그 질문들을 통해 제 아이를 더 잘 알 수 있다고 생각하게 됐어요." 아나스타샤는 말했다. '아이는 앞으로 어떤 생각을 하게 될까? 그리고 그것이 아이에 대한, 그리고 죽음에 대한 내 생각에 어떤 영향을 미칠까?' 모자간에 잠들기 전에 나눈 대화는 무엇이 정신을 구성하는지에 관한 주제로 이어졌다. "저는 읽었던 책의 내용을 떠올리고 아이가 공감할 만한 제 생각을 보탰어요. 그렇게 대화를 이어갔어요. 발전적인 대화였다고 생각해요." 하지만 아나스타샤는 대화가 추상적으로 흐를수록 아들을 항상 현재로 데려와 현실을 강조하면서 대화를 마무리하도록 했다. "저는 이렇게 말하곤 했어요. '넌 지금 침대에 있고, 아주 건강하게 살아 있어. 엄마는 네 옆에 앉아 있고 아주 무사해. 바깥에 나무들도 살아 있어. 이 공간에 있는 누구도 위험하지 않아. 네 몸 안에서 심장이 뛰는 걸 느껴 보렴. 엄마 손이 네 손을 만지는 걸 느껴 봐.' 그 방법으로 저 자신도 현실로 돌아올 수 있었어요. 저는 애써 거짓말을 하거나 '죽음을 걱정하지 마.'라고 당부하지는 않았지만, 아이가 현재로 돌아올 수 있도록 노력했죠."

아나스타샤는 자신이 죽음에 관해 글을 쓰거나 아이에게 이야기하는 게 편안해질수록, 일반적으로 이 주제가 얼마나 금기시되는지 새삼 깨달으며 충격을 받았다. 어느 날 그녀는 브루클린Brooklyn의 서점에서 일고여덟 명의 아이들에게 『죽음은 바보야』를 읽어 주는 행사를 준비하고 있었다. 책을 읽는 동안 아이들이 종이 콜라주를 만들 수 있도록 아이들에게 종이, 풀, 동물 사진을 나눠 주었다. 그때 문득 심장이 덜컹 내려앉았다. "전 생각했어요. '내가 지금 이 책을 펼치고 아이들에게 너희들은 언젠가 모두 죽을 거라고 말하려고 했어. 내가 무슨 생각을 한 거지? 어떻게 이게 괜찮다고 생각한 거지?'"

"전 이런 글귀가 쓰인 부분에 이르렀어요. '결국 모든 생명은 죽는다.' 그리고 그냥 그 글귀를 읽고 심호흡하며 아이들의 눈을 바라봤어요. 그리고 침묵을 지켰어요. 그런데 한 소녀가 반짝이는 눈으로 나를 보더니 끄덕이며 한쪽 입꼬리를 올리고 웃었어요."

아나스타샤는 비록 어른인 자신은 깊게 뿌리박힌 문화적 의식 때문에 그 글귀를 다르게 받아들였지만, 아이들은 쉽게 상처받지 않는다는 걸 깨달았다. 그렇지만 아이들도 언젠가 어느 시점이 되면 그런 대화를 나눌 것이기에, 그녀는 아이들이 죽음을 더 잘 받아들일 수 있게 돕는 책을 썼다. 그녀는 계속 읽어 나갔다.

비록 아이들에게 접근하는 방식은 어쩔 수 없이 다양하겠지만, 아이들은 일반적으로 죽음에 대해 어른보다 더 잘 이야기하는 편이다. 아이들이 입을 다물기 시작할 때는 성장해서 죽음을 금지된 대화 주제로 보기 시작하면서부터다. 오십 대나 육십 대가 죽음을 보는 관점은 고착돼서 변화할 가능성이 아주 작다. 하지만 아이들은 죽음을 피하기보다 호기심을 갖고 곰곰이 생각할 주제로 바라보며 성장할 수 있다. 그것이 내가 아이들을 죽음에 관한 대화에 초대하는 이유다. 아이들이 원치 않으면 초대하지 않아도 괜찮다. 하지만 아이들이 관심을 보이면 대화에 참여하게 하라.

"사람이 죽고 나면 영혼이라는 것이 있나요?"

나는 소름이 오싹했다. 그녀가 나를 주시하자 등을 가시에라도 찔린 듯했다. 학교에서 선생님이 예고도 없이 시험을 치면서 옆에 와서 딱 붙어 선 때보다도 더 당황스러웠다. 영혼의 유무에 대해서는 나 자신도 여태까지 전혀 생각해 본 일이 없다. 그러나 이 순간 그녀에게 뭐라고 답해 줘야 할까?

—루쉰, 「복을 비는 제사」, 『루쉰 소설 전집』

9
사후 세계를 믿으세요?

한밤중이었지만 알 수 없는 이유로 잠에서 깼다. 나는 당시 열세 살이었다. 침대 옆 탁자에 놓인 시계를 보니 오전 3시 43분이었다. 소변이 마려워서 잠에서 깬 거라고 생각하고 복도를 지나 화장실로 갔다. 하지만 소변 때문에 깬 게 아니었다. 나는 방으로 돌아오다가 멈춰서 난간 너머를 보았다. 커다란 우리 집이 보였다. 엄마와 형, 내가 전부인 우리 세 가족에게는 너무 컸다. 거실, 주방, 식당이 잘 보이는 위치였다. 모든 것이 고요했다. 너무 고요했다.

　나는 방으로 돌아와 다시 잠들었다. 아침에 일어났을 때도 여전히 고요했지만, 전날 밤과는 달리 그것이 무엇을 의미하는지 바로 알아차릴 수 있었다. 아버지가 돌아가신 것이다. 나는 일어나서 복도를 따라 브라이언 형의 방으로 갔는데, 거기서 엄마와 형 브라이언이 부둥켜안고 흐느껴 울고 있는 모습을 봤다. 진료 차트에는 아버지의 심장 박동이 전날 새벽 3시 43분에 멈췄다고 표시되어 있었다. 아버지는 집에서 30킬로미터 떨어진 요양 시설에서 돌아가셨다.

나는 항상 잠을 깊게 자는 편이다. 항상 쉽게 잠들어 밤새 죽은 듯이 잔다. 이런 일이 무엇을 의미하는지 또 왜 일어났는지 알지 못한다. 귀신이 있는지 진지하게 생각해 본 적이 없고, 죽음 너머에 무엇이 있는지에 대한 확신도 없다. 죽음의 만찬에 사후 세계 이야기가 자주 등장할 것 같지만, 실은 그렇지 않다. 드물게 사후 세계 이야기가 나오더라도 사람들은 대부분 자신의 감정이나 믿음을 다른 사람에게 강요하지 않는다. 죽음은 전문가가 있을 수 없는 영역이다. 우리는 모두 허공을 함께 들여다보고 있는 셈이다.

나는 때때로 임사 체험에 관한 이야기를 듣고 그것보다 훨씬 자주 산 사람과 죽은 사람이 소통하는 아주 불가사의한 이야기를 듣기도 한다. 이러한 귀신 이야기를 나눌 수는 있어도, 완전히 이해하지는 못할 것 같다. 어떤 사후 세계가 존재하든 그것은 아마 우리 삶과 연결되어 있을 것이라고 어렴풋이 느낄 뿐이다(다만 우리가 사후 세계에 대해 무지할 뿐이리라).

『젊은 시인에게 보내는 편지Briefe an Einen Jungen Dichter』에서 라이너 마리아 릴케Rainer Marie Rilke는 답을 알 수 없는 것에 너무 집착하지 않는 태도가 필요하다고 곱씹었다. 이 글귀는 수많은 사람에게 반향을 불러일으키기에 자주 인용되곤 한다.

지금 당장 해답을 찾으려 하지 마십시오. 당신이 지금까지 그 해답을 갖고 살아 보지 않으셨기에, 당신에게 그 해답이 주어지지도 않을 것입니다. 모든 것은 살면서 경험하는 게 중요합니다. 그러니 지금은 그 문제 속에서 살아 보십시오. 그러면 당신도 모르는 사이에 서서히, 먼 미래의 어느 순간 그 해답 속에 들어가서 살게 될 것입니다.

에인절은 뉴아 하심Newa Hashim이라는 친한 친구를 잃었다. 그는 1998년 2월에 경찰관의 총에 맞아 죽었다. "끔찍한 일이 일어났음에도 그곳에 정의가 없었다는 괴로움을 진정시킬 위안거리가 전혀 없었어요." 에인절은 이렇게 회상했다. "그 친구에 대해선 계속되는 상실감을 받아들이기가 너무 어려웠어요."

에인절의 침실 창밖에는 거대한 삼나무들이 빼곡히 들어차 있었고, 에인절은 뉴아를 생각할 때면 그 나무들을 바라보곤 했다. "흔한 경우는 아니었지만, 햇빛이 캘리포니아주 아르카타Arcata시의 안개를 뚫고 들어올 때면 나무 사이로 창을 환하게 비췄어요. 그럴 때 나는 설명하기 어려운 방식으로 뉴아의 존재를 느끼기 시작했어요. 종종 햇빛이 나를 감싸도록 바닥에 앉아 있곤 했어요. 내가 뉴아의 영혼과 실제로 접촉할 수 있다고 믿는 건지, 그런 생각은 오래 하지 않았어요. 그걸 생각하면 뉴아를 느낄 수 없으니까요." 에인절이 한 일은 그저 몇 시간 동안 깊고 조용한 정적 속에 마음을 열고 앉아 있는 것이었다.

"때로는 내 안의 어딘가에서 그가 조용히 말을 거는 소리를 듣거나 표현하기 어려운 방식으로 그의 모습을 어렴풋이 목격하곤 했어요. 내 정신이 상실감을 이겨 내려고 이런 감각을 만들어 내고 있었는지 아니면 설명할 수 없는 실제 접촉이 일어나고 있었는지 결코 알 수 없었어요. 굳이 알아 내려고 하지도 않았고요." 그녀는 말했다.

"몇 달 동안이나 삼나무의 흔적 속에서 뉴아를 찾았죠. 그러던 어느날 밤, 그와 함께 있는 꿈을 꿨어요. 꿈속에서 그는 햇볕 속에서 얼굴에 환한 미소를 띤 채 롤러블레이드를 뒤로 타고 있었어요. 점점 내게서 멀어지던 그가 말했어요. '에인절, 이제 나를 놓아 줘. 네가 나를 이곳에 붙잡고 있어.' 갑자기 그도, 나도, 모든 것이 괜찮다는 걸 느꼈어요. 내 고통을 달래자고 그를 지독하게 그리워하면서 계속 붙잡을 수는 없었어요. 그를 사랑하기에, 놓아 줘야 하기에, 꿈속에서 펑펑 울었고 잠에서 깼을 때도 흐느끼고 있었지만, 그를 보내 주겠다고 다짐했어요."

몇 주 후, 미국을 가로질러 사우스캐롤라이나주에 살던 에인절의 제일 친한 친구 베키가 애틀랜타의 공예품 전시회에 갔다. 한 부스에서 팔찌들을 훑어보다가 하나를 사서 에인절에게 보내야겠다고 생각했다. 베키는 장신구를 만들어 파는 신시아에게 말을 건넸다. 미국 남부 사람들에게는 흔하디흔한 일이라는 듯, 친근한 잡담은 곧 지극히 사적인 이야기로 바뀌었다. 신시아는 경찰관의 총에 맞은 아들 이야기를 하며 그 일 때문에 얼마나 힘들고 혼란스러운 시간을 보냈는지 털어놨다. 그때 신시아는 몇 주 전에 꿨던 꿈 이야기를 들려줬다. 아들이 그녀의 꿈속에 찾아왔다는…… 둘은 오랫동안 긴 이야기를 나눴고 마지막에 아들은 애정 어린 눈빛으로 엄마를 바라보며 말했다. "엄마, 전 괜찮아요. 이제 절 놓아 주셔야 해요. 엄마가 절 여기에 붙잡고 있어요."

베키는 에인절이 꿈 이야기를 들려준 유일한 사람이었다. 베키는 경외감에 휩싸여 신시아를 바라보며 말했다. "혹시 아드님 성함이 뉴아인가요?" 신시아는 고개를 끄덕이며 울기 시작했다.

에인절이 이 이야기를 들려주면 대부분의 사람들은 경외감을 보인다. 드문 일이지만, 의심의 눈초리로 바라보는 사람도 있다. 후자의 경우라도 에인절은 별로 개의치 않는다.

*

카린 맥캔들리스Carine McCandless도 그녀의 오빠 크리스에 관련해 비슷한 경험을 했다. 크리스 이야기는 존 크라카우어Jon Krakauer의 베스트셀러 『인투 더 와일드Into the Wild』에 나오는 유명한 이야기다. 크리스라는 청년은 가족, 심지어 이름까지 버리고 알렉산더 슈퍼트램프Alexander Supertramp라는 가명으로 전국을 떠돌았다. 그는 알래스카주로 눈을 돌렸고, 혹독한 날씨에 대한 준비가 부족한 상태에서 디날리Denali산 속 황무지로 들어갔다. 발을 여러 번 헛디딘 끝에 크리스는 113일 후 죽었다. 크리스의 이 고독한 여행을 쫓은 크라카우어의 책이 출간되고 20년 동안 사람들은 이야기의 전말을 알지 못했다. 많은 사람이 크리스를 이기적이고 무책임한 청년으로 오해했다. 사실 크리스와 카린은 사기꾼 부모 밑에서 학대받으며 자랐고, 크리스가 추구한 것은 죽음에 대한 동경이 아니라 자신을 치유하려는 시도였다. 카린은 이 사실을 누구보다 잘 알았지만, 부모님을 지켜야 한다는 의무감과 부모님이 비극적인 아들의 죽음에서 깨달음을 얻고 사기 행각을 멈추길 바라는 마음 때문에 기록을 바로잡지 않았다. 복잡한 사연이 있었지만, 카린은 세월이 지날수록 크리스의 죽음이 얼마나 왜곡되었는지를 떠올리며 점점 더 괴로워졌다. 크리스는 생의 마지막에 진실을 찾고 있었는데, 카린은 자신이 그 진실을 차단하는 데 공모했다고 느꼈다. 결국 숀 펜Sean Penn과 함께 『인투 더 와일드』를 영화로 만드는 작업을 도왔고, 그것이 이야기의 숨겨진 나머지 부분을 밝히는 중요한 계기가 되었다. 하지만 당시 그녀는 여전히 부모님과 관계를 맺고 있었기 때문에 끔찍한 갈등을 겪게 된다. 그 후 카린이 자신의 회고록 『더 와일드 트루스The Wild Truth』에 담았듯, 어느 날 밤 그녀는 거실에 앉아 영화 대본을 살펴보다가 깊은 상실감에 휩싸여 주체할 수 없이 울기 시작했다. 한심한 행동이라고 생각하면서도 큰 소리로 크리스의 이름을 외쳤다. "크리스, 제발! 나 혼자 못하겠어! 나와 함께 있는 거 맞아? 제발, 대답해 보라고."

다음 날 아침 카린은 빨래를 개다가 오랫동안 연락이 끊겼던 친구 트레이시에게 전화를 받았다. 트레이시는 느닷없이 전화한 것에 양해를 구하며 전날 밤 꾼 꿈에 대해 말해야 할 것 같았다고 설명했다. 꿈에서 크리스가 트레이시에게 다가와 말했던 것이다. "내가 누군지 아니?" 트레이시는 말했다, "네, 카린의 오빠요." 그러고 나서 크리스는 그녀에게 말했다. "부탁이 하나 있어. 카린에게 전화해서 내가 그녀와 함께 있다고 전해줄래?" 카린은 한동안 말을 잇지 못했다. 트레이시가 걱정하며 사과했을 때에야 비로소 기적적인 선물을 전해 줘서 고맙다고 말했다. "그 일은 제게 믿을 수 없는 평온함과 계속 앞으로 나아갈 힘을 줬어요." 그녀는 말했다.

*

대략 1년 전 모니카의 스물세 살 된 조카 메건이 비극적인 교통사고로 죽었다. 어릴 때부터 메건은 말을 잘 다뤘다. "타고난 이는 굳이 입을 열어 지시하지 않아요." 모니카는 말했다. "메건은 이해할 수도 없는 초인적인 방법으로 말들을 조련했어요." 메건은 죽을 당시 콜로라도주에 살았고 들소와 소를 기르는 목장에서 카우보이 책임자로 일했다. 메건은 그곳에 도착하자마자 거스라는 이름의 야생마와 특별한 관계를 맺게 됐다. 거스는 누구도 쉽게 태우지 않는 말이었으므로, 이는 거의 기적적으로 맺어진 관계였다. "둘은 원래부터 함께 일했던 것처럼 호흡이 잘 맞았어요." 모니카는 말했다. "메건이 거스를 길들였고 거스도 메건을 길들였죠."

메건이 죽고 비탄에 빠진 가족들은 말을 타고 유골을 뿌리는 추모식을 하기 위해 콜로라도로 갔다. 아무도 타지 않은 말 한 마리가 있었는데, 그 말이 거스였다. 거스는 늘 혼자 있기를 좋아하는 편이었지만 사람들이 말을 타는 동안 한 사람 곁에 유독 가까이 머물렀다. "거스는 계속 테야가 보이는 곳에 있었어요." 모니카는 말했다. 테야는 메건의 하나뿐인 여동생이자 가장 친한 친구였다. 둘은 항상 상대방을 "내 사람"이라고 칭했다.

　말을 타고 있던 참석자들이 지정된 장소에서 멈췄다. 메건의 아버지 테드가 안장주머니에서 메건의 유골을 꺼냈다. "테드가 유골을 꺼낸 바로 그때, 거스가 누웠어요. 그냥 넘어진 게 아니었어요. 거스는 완전히 옆으로 누워서 머리를 뻗고 눈을 떴어요. 누가 봐도 몹시 슬퍼하고 있다는 것을 알 수 있었어요."라고 모니카가 말했다. 거스가 다른 서 있는 말 마흔 마리에 둘러싸여 있을 때는 물론, 자지 않는 한 절대 눕지 않는다는 이야기를 듣고 더욱 놀랐다고 모니카는 설명했다. 목장 종업원들은 거스를 보고 눈물을 흘렸다. 그들은 이해했다. 거스는 마지막 가족이 유골을 다 뿌릴 때까지 누워 있었다.

　말을 탄 사람들이 목장으로 돌아갔을 때 테야와 그녀가 탄 말은 사람들에게서 떨어져 나왔다. 사람들이 울타리에 다시 모였을 때 그들을 향해 평원 위를 전속력으로 달려오는 말 두 마리와 사람 한 명의 모습이 보였다. 가까워지자, 테야가 고개를 숙이고 집중한 채 전속력으로 달리는 모습이 분명히 보였다. 그리고 테야가 탄 말과 속도를 맞춰 전속력으로 달리고 있는 말이 거스였다. 생전의 메건과 테야는 맹렬하고 힘찬 승마

스타일을 자랑했다. 그날 초원 위의 두 말은 정확히 같은 최고 속도로 질주하고 있었다. 모니카는 말했다. "울타리에서 보던 사람들은 어떠한 의심도 없이 메건이 거스를 타고 마지막으로 테야와 함께 말을 타고 있다는 사실을 알 수 있었어요."

모니카는 그 경험을 회상하며 말했다. "저는 항상 삶이 동전과 같다고 생각했어요. 한쪽 면이나 다른 쪽 면을 볼 수는 있지만, 양면을 동시에 볼 순 없잖아요. 이쪽 면이 삶이고, 다른 쪽 면은 죽음이에요. 하지만 원래 모두 하나예요."

*

삶이 동전과 같다는 모니카의 생각은 양면을 모두 목격한 사람들과 대화할 때 더 확장된다. 누구보다 죽음을 가깝게 마주한 마야 록우드Maya Lockwood 같은 사람들은 죽지 않고도 죽음을 느낄 수 있었다. 죽음의 문턱을 밟고 다시 살아 돌아온 많은 사람이 그렇듯 마야는 그 경험을 큰 선물처럼 여긴다.

마야는 샌프란시스코에 혼자 살며 마흔 살 생일을 9개월여 앞두고 있을 때, 바이러스라고 짐작되는 무언가에 걸렸다. 집에서 며칠 쉰 뒤 회의에 참석하러 갔을 때에도 다시 아프기 시작했다. 이 과정이 일주일 넘게 반복되었다. 7월 2일에 몸이 좋지 않았기에, 독립 기념일인 4일에는 친구들과 즐길 수 있게 푹 쉬고 싶었다. 그래서 친구들에게 '나으려면 좀 누워 있어야겠다'고 문자를 보냈다. 그러고 나서 이틀 동안 아무도 그녀에게 연락을 받지 못했다. 7월 4일 친한 친구 두 명이 그녀의 상태를 확인하러 찾아갔다. 친구들은 마야가 알몸으로 그녀의 아파트 거실 중앙에 의식을 잃고 쓰러져 있는 것을 발견했다. 마야는 바닥 여기저기에 소변을 보았고 입에서 녹색 담즙이 흘러나오고 있었으며 몸은 불덩이 같았다.

마야의 친구는 911에 전화했고 곧 구급차가 왔다. 마야는 이후 며칠 동안 혼수상태였고 의사들은 무슨 일이 일어난 건지 원인을 알아내려 애썼다. 그들은 패혈증이나 뇌막염으로 추측했다. (병의 원인은 끝까지 확실하게 밝혀지지 않았지만, 마야는 패혈증을 의심했다.)

4일 후 마야는 혼란스럽고 어리둥절한 상태로 깨어났다. 의식은 잃었었지만, 그녀를 둘러싼 세상이 얼마나 이상했는지 생생하게 기억하고 있었다. 가장 생생하게 기억나는 점은 생을 포기했을 때 느낀 감정이었다. "전 생각했어요. 아니, 죽을 거라고 예상했어요. 그러자 저항하고 싸우고 내가 아는 모든 것을 지키려는 육체적 고통은 끝났어요. 더는 고통스럽지 않았어요. 그리고 그때 우리가 단지 사랑의 일부…… 사랑 에너지의 일부라는 사실을 알게 됐어요." 그녀는 그 감정을 말로 표현하기 어렵다고 했다. 그리고 한숨을 쉬더니 말했다. "굉장히 멋졌어요."

마야는 후에 그녀의 일과 삶으로 다시 돌아오자, 완전히 다른 사람같이 변했다. 겉으로는 많이 달라지지 않은 듯 보였다. 얼굴에 문신을 새기거나 저축한 돈을 몽땅 털어 테슬라 자동차를 사지는 않았다. 하지만 전과 달리 불필요한 극적인 사건으로 시간을 보내지 않았다. 경계를 세울 수 있게 되었는데, 그것은 이전의 그녀가 항상 어려워했던 일이었다. 긴장을 풀고 휴식을 취하는 데 시간을 할애하게 되었다. "내 주변 오래된 지인들은 나를 어떤 극적인 사건에 끌어들이려고 애씁니다만, 이제 나는 자주 거절해요. 단호한 거절이 내 삶에 그토록 많은 기쁨과 행복을 가져올 줄 전혀 몰랐어요."

"그전에는 완전히 고장 난 운영 체제나 컴퓨터를 가졌던 것 같아요." 그녀는 말했다. "그리고 완전히 새로운 운영 체제로 업그레이드 했어요. 바이러스는 물론, 개인적 경계를 확고히 하지 못하거나 두려움, 걱정, 우울증 같은 과거에 힘겨워했던 일들이 모두 사라졌어요. 내 마음속에 창조하고 배우는 공간이 생겼어요."

마야는 기사회생한 많은 사람이 어떻게 사는지 전한다. 그들은 더는 죽는 것을 두려워하지 않는다. "우리는 육체적 형태로 이 영역을 즐길 기회를 얻은 것 같아요." 그녀는 말했다. "우리는 오감으로 삶을 경험할 수 있는 몸을 얻었어요. 삶은 즐거움으로 가득할 수도 있고 넘치는 사랑으로 채워질 수도 있으며 편안할 수도 있죠. 저는 이제 놀랍도록 평화로운 가슴과 정신으로 사십 대라는 인생의 새로운 장으로 들어갈 수 있어요. 믿을 수 없는 선물이에요. 죽음이 두렵지 않다는 걸 알게 해 준 임사 체험을 통해 진정한 사랑을 할 수 있게 되었고 수많은 바보 같은 일들로 수렁에 빠지지 않게 되었어요."

마야의 경험에서 얻을 수 있는 두 가지 큰 교훈은 기쁨과 사랑이라고 그녀는 말한다. "두 번째 기회를 얻어서 아주 기뻐요. 팔짝팔짝 뛰게 하는 기쁨은 아니에요. 조용히 만족하는 기쁨이죠." 그녀는 죽음을 두려워하지 않는 느낌을 공유하고 싶다고 말했다. "하지만 이런 생각도 해요. '나는 그것을 나눌 만한 사람이 아닐지도 몰라, 내가 할 일이 아닐지도 모르지.'" 그녀는 다시 한숨을 쉰다. "삶이 다이아몬드 같아요. 가장 귀중한 다이아몬드요. 아주 놀라워요."

임사 체험이 대체로 빛의 세계로 걸어 들어간다고 묘사되는 것은 무척 흥미롭다. 빛과 섬광은 사후 세계와 죽음 이후의 순간에 관한 설명에 문화를 뛰어넘어 일관되게 등장한다. 난자와 정자의 수정을 새로운 최신 기술로 미세하게 관찰한 결과 성공적으로 수정될 때 난자에서 섬광이 번쩍인다는 사실이 밝혀졌다.[26] 수정되는 순간에 아연 원자 10억 개가 방출되며 불꽃이 튀면서 번쩍이는 것이다. 또한 일반적으로 불꽃이 밝을수록 태아가 더 건강하다.

임사 체험이나 내가 여기에 옮긴 다양한 귀신 이야기들을 어떻게 받아들여야 할지 아무도 명확하게 말할 수 없다. 다시 말하자면 중요한 건 그게 아니다. 우리가 이러한 순간들을 맞닥뜨렸을 때 그 기이함에 마음을 열어야 경이로움을 느낄 수 있다. 우리의 목적은 죽음에 대한 답을 찾는 것이 아니다. 답이 뜻하는 방향으로 살기 시작하는 것이 훨씬 중요하다. 일본계 미국 작가 교코 모리Kyoko Mori가 그것을 가장 잘 표현한 말이 있다. "우리가 죽음에 대해 하는 모든 말은 사실 삶에 대한 말이다."

10
의사 조력 자살,
즉 존엄사*를 고려해 본 적이 있나요?

앨리 호프만은 유명 인사나 유명 인사가 되려는 사람들이 쉽게
받아들이기 어려운 어떤 뉴스를 주류 언론에 터트리고 싶을 때
찾는 사람이다. 케이틀린제너Caitlyn Jenner 재단을 온라인상에서
운영하고 있으며, 가수 알리시아 키스Alicia Keys가 매년 미국인
이 대거 투옥되는 것에 저항하는 운동을 하는 데 참여하도록 힘
썼다. 또한 앨리는 슈퍼모델 지나 로세로Geena Rocero가 2014년
테드TED: 연단에서 사실 자신이 소년으로 태어나 성전환 수

---

* 이 장에서 혼용해서 쓰고 있는 의사 조력 자살과 존엄사는 같은 의미를 공유한다.
단, 존엄사를 찬성하는지 반대하는지 시각차로 인해 두 단어를 구별해 쓰고 있다.

: 미국의 비영리 재단에서 운영하는 강연회이다. 기술Technology, 엔터테인먼트
Entertainment, 디자인Design 등 여러 분야의 전문가들이 15분 내외의 강연을 한다.
온라인을 통해 강연 동영상을 제공하여 인기를 끌었다.

술을 받은 트랜스젠더라는 충격적인 내용의 발표를 막 끝냈을
때, 브리타니 메이너드Brittany Maynard에 대한 전화를 받았다. 브
리타니는 유명 인사가 (아직은) 아니었지만, 그 무엇보다도 전
하기 어려운 뉴스를 간직하고 있었다.

그때까지 대중은 브리타니 메이너드라는 이름을 들어본 적
이 없었다. 그녀는 결혼한 지 얼마 안 된 스물아홉 살 여성으
로, 매우 공격적인 뇌종양 진단을 받아 합법적으로 생명을 끊
길 원했다. 또한 그녀는 다른 사람들이 더 쉽게 같은 선택을 할
수 있도록 돕고자 했다. 이제는 주로 존엄사라고 불리는 의사
조력 자살은 신문 1면 기사로 잘 다뤄지지 않는 주제다. 너무
논란이 많은 사안이라서 개인의 이야기를 들려주기 어렵기 때
문이다. 낙태에 관한 이전의 논쟁을 떠올려 보면, 성인의 생명
을 끊는 문제를 놓고 벌어질 격렬한 의견 다툼을 쉽게 상상할
수 있다. 여전히 금기시되고 있어서 논의조차 쉽지 않다.

앨리는 브리타니를 만나러 포틀랜드 교외로 날아갔다. "브리
타니는 매우 논리적이었어요." 앨리는 말했다. "브리타니의 어머
니와 남편이 새로운 의사를 만나 다시 의견을 들어 보자고 브리
타니를 설득하고 있었어요. 하지만 그녀는 합리적이었어요. 감
정적인 사람일 거라고 추측할 수도 있겠지만 그렇지 않았어요.
선택할 수 있는 방안들을 꼼꼼히 따져 보고 이렇게 생각했어요.
'나는 아마 끔찍한 죽음을 맞게 될 거야. 뇌가 나를 죽이는 동안
몸은 나를 살아 있게 하려고 애쓰겠지.'" 아니, 앨리가 말했듯 브
리타니는 이렇게 생각했다. "희망은 무슨, 잠꼬대 같은 소리야."

브리타니와 그녀의 가족은 치명적인 진단을 받을 당시 캘리포니아에 살고 있었지만, 당시 캘리포니아는 존엄사를 허용하지 않았다. 그래서 브리타니의 남편, 어머니, 그리고 새아버지는 모두 포틀랜드로 이사했다. 새로운 터전에서 그녀가 존엄사 할 자격을 얻을 수 있게 의사를 만나고 거주지를 확정하는 데 소중한 시간을 써야 했다(일주일 단위로 암이 번지고 있어서 쉽지 않은 과정이었다).

앨리에 의하면 브리타니는 캘리포니아가 암 말기 환자에게 제공할 수 있는 최선안이 호스피스라는 데 실망했다. 그녀는 생의 마지막 몇 달 동안 자신의 이야기를 전하고 싶다는 의지가 단호했으며, 자기와 같은 처지에 있는 다른 사람들을 위해 상황을 바꾸고자 하는 희망이 있었다. 그들은 영상을 찍었고 영상에서 브리타니는 보이지 않는 시청자에게 그녀가 무슨 병으로 진단받았는지, 병을 알았을 때 그들 부부가 얼마나 아이를 가지려 노력하고 있었는지, 죽어 가는 것에 대해 어떤 감정을 느끼는지, 생명을 끊는 치료가 얼마나 위안을 주는지, 가족과 친구들이 지켜보는 가운데 침대에서 어떻게 죽을 계획인지를 설명했다. 당연히 아침 뉴스는 그 내용을 다루지 않았다. 그래서 더 오기가 생겼다. 그들은 '죽을 권리'에 관해 다루길 원하는 잡지 〈피플People〉의 한 리포터를 알게 되었다. 피플닷컴People.com은 자사 홈페이지에 영상을 올리고 기사를 쓰는 데 신속하게 동의했다. 하루 만에 무려 400만여 명이 영상을 봤고 그 이후 브리타니의 이야기는 수억 명의 사람들에게 알려졌으며 그녀의 생기 넘치고 화면발을 잘 받는 얼굴이 〈피플〉지의 표지를 훌륭하게 장식했다.

그들은 벌집을 건드린 셈이었다. 언론의 열광적인 관심은 수그러들지 않았다. 카메라맨이 집 앞 잔디밭에 진을 치는 일은 결코 기분 좋은 경험이 아니다. 그것이 임박한 죽음을 취재하는 경우일 때는 말할 것도 없다.

앨리는 브리타니를 대신해 모든 편지와 이메일을 수신했고, 양쪽 입장 모두에서 날아드는 분노의 화살을 앞자리에서 대신 맞았다. 많은 편지가 브리타니의 생각을 바꾸려고 애쓰는 사람들에게서 왔다. 또 다른 많은 편지가 그녀의 선택을 지지하고 돕기를 원하는 사람들에게서 왔다. 그 후 앨리는 말했다. "우리는 애리조나주에 사는 어느 모녀에게서 아름다운 편지를 받았어요. 어머니가 암 진단을 받고 오랫동안 힘든 시간을 보냈다는 내용이었어요. 모녀는 한동안 무슨 일이 일어나고 있는지에 대해 어떻게 이야기 나눠야 할지 몰랐죠. 하지만 브리타니의 이야기가 그들의 상황을 표현하고 이해하는 계기가 되었다고 해요."

죽는 날로 선택했던 11월 1일, 브리타니가 잠에서 깨자 가족과 친한 친구들이 집에 가득했다. 모두 함께 산책한 뒤 브리타니는 처방전을 꺼냈고 자신이 원했던 대로 집에서 평화롭게 죽었다.

2년이 채 안 돼 캘리포니아의 법은 존엄사를 허용하도록 바뀌었다. 그 변화에 있어서 브리타니의 역할이 얼마나 중요했는지는 말할 것도 없다. 앨리는 브리타니처럼 암에 걸린 대학 친구가 있었는데, 그 친구는 '브리타니 법' 덕분에 캘리포니아 의 집에서 죽을 수 있었다.

*

나는 브리타니가 비범한 사람이라고 생각하지만, 그와 별개로 존엄사를 지지하지도 반대하지도 않는다는 점을 분명히 하고 싶다. 나는 논쟁의 양쪽 편에서 어떤 진실을 발견한다. 내가 아는 것은 이런 대화를 억누르면 합리적으로 결정을 내릴 수 없다는 사실이다. 아이라 바이오크Ira Byock는 의사 조력 자살을 가장 노골적으로 비판하지만, 신앙 때문은 아니다. 그는 미국 완화 치료의 아버지이자 비종교적인 유대인 의사로 알려져 있다. 아이라는 현재 존엄사를 둘러싼 과대 선전이 핵심에서 완전히 빗겨나 있다고 생각한다. 우리가 직면한 문제는 선택권이 부족한 것이라기보다 생애 말기 돌봄의 질 자체가 떨어지는 것이라고 말한다.

아이라처럼 나는 의사 조력 자살을 기뻐하는 완곡한 표현을 접하면 주저하게 된다. 그가 지적하듯 "존엄사", "죽을 권리"라는 말은 아주 성공적인 마케팅이다. 아이라는 특별히 "죽어 갈 때 의사의 도움을 받는 것"이라는 표현을 사용하고, 이 말은 매우 다른 의미를 지닌다고 말한다. 완화 치료 의사로서 그것이 자신이 하는 일이라고 말했다. 환자의 증상을 치료하고 환자가 삶의 마지막에 이르면 그들에게 필요한 것을 지원한다. 하지만 안락사와는 매우 다르다. "35년 넘게 일하면서 환자의 고통을 덜기 위해 환자를 죽여야 했던 적은 단 한 번도 없었습니다."[27]라고 아이라는 말했다.

아이라는 안전장치가 잘 되어 있더라도 조력 자살이 약자를 위험에 빠뜨릴 수 있다고 우려한다. 또 의사 조력 자살을 용납하는 것이 잘못된 메시지를 전할 수도 있다고 생각한다. 즉 더 효과적인 생애 말기 돌봄을 위해 필요한 일보다 의료 시스템이 사람을 죽이도록 허용하는 일에 투자하는 게 더 낫다고 호도될 수 있다는 것이다. 그는 미국에서 어떤 일이 벌어질 수 있는지 예측하기 위해, 앞서 수년간 안락사를 허용해 왔던 네덜란드를 예로 든다. 네덜란드인들은 통증, 이명, 실명 같은 치명적이지 않은 이유로 안락사를 요구했다.

"아픈 사람의 생명을 의도적으로 끊는 일은 인간의 기본적 욕구에 대한 과격한 사회적 반응을 보여 준다고 생각한다." 아이라는 「로스앤젤레스 타임스Los Angeles Times」에 이 같은 논평 기사를 썼다. "우리가 품위 있고 (상대적으로) 침착한 태도를 유지할 수 있다면, 생애 말기 돌봄이 상당히 개선될 때까지 의사 조력 자살을 논의할 수 있다."

누군가 아이라에게 와서 죽고 싶다고 말했다면 아이라는 다른 누구보다도 잘 들어줄 것이다. 그리고 그는 말할 것이다. "더 얘기해 보세요. 고통을 덜기 위해 뭘 하면 좋을까요?" 그는 환자에게 죽음에 이르는 처방전을 직접 써 줄 수는 없지만, 그

렇게 할 수 있는 다른 의사를 찾아가고 싶다면 막지 않겠다고
조언할 것이다.

아이러니하게도 아이라는 존엄사를 지지하는 사람들과 많
은 공통분모를 가진다. 그는 "우리가 더 잘 죽어야 한다"고 생
각한다. 연민을 느끼고 무엇보다 고통을 줄이길 원한다. 죽음
에 관한 솔직한 대화를 더 나눠야 한다고 생각한다. 하지만 거
기에서 길이 갈라지고, 공통점이 분리되며, 그 목표를 이루는
방법이 매우 달라 보인다.

*

완화 치료 우수 기관Palliative Care Center of Excellence의 설립자 토
니 백Tony Back은 2008년 워싱턴주에서 통과된 존엄사법에 대해
어느 한쪽을 강하게 지지하지는 않았다. 하지만 이후 현장에
서 목격한 모습에 놀라고 말았다. 그가 만난 존엄사를 선택한
사람들은 고통과 통증보다 삶을 사는 데 초점을 두고 있었다.
또 브리타니 메이너드처럼 미래에 자신과 같은 사람들을 위한
길을 닦기 위해 애쓰고 있다. 그리고 그들이 죽은 뒤에도 사랑
하는 사람들이 잘 살 수 있도록 자신의 한정된 에너지, 그 이상
을 쏟고 있다고 토니는 말했다.

"난소암을 앓는 어느 은퇴한 선생님은 손녀딸의 열여섯 번
째 생일, 졸업 무도회, 기념일 같은 특별한 날에 읽을 수 있도
록 딸과 손녀딸에게 미리 편지를 썼습니다." 토니는 말했다.

"상냥한 목소리의 인사관리자는 평소답지 않게 성대한 파티를 열어 친구들이 한 장소에 모두 모인 것을 한껏 즐겼습니다. 한 은퇴한 교수는 말했죠. '이제 하루하루가 다르게 보입니다. 떠나야 하니 슬프겠지만…… 그거 아세요? 그때까지 굉장한 날들을 보낼 겁니다.'"

존엄사를 하려는 모든 사람이 그렇게 품위 있고 차분한 것은 아니다. 그리고 자연스럽게 병으로 죽는 것을 선택한 사람들이 이러한 것을 경험하고 공유할 수 없는 것도 아니다. 하지만 토니는 존엄사의 의도적 행위와 관련된 뭔가가 모든 것을 더 분명하게 바라보게 한다고 말한다.

"연구를 위한 인터뷰에서 그들의 용기와 솔직함에 몹시 놀랐습니다." 토니는 말했다. "특히 암 병동에 있던 때를 회상하면 환자들에게 암의 예후에 관해 진지한 대화를 나눌 수 있는지 물었을 때 그들은 번번이 답변을 회피했기 때문입니다."

"제가 내린 결론은, 우리가 언젠가 죽는다는 사실과 자신의 취약점을 직시할 때 오히려 삶이 활기를 띤다는 겁니다." 토니는 말했다.

죽음을 앞당기길 원하는 사람들은 주된 목표를 자율성과 통제에 둔 것일지 모른다. 이것도 자연스러운 선택이다. 삶을 통제할 수 없다는 느낌은 불안감을 한시도 떨칠 수 없게 한다.[28] 교통 통제나 비행기가 지연된 상황에 관해 이 말이 사실이라면, 고통에 관해서라면 어떨지 상상해 보라. 자율성 부족에서 오는 스트레스를 제거할 때, 사람들은 삶을 더 잘 즐길 수 있고 심지어 치유될 수도 있다. 메리 루워트Mary Ruwart 박사의 기록에 의하면 그녀의 언니 마티는 소화기암으로 고통스럽게 죽어가던 중 키보키언Kevorkian 박사에게서 자신이 원할 때 생명을 끊는 일을 돕겠다는 약속을 받아 냈다. 단지 약속을 했을 뿐인데 마티가 다시 먹고 음식을 실제로 소화하는 데 도움이 되었다고 메리는 말했다. "언니가 진통제를 요구하는 일도 급격하게 줄어들었죠. 기적에 가까운 변화였어요."

"우리는 이런 일이 드물지 않다는 것을 알게 됐어요. 분명, 고통스럽게 죽을 거라는 두려움이 너무 커서 건강에 부정적인 영향을 주는 겁니다." 마티가 느긋해지자 몸이 치유될 가능성을 보였다. 비록 최종적으로는 키보키언 박사가 약속을 이행하게 됐지만, 그녀의 죽음은 자신의 통제하에 이루어진 것이었다.[29]

하지만 토니는 존엄사의 중요한 장점은 통제하는 느낌보다 존엄사를 선택한 사람들이 얼마나 죽음에 관심을 보이고 정면으로 마주하려 하는지 변화하는 데 있다고 본다. 토니는 설명했다. "그들은 하고 싶은 말을 다 합니다. 연락하고 싶은 사람에게 연락하고요. 그리고 이렇게 말하죠. '저기, 나 진짜 죽을 거야, 실제 상황이야.' 죽을 권리를 행사하고 있는 누군가가 방문해 달라고 요청할 때 친구나 가족들은 대개 망설이지 않습니다."

이러한 환자의 가족들을 보면서 토니는 단지 놀라는 데 그치지 않고 변화했다. "환자들의 솔직함과 취약성을 마주할 때 아들, 딸, 아버지, 어머니, 친구들은 사랑, 생산성, 창조성으로 응답했습니다. 전형적인 편지 같은 게 아니라 입을 떡 벌리게 만드는 픽사Pixar* 수준의 감동 말이에요. 그들은 내 의료 훈련을 훨씬 앞질러 모든 것을 고민했고 상황의 취약함 속에서도 환자들이 매우 아름다운 순간들과 유산을 창조하도록 협력했습니다." 토니가 기억하는 한 환자의 아들은 아버지의 죽음에 관해 이야기하는 어려움을 이겨 내고 토니에게 아버지의 존엄사에 대한 의견을 들려줬다. 그리고 어떤 환자의 딸은 뿌리덮개와 함께 엄마의 모조 보석을 정원에 뿌린 뒤 나중에 딸이 깜짝 선물처럼 찾을 계획을 엄마와 함께 생각해 냈다고 말했다.

토니는 말을 이어갔다. "그 이후 저는 제 자신에게 매일 묻습니다. 나도 저렇게 충만하게 살 수 있을까? 지금 이 순간의 취약함을 인정할 수 있을까? 낙엽이 질 때도 푸른 반짝임을 유지할 수 있을까?"

---

* 세계적인 애니메이션 제작사

11
당신의 장례식에서
어떤 노래를 누가 불러 주길 바라나요?

에인절과 나는 회의를 앞두고 서둘러 아침을 먹고 있던 차였다. 웨스트 시애틀West Seattle에 있는 작은 식당이었는데 반은 음반 가게였고, 반은 허름한 곳이었다. 위쪽에 설치된 스피커에서 데이비드 보위David Bowie의 노래 「Sound and Vision(소리와 영상)」이 흘러나오던 중, 나는 페이스북 피드를 확인하다가 한 게시글을 보고 얼어붙었다. "마치 우주에서 가장 밝은 빛이 소진되어 꺼진 것만 같다. 우리는 '스타맨starman' 당신을 그리워할 것이다." 나는 마음속으로 "안돼."라고 외치며 온몸으로 절규했다. 데이비드 보위가 죽다니. 「Sound and Vision」이 애도가처럼 재생되고 있었다.

전에는 음악가나 배우의 죽음에 영향받은 적이 단 한 번도 없었다. 사람들의 이러한 반응을 비판한 적은 없지만, 2016년

1월 10일 전까지는 이해하기 힘들었다. 보위의 죽음이 왜 내게 이렇게 강력한 영향을 주는지 알 수 없었다. 눈물이 얼굴 위로 흘러내렸다. 에인절은 깜짝 놀라 즉시 다정하게 위로했고 나는 아이처럼 엉엉 울어 버릴 듯했다. 나는 보위의 열혈 팬도 아니지만, 그의 죽음을 둘러싼 이 경험과 슬픔과 상실감을 되돌아보니 그의 존재(우리의 의식을 확장하고 관습의 경계를 넓히거나 완전히 파괴하는 그의 믿을 수 없을 정도로 대담하고 변함없는 헌신) 덕분에 세상을 안전하게 느꼈다는 사실을 깨달았다. 보위는 수많은 방법으로 나와 많은 이들이 자신의 경계를 탐험하도록 이끌었다.

보위는 말로는 도달할 수 없는 감정의 영역에서—반드시 논리적인 것은 아니지만— 음악이 우리의 마음을 움직인다는 것을 보여 주었다. 그것이 바로 음악과 슬픔이 깊게 얽혀 있는 이유다. 음악이 없는 장례식이나 추도식은 상상하기 어렵다.

나는 "당신의 장례식에서 어떤 노래를 누가 불러 주길 바라나요?"라는 질문이 죽음에 대해 이야기하는 어색함을 누그러뜨리는 대표적인 '안전한 질문'이라고 생각한다. 부모님, 배우자, 조부모님에게 언젠가 죽는다는 사실을 노골적으로 상기시키지 않으면서 편하게 건넬 수 있는 질문이기 때문이다. 우리는 '플레이리스트의 시대'를 살고 있으므로 이 질문은 위협적이지 않은 방식으로 대화를 시작하게 하는 매개체 역할을 한다. 나는 낯선 사람들이 여럿 모여 죽음을 이야기할 때 이 질문을 던지고, 대답에는 보통 웃음과 약간의 머뭇거림이 있긴 하지만, 이 질문이 얼마나 빨리 깊이 있는 대화로 이어지는지 보면서 놀라곤 한다.

나는 항상 대답의 다양성에 감명받는다. 누군가는 루이 암스트롱Louis Armstrong이 살아나 우리가 사는 "참 아름다운 세상What a Wonderful World"을 상기시켜 주길 원한다. 어떤 사람은 멀 해거드Merle Haggard, 또 어떤 사람은 투팍Tupac의 자전적 노래 「Only God Can Judge Me(신만이 나를 심판할 수 있어)」, 그 밖에 많은 대답은 개인적이고 평범하기까지 하다(여동생이나 친한 친구가 부르는 「Over the Rainbow(무지개 너머로)」 같은 노래다).

완화 치료 지지자 토리 필즈Torrie Fields는 이 질문에 수십 년 동안 생각해 왔다는 듯이 대답했고 실제로 그랬다. "엄마가 빌리 조엘Billy Joel의 「Vienna(비엔나)」를 부를 거예요."라고 그녀는 말했다. "그리고 2절 시작 부분에서 친한 친구들이 비틀즈Beatles의 「Let It Be(렛 잇 비)」를 부를 거예요." 두 노래는 서로 호응한다고 그녀는 설명했다. "「Vienna」는 내 삶을 압축해서 보여 주는 노래고, 「Let It Be」는 내가 기억되고 싶은 모습이에요."

누군가에게는 부모님에게 노래하는 역할을 맡기는 것이 친숙하지 않을 것이다. 온 우주에서 우리 모두 따르려고 노력하는 몇 가지 규칙 중 하나가 자식이 부모보다 더 오래 살아야 한다는 것이다. 하지만 토리는 겨우 열아홉 살에 자궁경부암 2기로 진단받았고, 3년 동안 일곱 번의 대수술을 받았다. 차도를 보였지만 스물아홉 살에 암이 재발했다. 이제 서른두 살이고 암은 다시 (현재로서는) 조금씩 나아지고 있다.

토리가 오른쪽 골반에 문신으로 새긴 "비엔나"는 어릴 때 엄마가 불러 주던 노래 제목이다. "엄마가 빌리 조엘을 아주 좋아했고, 그래서 저도 좋아하게 됐어요. 동요 대신 빌리 조엘을 불러 줄 정도였어요." 「Vienna」의 가사는 "잠시만 쉬어 가자, 넌 미친 듯이 살아왔잖아." 그리고 "죽기 전에 네가 원하는 걸 다 이룰 수는 없는 거야."라고 충고하는 부분이 토리에게 가장 어울리는 노래였다.

　"저는 언제나 가능한 한 빠르게 달리고, 달리고, 또 달리는 광적인 아이였어요." 토리는 말했다. "제가 느긋했다면 아마 무너졌을 거예요. 그래서 계속 달렸어요."

　"암에 걸린 것은 제게 일어난 일 중 가장 큰 행운이었어요." 토리는 말했다. "그것은 저를 변화시키고 무엇이 중요한지 알려 줬어요. 누가 중요한지 보여 줬고 내가 누군지 발견하게 했어요." 토리의 엄마는 「Vienna」가 토리를 위한 노래라고 항상 말했다. "그 노래는 노년과 죽음을 존중하라고 가르쳤어요. 생산성보다 중요한 것이 있다는 사실을요. 무슨 일이 일어나든 자기가 생산적이라고 입증할 필요는 없어요. 단지 좋은 사람이라는 것만 보여 주면 돼요. 친구들이 제 그런 모습을 간직하길 원해요. 달리고, 달리고, 또 달리는 모습 말고요." 그래서 친구들이 부르는 「Let It Be」가 「Vienna」에 대한 완벽한 대답이 될 것이었다. 토리는 친구들이 자신을 항상 뭔가를 해야 하는 욕구를 초월한 사람으로 기억해 주길 원했다.

　나는 엄마와 친구들이 그녀의 장례식에서 노래 부르는 것을 어떻게 받아들일지 생각해 봤느냐고 물었다. "몹시 가슴 아파할 것 같은데요." 내가 말했다.

"맞아요, 그런데 괜찮아요." 그녀는 말했다. "가슴 아파하는 것은 멋진 일이에요. 이런 노래에 가슴 아파하는 것은 괜찮아요. 저는 주위 사람들과 친구들을 위해 슬픔을 드러낼 더 나은 공간을 만드는 데 많은 시간을 쏟았어요. 시간이 흐를수록 슬픔을 표현할 이런 자리를 더 많이 만들 수 있음을 깨달았고, 그곳에서 저는 슬픔을 말할 수 있고, 더 많은 사람이 자유롭게 슬픔을 나눌 거예요. 내 죽음이 그것에 반향을 불러일으키길 바랄 뿐이에요."

*

음악계에는 분명 밝게 빛나는 스타들, 우리가 알아보는 이름들, 외우고 있는 음악들로 가득하다. 그 이름들 뒤에 제작자, 매니저, 작사 작곡가, 음악과 음악 경력을 만들고 형성한 사람들이 있으며, 그들 모두 우리에게 큰 의미가 있다. 리처드 니콜스Richard Nichols는 지난 20년 동안 무대 뒤 보이지 않는 곳에서 일하며 누구보다 큰 영향력을 발휘했다. 많은 사람이 그를 얼터너티브 힙합 그룹 더 루츠The Roots의 매니저로 알지만, 그 한 가지 직함으로는 진정한 목소리를 발견할 수 있게 그가 조언하고, 영감을 주고, 협력하고, 도전하고, 자극하고, 독려하고, 회유한 예술가의 수를 담지 못한다.

리처드 니콜스가 백혈병으로 죽은 후 더 루트의 퀘스트러브 Questlove는 이런 글을 남겼다. "우리 문화계는 그의 죽음을 특별하게 표현해야 한다. 고인에 대한 강한 애정을 드러내 얘기하고 그의 영속적인 중요성을 증언하며 우리 모두를 뒤덮은 슬픔을 표현해야 한다. 리처드의 삶을 채울 만큼 큰 선언이나 증언은 없다. 하지만 간단한 표현이 있고 바로 이것이다. '리처드 니콜스는 오직 한 명뿐이다.' 당신들이 무슨 생각을 하는지 안다. '우리도 모두 한 명뿐이다.' 하지만 이 경우에는 이 표현이 진실보다 더 진실에 가깝다."[30]

리처드는 백혈병 진단을 받았을 때, @coolhandleuk라는 트위터 계정을 새로 만들고 치료와 최후의 죽음에 관한 생각들을 공유했다. 리처드는 현대판 금욕주의자였고, 어떤 어려운 삶이 주어져도 항상 맞설 준비가 된 것 같았다. 리처드는 잠식해 오는 죽음에도 평화로웠지만, 그와 가까운 사람들은 리처드가 없는 세상에 맞설 용기가 나지 않았다. 15년 동안 음반 제작부터 순회공연 관리까지 다양한 역할을 맡아 더 루트와 가까이에서 일했고 최근에는 여성 행진Women's March을 연출하고 저항 부활 합창단Resistance Revival Chorus을 설립한 지니 서스Ginny Suss는 이렇게 말했다. "그는 아팠지만, 전처럼 회복했어요. 파괴할 수 없는 사람 같았어요. 진짜 떠날 것 같지 않았어요. 그런데 이런 전화를 받았죠. '어서 오시는 게 좋겠습니다. 생명 유지 장치를 뗄 예정입니다.' 나는 차에 올라탔고 얼마 되지 않아 타이어에 펑크가 났어요. 그래서 타이어를 수리해야 했고 여섯 시간 동안 슬픔과 충격 속에서 필라델피아로 차를 몰았죠."

리처드는 마지막 몇 주 동안 마지막 쇼가 될 자신의 추도식을 세 시간짜리 프로그램으로 분 단위까지 세밀하게 기획했다. 리처드가 죽은 후 그의 조수 알렉시스는 리처드가 쓴 대본에 따라 무슨 노래를 부를지, 누가 노래를 불러야 하는지, 어떤 순서로 공연해야 하는지 예술가들에게 알려 줬다. 지니는 리처드의 죽음 이후 이 몇 달을 되돌아봤다. "리처드는 모든 사람이 그의 죽음을 처리할 방법을 연출했어요. 연출자로서 이 세상을 떠나는 방법을 연출했습니다. 치유 의식을 제시하고 있었죠."

엄청난 재능을 타고난 바이올리니스트이자 작곡가 에밀리 웰스Emily Wells는 리처드가 죽기 불과 2년 전에 그를 만났지만, 가족처럼 가까운 관계로 발전했고 예술적 측면에서 깊은 유대감을 형성했다. 그녀도 지니와 같은 전화를 받았다. 그녀 역시 리처드가 죽을 때 그와 매우 가까운 몇 사람 중 한 명이었다. 일주일 후에 그녀는 또 다른 전화를 받았다. 리처드가 추도식 대본에 그녀의 이름을 적었기 때문이다. 리처드는 그녀가 공연하기를 원했다.

에밀리는 모든 사람이 필라델피아에 있는 공연장, 유니온 트랜스퍼Union Transfer에 들어간 뒤 맞닥뜨린 통과 의례를 이야기했다. "당신은 안으로 들어옵니다. 하나의 입구가 있고 비옥하고 어두운 빛깔의 흙이 담긴 나무 상자들이 긴 탁자에 놓여 있습니다. 우리는 흙 속으로 손을 집어넣어야 했고 같은 물에서 손을 씻어 내야 했습니다. 우리 모두 같은 상자에서 이 성분들을 만지고 있었고 같은 물에서 손을 헹구고 있었으며 그것은 우리가 도착한 순간부터 우리를 모두 하나로 만드는 방법이었죠. 매일 있는 장례식이 아니고 누구도 이곳에 반을 남기고 떠날 수 없다는 사실을 알기 때문에 그 의식은 들어오는 모든 사람에게 깊은 인상을 남겼습니다. 그리고 리처드는 인생의 사람들에게서 그것을 얻었어요. 사람들을 위해 반이라도 존재할 시간이 없었고 그래서 그의 작별 인사가 그랬던 것이 이해가 됐어요……. 전 이제껏 누군가가 자신의 작별 인사에 그토록 가까이 존재하는 것을 경험한 적이 없었어요. 그 공연 기획은 너무 아름답고, 너무도 용감하며, 대담했어요. 여러분도 그 대담함을 느꼈겠지요."

나는 우리 중 일부도 언젠가 사랑하는 사람을 위해 같은 일을 해 달라는 요청을 받으리라 생각하면서, 아주 많이 사랑하는 누군가를 위해 노래를 부르는 것이 힘들었는지 알고 싶었다. "편치 않았습니다." 에밀리는 이렇게 회상했다. "하지만 편안하지 않은 것도 추모의 일부입니다. 전 죽음에 관련된 경험이 많지 않았지만, 그날 밤과 같은 느낌은 한 번도 겪어 보지 못했어요. 그 부력 말이에요. 우리 모두 공중에 뜬 것 같았어요. 밑으로 내려가는 대신 위로 올라갔던 것 같아요. 실내에 있던 모든 사람과 무대에 있던 모든 사람이요. 신성한 분위기였어요……. 그리고 슬픔 때문에 매우 지친 상황에서 이 일을 해내려면 우리 모두 서로 협력해야 했어요. 말하자면 협력을 통해 우리 손으로 해내려고 애썼죠."

"아름다운 순간들이 있었어요." 지니는 말했다. "루츠의 노래 중에 「Dear God(주여)」라는 아름다운 노래가 있어요. 많은 사람이 그 노래를 부르던 순간을 언제나 기억할 것 같아요."

지니는 어려움뿐만 아니라 리처드가 남긴 강력해진 공동체라는 선물에 대해 이야기했다. "결혼식이나 생일 파티 같았어요. 그의 죽음이 제게는 너무 많은 것들의 탄생이었어요. 때로 사람들은 인간 본성상 변화를 두려워해요. 하지만 그곳에서 우정이 생겨났고, 확고해졌어요."

"다음 날 전 스튜디오에 가서 「Richard(리처드)」라는 노래를 쓰게 됐어요."[31] 에밀리는 말했다. "아직 무대 밑으로 내려올 준비가 안 돼서 그것을 흘려 버리기 싫었어요. 그 노래를 종일 반복해서 들었어요. 그 경험을 꼭 붙잡고 싶었거든요."

*

르네는 할아버지의 장례식이 마치 할아버지와 가족들간의 관계처럼 다양한 감정, 긴장감, 불확실성의 연속이었다고 묘사했다. "할아버지는 매력적이었지만, 무서운 분이었어요." 르네는 회고했다. 할아버지의 삶은 자녀나 손주들의 그것과는 매우 달랐다. 경제 대공황 시기에 농장에서 자랐고 일하기 위해 학교를 떠나야 했다. 제2차 세계대전 때 태평양 전선에서 복무했고 돌아왔을 때는 생계 부양자로서 자신의 역할에 충실했다. 음식을 먹다 남기는 것 같은 일들에 걸핏하면 화를 냈으며, 아내 혹은 자녀들과 복잡한 관계를 유지했다. 감히 거스를 수 있는 사람이 아니었다. 하지만 르네가 유대감을 느꼈던 익살맞은 유머 감각, 총명함, 뛰어난 말재주를 지녔다. 그녀는 이렇게 기억했다. "제가 영국에 살 때 할아버지는 제게 편지를 쓰면서 철자가 비슷한 단어들을 이용해 말장난을 쳤죠."

장례식은 예순 살의 아내가 어떤 행동을 할지 아무도 예측할 수 없다는 점을 포함해 여러 가지 이유로 걱정스러웠다. 그녀는 자신도 죽어 가고 있고, 요양원에서 살고 있다는 점에 깊이 분노하고 있었다. 르네의 할아버지 역시 가책을 느꼈던 부분이었다. 그리고 할아버지는 자녀 모두와 각각 다양한 문제가 있었다. 어떻게 하나의 추도 연설로 모든 관계를 빠짐없이 다루면서 모두에게 만족스럽게 전달할 수 있을까?

르네의 고모가 그 역할을 맡았다. 적절한 선택 같았다. 고모는 할아버지와 가장 가깝게 지냈고 수녀, 통일 그리스도 교회 성직자를 거쳐 호스피스 사제로서 모든 사람이 우호적으로 생각할 만한 사람이었다. 그녀는 무엇을 말해야 할지 알 것 같았다.

추도 연설 도중에 고모는 말을 멈추고 노래를 시작했다. "고모는 노래를 굉장히 잘하셨어요." 르네는 말했다. 그녀는 아카펠라로 1954년 에디 피셔Eddie Fisher의 노래 「Oh! My Papa(오! 나의 아버지)」를 한바탕 불렀다. 르네는 "고모가 '내게 아버지는 아주 멋졌어요'라는 구절을 부를 때 함께 있던 사람들이 모두 눈물을 쏟았어요."라고 말했다.

12
장기를 기증하실 생각인가요?

"어느 날 제 심장병 전문의 선생님과 병실에 단둘이 있던 때였어요." 벨라가 말했다. "새 심장을 이식받은 지 1년 쯤 됐을 때였어요. 선생님은 말했어요. '네 잘못이 아니었다는 걸 알고 있지? 죄책감이나 책임감 느낄 필요 없어.'"

벨라는 아홉 살 때 자신에게 심장병이 있다는 사실을 알았고, 고등학생 때 심장마비와 뇌졸중을 일으켰다. 열여덟 살 생일이 되기 전에 장기 이식 명단에 이름을 올림으로써 새 심장을 받을 우선권을 얻었다.

"의사 선생님이 네 잘못이 아니라고 말했을 때 울고 말았어요." 벨라가 말했다. "그걸 몰라서가 아니었어요. 알고 있었어요. 하지만 누군가 소리 내어 말해 주는 것이 정말, 정말 큰 힘이 됐어요."

벨라는 의사에게 왜 같은 경험을 나눌 십 대가 주변에 없는지 물었다. 십 대 암 환자들을 지원하는 단체들이 있긴 했다(왜 십 대 장기 이식 환자들을 위한 단체는 없을까?).

"그러니까, 왜냐하면 그 아이들은 이미 죽었으니까." 의사가 말했다.

십 대들은 장기 이식 후 새 장기가 몸의 다른 장기들과 어우러져 잘 기능하도록 돕는 약물, 즉 자신을 살아 있게 하는 약물을 복용하지 않으려 한다. 장기를 이식받은 환자들에게는 매우 복잡한 상황이 있고, 특히 십 대들은 그 상황을 받아들이기 어려울 수 있다. "암은 언제나 나쁜 소식이죠." 벨라는 말했다. "하지만 생명을 구하는 이식은 다른 것 같아요. 이건 끔찍한 경험이죠. 당신을 살리기 위해 누군가 죽어야 해요. 하지만 결국에는 기적이 따라와요. 어떻게 생각하세요?"

다른 십 대들처럼 벨라도 반항하고 싶은 기분을 느꼈다. "병원에 있을 때부터 구역질이 나요." 그녀는 설명했다. "정말 약 먹기 싫어요. 남들과 다르다는 징표죠. 새 심장을 관리해야 한다는 사실을 떠오르게 해요." 벨라는 이식을 받은 후 약을 건너뛰거나 마약 복용과 같은 파괴적인 행동을 하는 아이들 이야기를 종종 들었다. "마음은 알겠어요." 그녀는 첨언했다. 그녀 자신이 마약을 하는 일은 절대 없겠지만, 마약 하는 아이들의 마음을 이해한다고 했다. "그 아이들이 완전히 바보 같다고는 생각하지 않아요. 이식 후의 삶은 몹시 힘들어요. 지금까지 이야기를 나눠 본 이식 환자는 모두 항우울제를 복용했어요. 저도 항우울제를 복용하지 않으면 힘들었어요. 이런 생각이 들어요.

202

'나는 내 것이 아닌 다른 사람의 몸으로 살고 있어. 죽었어야 했는데.' 대화를 나눠 보면 저처럼 느끼는 사람이 많았어요."

벨라는 쌀쌀한 3월에 입원해서 6월에 장기를 이식받을 때까지 병원에 머물렀다. 그동안 많은 친구가 병문안을 왔다. 친구들은 착한 아이들이었지만, 그녀가 사는 곳과는 완전히 다른 세상에 살고 있었다. 남자친구는 왕성하고, 감정적이고, 완전히 뜻대로 할 수 없는 열여섯 살 소년이었고, 예상할 수 있는 사소한 문제로 죄책감을 느끼게 하는 문자를 자주 보냈다. 친구들은 벨라를 그룹 채팅에 끼워 주고 벨라가 소외되지 않도록 애썼다. 하지만 벨라는 참여할 수 없는 파티, 게임, 행사들에 관해 친구들이 이야기하기 시작했을 때, 벨라는 그룹에서 나왔다. 친구들은 죽음을 마주한다는 것이 어떤 것인지 가늠할 수 없었다. 그룹에 있던 한 남자아이가 글을 남겼다. "벨라, 우리가 교감할 수 없다는 게 슬퍼서 아주 많이 울었어."

이식 전에 벨라는 그렇게 오래 죽음을 생각하지는 않았다. 매우 아팠기에 오직 증상을 다스리려고 애쓰며 침대에서 오랜 시간을 보낼 뿐이었다. 그런데 오히려 새 심장을 이식받고 비교적 평범한 삶을 살게 되니 온종일 죽음을 생각한다고 고백했다. 그녀는 "증상이 나타날 때마다 '이거구나.'라고 느꼈어요." 라고 말했다. 그녀는 또 이식을 받아야 할 가능성이 크다는 사실을 안다. 단지 언제인지 모를 뿐이다. "내년이 될 수도 있어요." 그녀는 말을 이었다. "마흔 살 때일 수도 있고요. 아예 안할 수도 있지만, 그럴 가능성은 크지 않아요. 기증받은 심장은 절대 오래 가지 않아요. 아마 쉰 살에는 다른 걸 받아야 할 거예요. 제가 들은 얘기 중에 가장 오래 간 것이 30년이었어요."

그래서 벨라는 열아홉 살에게는 평범하지 않은 생각인 걸 알지만 항상 죽음이 자신을 따라다닌다고 느낀다. 반면에 그만큼 해방감도 느낀다. 그녀는 선생님이 되어 아이들을 가르치고 싶고, 그 문제에 대해 또래와 경쟁한다는 생각은 하지 않는다. 돈을 많이 벌어야 한다거나 멋지고 매력적인 직업을 가져야 한다는 스트레스가 없다. 아이들과 함께하는 것은 그녀가 사랑하고 갈망하는 일이며 그녀는 무엇이 중요한지 명확하게 안다. 그것이 깨우침의 방식이라고 그녀는 말했다. 친구들이 마약을 복용하고 얼마나 "죽을 뻔했는지" 또는 마약을 복용하고 어떤 깨우침을 얻었는지 이야기할 때 벨라는 참지 않는다. "아니, 너흰 죽을 뻔한 게 아니야." 그녀는 말한다. "내가 죽을 뻔했지. 그리고 내가 깨우친 걸 너희도 알아야 해."

벨라는 심장을 기증한 젊은 남자의 가족에게 연락했다. 6개월 후 답장이 왔다. 그들이 앵커리지Anchorage에 있다는 것을 알았고, 그곳은 삼촌의 장례식에 참석하려고 얼마 전에 다녀온 도시였다. 이 낯선 젊은이가 장기를 기증하려고 마음먹음으로써 벨라에게 인생에서 가장 큰 선물을 줬다. 그리고 어쩌면 가장 큰 짐이기도 했다.

루이스 하이드Lewis Hyde가 쓴 영향력 있는 책 『선물The Gift』에 따르면 우리는 무언가를 사고팔 때 경계를 만들고, 종종 국경을 만든다. 분명한 경계선과 국경은 경제와 무역 상대국에 유익하고 필요하다. 하지만 선물은 역학 구조가 완전히 다르다. 선물은 연결을 만들고 경계를 없애며 우리를 하나로 만든다.

선물에 대한 이러한 이해 때문에 나는 내가 주최하는 죽음의 만찬에 절대로 비용을 청구하지 않는다. 죽음의 만찬은 선물이다(경제가 아닌 공동체를 만들려는 것이다). 그래서 우리는 거꾸로 이해한다. 경제가 관계에 의존하고 관계가 신뢰에 의존하는 것이다. 우리가 누군가에게 취약한 부분을 드러내고 진정성 있게 다가갈 때 둘 사이에 신뢰가 쌓인다. 우리 문화 전체가 선물과 선물에서 오는 신뢰에 기초한다고 주장할 수도 있다. 우리가 문화적으로 그렇게 망가져 있는 것은 별로 놀랄 일이 아니다. 우리는 경제를 나무의 가지나 열매가 아닌 뿌리로 본다.

누군가의 장기가 필요할 때 그것은 틀림없이 우리가 받을 수 있는 가장 소중한 선물이지만, 상업과 거래를 기반으로 움직이는 이 세상에서는 독이 될 수도 있다. 이것은 청소년은 물론, 누구에게나 엄청난 부담이 된다. 우리 임무는 이러한 관계에 "페이 잇 포워드pay it forward"*를 허용하는 것이다(그리고 그 무게에 짓눌리는 것이 아니라 고마운 마음을 실천하는 것이다).

*

"장기를 기증하겠습니까?"라는 질문은 어른들이 운전면허

• 도움을 받은 만큼 다른 사람들에게 베풀라는 의미

증을 발급받거나 갱신하는 귀찮은 과제를 수행할 때 가장 자주 받는 무미건조한 질문에 가깝다. 모든 사람이 그곳에서는 으레 그렇듯, 당신은 형광등 켜진 단조로운 차량국 대기실에서 대기 번호를 받는다. 신청서에 지금까지 수백 번은 기록했을 개인 정보(출생 연월일, 주소, 비상시 연락처 등)를 기입한다. 그러고는 상상도 할 수 없는 일이 발생했을 때, 장기를 기증할 의사가 있는지 체크 표시를 하라고 요구받는다. 아마도 당신은 생각하기 싫어서 넘어간다. 그러고 나서 남은 하루를 잘 보낸다.

하지만 잠시 멈춰서 그것에 대해 실제로 생각할 때, 네모 칸 안에 체크 표시를 해서 얻는 것은 엄청나다. 무미건조하게 시작한 일이 기적으로 끝난다(정신적으로, 또는 적어도 의학적으로). 그리고 간단한 체크 표시의 의미는 장기 기증자의 세계가 가치에 대한 문제와 얽혀 있다는 점을 생각할 때 아마 생사가 걸린 다른 어떤 상황보다 훨씬 더 복잡해진다.

2004년 릭 시걸Rick Segal이 치명적인 심장 질환 진단을 받았을 때 살아남으려면 새 심장이 필요하다는 것과 그와 같은 뉴욕 시민의 12퍼센트만이 장기 기증자로 등록되어 있다는 사실을 알게 되었다. 벨라는 거의 즉시 심장을 받았지만, 릭은 심장을 받기까지 5년이 걸렸다. 실제로 한 사람과 연결되는 데 5년이었다. 왜냐하면, 당신이 살고 싶고 그래서 심장 이식이 필요할 때에는 당연히 누군가 죽기를 기다려야 하기 때문이다.

릭은 캐나다 기러기 한 무리가 US항공 비행기의 엔진 속으로 날아 들어갔을 때, 뉴욕 장로교 병원의 침대에 있었다. 많은 사람이 이야기의 나머지 부분을 안다. 설리Sully 기장은 굴하지 않고 수백 명의 목숨을 살렸다. 나중에 톰 행크스Tom Hanks가 그 사고를 다룬 영화에서 기장 역할로 분扮해 설리의 영웅 자격을 굳건하게 했다. 가까운 곳에서 일어난 사고 소식을 듣고 릭의 머릿속에 처음 떠오른 생각은 '우리 병원 바로 옆에 잠재적인 기증자가 가득 탄 비행기가 떨어질 수도 있었을 텐데'였다. 그러고 나서 릭은 자신이 그런 생각을 했다는 사실에 절망했다. 릭의 아들 그렉은 이렇게 설명한다. "암 환자들은 화학요법이 싫다고 말할 수도 있겠지만, 장기 기증 대기자 명단에 있는 환자들은 자기 자신이 싫다고 말할 겁니다."

다행히 릭은 막바지에 이르러 기증자를 구했고, 10년이 지난 지금도 건강하게 잘 지내고 있다. 릭과 릭의 가족은 지옥 같았던 5년을 보내고 이식을 받았다. 지독하게 아팠던 5년이었으며, 왜 뉴욕 시민의 12퍼센트만이 릭의 생명을 구할 가치가 있다고 생각했는지 알고 싶었던 5년이었다.

사람들이 장기 기증자로 등록하지 않는 이해할 수 있는 이유들이 있다. 어떤 사람들은 종교 때문에 반대한다. (중요한 정보: 많은 가톨릭교회의 지도자는 장기 기증을 허용된 마지막 행위로 보고 있고, 명예 교황 베네딕토 16세는 추기경이던 시절 장기를 기증했다.) 다른 사람들, 특히 소외된 사람들은 시스템을 믿지 않기에 몸에 칼을 대는 결과를 가져오는 것은 고사하고, 어떠한 종류의 등록부에도 자신의 이름을 올리는 것을 꺼린다. 하지만 다른 의료 문제와 달리 이식은 시스템에 참여하는 사람에 의존

한다. 낯선 사람들의 친절에 의존할 수밖에 없는 것이다.

그렉은 오랜 시간 기다리면서 이 점이 어쩌면 가장 어려운 부분이라고 느꼈다. "전 아무도 신경 쓰지 않을 것 같은 장소에서 계속 배회했어요." 그렉은 말했다. 친구들은 그에게 연락해 잘 지내는지, 아버지 문제는 잘 해결되고 있는지, 도와줄 일은 없는지 묻곤 했다. 그렉은 마지막 질문에 이렇게 대답하곤 했다. "장기 기증자로 등록하면 도움이 되지." 사람들은 등록하지 않았다. 혹은 하지 않았을 것이다. "그런 모습을 보면 그들의 동정이 모두 공허하게 느껴졌습니다." 그렉은 말했다. 물론 그는 누구에게도 직접적으로 아버지에게 심장을 달라고 요구하지 않았다(그들의 관대함과 이해심을 상징적으로 보여 주길 요구했다). 하지만 사람들이 그 요구에 응하지 않았을 때 더는 요구하지 않았고, 말을 삼켰다. "너무 괴로워서 그만뒀어요. 말 그대로 돈도 안 드는 일인데 사람들은 신경도 쓰지 않는 것 같았어요."

릭이 이식을 받은 후에도 그 일이 그렉의 삶에 미치는 영향은 줄어들지 않았다. 그가 선택한 직업은 벤처 캐피털리스트*였지만 밤마다 장기 기증에 관해 생각하느라 잠을 이루지 못했다. 아버지가 아플 때 그는 종종 의문을 가졌다. 왜 장기 기증자 단체가 장기 기증을 지지하는 일에 자신과 같은 가족들을 더 활용하지 않는지. 그렉은 심하게 망가진 시스템을 관찰하며 많은

---

* 장래성 있는 벤처기업에 투자하는 직업을 말한다.

의문이 들었다. "어떻게 하면 더 많은 사람이 장기 기증에 참여할지, 그리고 아는 사람 중에 자금을 대거나 협력할 사람이 있는지 계속 생각했습니다. 저는 독신이었고 이십 대였고 아이도 없었습니다. 당신도 만약 그런 입장이라면 잠을 이룰 수 없는 문제에 돈과 시간을 쏟을 겁니다. 그래서 제가 이 일을 해야 한다는 사실을 받아들였습니다. 외면할 수 없었습니다."

그렉은 장기 기증에 대한 인식 전반을 완전히 바꿔 놓기 위한 비영리단체 오거나이즈Organize를 공동 창립했다. 그렉과 동업자 제나 아널드Jenna Arnold는 장기 기증자 중앙등록소를 처음 시작했고 기증자와 관련된 모든 것을 더 쉽고, 더 간결하며, 완전히 투명하게 만들자고 주장한다. 가장 중요하게 다뤄야 할 부분은 우리 사회가 장기 기증 의사를 밝히는 행위를 다르게 받아들이는 일이다. 오거나이즈는 위에서 밝혔듯 모든 사람이 질색하는 차량국에서 이뤄지는 대화를 부담스럽거나 무섭지 않은 토론의 장, 소셜미디어로 가져오는 것을 도모한다. 기증 의사를 해시태그로 묶는 것이 저주로 보일 수도 있지만 실제로는 효과가 확실하다. 그렉과 제나는 장기 기증 의사를 표현하는 방법을 도입한 1960년대 당시로 돌아가 장기 기증자 등록 방법을 개선하는 일에 도전했다. 트위터와 페이스북 같은 형식을 가볍게 여기지 않고 오히려 이러한 플랫폼을 기증 의사를 공개적으로 밝히는 공간으로 활용했다.

이 모든 일의 결과로 이제는 장기 기증 의사를 쉽게 표현할 수 있다. 그렉과 제나는 신장 기증을 목표로 하는 생존 기증자

사이트, 기브앤리브Give and Live를 시작했다. 기브앤리브는 뉴스 프로그램 〈존 올리버의 라스트 위크 투나잇Last Week Tonight with John Oliver〉에서 특집으로 다뤘을 때 많은 지지를 얻었다. 올리버는 투석 센터를 패스트푸드 체인점 타코벨Taco Bell과 비교하며 비싸고 위험한 투석 사업을 날카롭게 비판했다. 또 사람들에게 소셜미디어에 해시태그로 '#내가 죽으면 신장을 가져가세요#WhenIDiePleaseTakeMyKidneys'라는 기증 의사를 표시하라고 호소했다. 수백만 명이 유튜브에서 올리버의 영상을 봤고, 소셜미디어에서 이슈로 떠올랐다. 단 하루 동안 신장 기증자로 등록한 사람 수가 지난 30년 동안 기증된 신장 수를 능가했다. 다음 달에는 오바마 대통령이 재임 중이던 백악관에서 장기 기증을 주제로 첫 번째 정상회담을 개최했다. 믿을 수 없는 성과였다. 변화는 현재 진행형이다.

우리는 해결 가능한 문제를 목전에 두고 있다. 대다수 사람이 장기 기증자로 등록했다면 이처럼 부족을 겪지 않았을 것이다. 또 기증받는 데 5년이 걸리는 대기 명단은 없었을 것이다. 릭이 수년 동안 기다리면서 겪었던 고통과 괴로움, 그렉이 뉴욕 시민들에게 버림받았다고 느끼거나, 벨라가 삶의 가치에 대해 고뇌하는 일은 없었을 것이다. 그리고 장기 기증은 돈이 들지 않는다. 장점은 무한하고 단점은 없다. 누군가 장기 기증을 용납하지 않는 독실한 신앙을 가졌다면 그것은 별개의 문제다. 하지만 기증자가 되기를 택하지 않는 사람들이 인구에서 훨씬 큰 비중을 차지하는 이유는 종교적 혹은 도덕적 반대 때문이 아니라 심각하게 생각하고 싶지 않기 때문이다. 그냥 기증을 하지 않기로 결심하거나, 기증 결정을 유보하는 게 더 쉽기 때문이다. 그리고 이 점에서 그렉이 버림받았다고 느낀 이유를 완벽하게 이해할 수 있다. 당신이 정말 해야 할 일은 단지 당신도 언젠가 죽는다는 진실(그리고 길을 가로막는 명백한 진실을 바라볼 때의 두려움)을 받아들이는 것이다.

죽을 때 어떻게 죽기를 바라냐고 물어 보면 거의 모든 사람이 블랙 유머의 형식으로 대답하곤 한다. 나는 수년간 그들의 냉소적인 기지로 번뜩이는 발언들을 수집해 왔다. "트럭에 받히기를 바랍니다." "18번 홀에서 버디를 기록한 직후에 벼락을 맞아 죽고 싶습니다." "백 살이 될 때까지 산 뒤 질투심 많은 남편이 등 뒤에서 쏜 총탄에 맞아 죽고 싶어요."

— 아이라 바이오크, 『품위 있는 죽음의 조건』

13
좋은 죽음은 어떤 모습일까요?

캐시 맥스웰Kathy Maxwell은 엄마의 병원 진료가 끝나면 저녁을 먹으러 갈 계획이었다고 설명했다. 캐시의 세 남매도 모두 모였고, 엄마가 좋아하는 그리스 레스토랑에 가려고 기대에 차 있었다. 나쁜 소식을 듣게 되리라고는 어느 누구도 예상하지 못했다. 캐시의 엄마 투디는 아주 건강한 편이었다. 하이킹할 때 약간의 통증을 느껴서 병원을 예약했지만, 애초에 칠십 대 중반 중 몇 사람이나 그녀처럼 등산하는 게 가능하겠는가? 투디는 굉장히 건강해 보였다(건강함 그 자체라고 해도 좋았다).

의사는 그들의 그런 생각을 바로잡아 주었다. 캐시는 가족을 모두 앉히고 이전에 완치됐던 투디의 흑색종이 재발했으며 암이 모든 장기로 전이됐다고 설명했다. 의사는 투디에게 신변정리를 권하며 6주에서 6개월 정도 남았다고 침통한 목소리로 말했다. 투디는 그날부터 5주 후에 죽었다.

가족이 주차장으로 걸어 나왔을 때 캐시 남매는 만신창이가 되어 이제 뭘 해야 할지 알 수 없었다.

"저녁 먹으러 가자!" 투디가 결정을 내렸다. 가족은 저녁을 먹으러 갔지만, 모두 충격에 휩싸여 음식이 목으로 넘어가지 않았다.

"동생에게 작은 별장이 있어서 엄마와 그곳으로 들어갔어요." 캐시는 말했다. "손주들이 모두 인사하러 찾아왔어요. 제 딸 로지는 한 학기 휴학하고 저를 도와주러 왔어요."

투디에게는 정성껏 돌봐 주는 사람들이 있었다. 캐시는 간호사였고, 호스피스도 연계되었다. 로지는 힘이 세서 투디를 옮겨야 할 때 도움이 되었고, 투디가 좋아하던 책 『어린 왕자Le Petit Prince』를 가져와서 큰 소리로 읽어 주며 오후 시간을 보냈다. 그들은 또 많은 이야기를 나눴다. "로지는 엄마에게 물었어요. '할머니가 제 결혼식에 못 오시고 또 제 아이들 곁에 안 계실 텐데 할머니가 저와 함께 있다는 사실을 어떻게 알 수 있을까요?' 엄마는 이렇게 대답했어요. '예상치 못한 곳에서 마음으로 느낄 수 있을 거야.' 로지와 저는 이제 어디를 가도 마음으로 엄마를 느껴요."

투디가 죽기 이틀 전, 로지는 할머니 투디의 침대 옆에 앉아 있었다. 투디는 당시 심한 고통에 시달리고 있었는데 갑자기 손을 움직이며 말했다. "아! 내가 지…… 지금 길에 있구나. 정말 아름다운 길이야. 꽃들이 활짝 피어 있어. 그리고 고양이도 있어."

로지는 물었다. "사람도 있어요?"

"그럼." 투디는 대답했다. "내 친구 주디가 있어." 로지는 투디에게 무엇이 보이는지 계속 물었고 투디는 말했다. "아가야, 네가 물을 때마다 길이 시작되는 곳으로 다시 돌아가야 한단다."

"가족들과 재회하러 가시는 중이었던 것 같아요." 캐시는 그날의 엄마를 떠올렸다. "엄마는 가족을 모두 만났다고 행복해했어요. 깨어나신 뒤엔 요리법과 메모를 적던 엄마의 검은 수첩을 갖다 달라고 했어요. 거기에 '메리안'이라고 쓰더니 말씀하셨어요. '메리안이 나를 데리러 오면 좋겠어.'" 투디의 언니였던 메리안은 투디가 아주 좋아했지만, 서른세 살이라는 이른 나이에 죽었다.

로지는 투디에게 『어린 왕자』를 계속 읽어 주었고, 투디가 죽던 날엔 로지와 캐시가 번갈아 가며 책을 끝까지 읽었다. 그날 밤 로지는 캐시에게 말했다. "엄마, 저도 오늘 여기서 자고 싶어요."

로지와 캐시는 투디를 사이에 두고 나란히 잤고 투디는 그날 밤 세상을 떠났다.

"엄마는 항상 걱정이 많았어요." 캐시는 말했다. "아이 키우고 요리하고 빨래하는 것 말고는 본인이 할 수 있는 일이 많지 않다고 생각하셨어요. 그런데 엄마는 결국, 내가 본 누구보다도 우아하고 품위 있게 돌아가셨어요."

*

"젠장! 농담이 아니었구나. 정말 쓰다!"

레스터가 황급히 물컵으로 손을 뻗으며 외쳤고, 그의 바리톤 같은 목소리가 여동생의 집에 쩌렁쩌렁 울렸다. 레스터에게 캐나다산 위스키 크라운 로열은 성인이 된 후 오랜 시간 동안 위안거리인 동시에 장애물이었지만, 이번에는 끊은 지 몇 년 만에 입에 댄 첫 잔이었다.

워싱턴주에서는 존엄사로 생을 마감하겠다고 선택하면 캡슐에 든 약을 물이나 과일 주스, 또는 원하는 술과 섞어 마신다. 회복 중인 알코올 중독자들은 대부분, 죽기 전까지 빠르게 의식을 흐릴 혼합물의 하나로 술을 선택하지 않는다(마지막 순간까지 세상의 이목을 끌 만한 폭음을 원하지는 않는 것이다). 하지만 레스터는 크라운 로열이 좋은 풍자가 되리라 생각했고 모든 상황이 유머러스하길 원했다.

어둡고, 쌀쌀하고, 비가 퍼붓던 어느 날 저녁, 워싱턴주 호수 기슭에 자리 잡은, 내가 지금껏 방문한 집 중 아마도 가장 아늑한 집에서 샐리 매클로플린Sally McLaughlin이 이 이야기를 들려줬을 때 식탁에 앉은 사람들은 웃음을 터뜨렸다가 결국 모두 눈물을 쏟았다. 우리는 『절대 미각 요리책Silver Palate Cookbook』에 나오는 고전 요리인 치킨 마벨라Chicken Marbella를 먹고 있었다. 내가 "치킨 마벨라가 뭐예요?"라고 물었을 때도 식탁에 앉은 사람들은 웃음을 터트렸다. 나는 그때 모인 사람들 가운데 단연코 가장 젊은 사람이었다. 나를 제외한 만찬 참석자들의 평균 나이가 일흔 살에 육박했다. (당신이 일흔 살이라면 아마 치킨 마벨라를 알 것이다.)

나는 사람들이 생의 마지막 날들을 계획하도록 돕는 단체인 '생애 말기 워싱턴End of Life Washington' 이사회와 함께하는 죽음의 만찬에 초대됐다. 이 비영리단체는 계획된 죽음을 포함한 생애 말기의 모든 선택안에 대해 의뢰인과 상담하고 불치병 환자들의 선택을 지지한다. 이 단체의 창립자 중 한 명이자 안락사 지지 운동에 선구적으로 참여했던 여든일곱 살의 실라 쿡Sheila Cook 역시 이 만찬에 참석했다. 죽음의 신을 거의 누구보다 잘 아는 사람들이 모인 자리였고, 나는 그들이 경험한 죽음 중 "좋은" 죽음을 알고 싶었다.

샐리는 생애 말기 워싱턴의 상임 이사다. 이 단체는 자원봉사자들이 필요한 약물을 투여할 수 있게 훈련한다. 샐리는 이사가 되기 전 자원봉사자였던 시절, 이 단체에서 목격한 첫 번째 죽음이 명백하게 좋은 죽음이었다고 회상했다. 그녀는 감사했다. 머리로는 사람들이 아플 때 자신의 삶을 끝낼 수 있어야 옳다고 생각했지만, 가슴으로는 실제로 죽음을 목격했을 때 어떤 기분이 들지 확신이 없었다.

다시 레스터와 크라운 로열 이야기로 돌아가야 한다.

모든 것은 레스터의 여동생 메리와 함께 시작되었다. 메리와 레스터는 17년 동안 연락하지 않았지만, 새어머니가 죽었을 때 메리가 조지아주 어딘가에서 트레일러에 살던 레스터를 찾아 소식을 들려주었다. "이런 우연이 있네." 레스터는 말했다. "나도 죽어 가고 있거든." 레스터는 골암 4기였다.

레스터는 험난한 삶을 살았다. 알코올 중독에서 회복 중이던 그는 자신을 공사장 인부라고 설명했지만, 아무도 그가 어떻게 또는 얼마나 잘 사는지 알 수 없었다. 메리와 레스터 모두 어려운 과거가 있었지만, 메리는 레스터가 수도도 전기도 없는 조지아의 트레일러에서 혼자 죽는 것을 용납할 수 없었다. 메리는 워싱턴주에서 함께 살려고 오빠를 데려왔고 이내 임박한 죽음 앞에 선택할 수 있는 것들에 대해 상담하기 위해 '생애 말기 워싱턴' 팀을 불렀다.

첫 만남에서 샐리는 레스터가 전체 과정에 대해 대략적인 설명을 들은 후 불안해 하는 것을 알아챘다. 샐리는 물었다. "레스터, 궁금한 거 있어요?"

"네." 레스터는 대답했다. "그다음에 어떤 일이 일어나는지 약간 궁금해요."

"당신의 몸에요? 아니면 몸을 떠난 뒤에 무슨 일이 생길지가 궁금한 거예요?"

"네." 레스터는 말했다. "바로 그 점이 궁금해요." 샐리는 그에게 호스피스 프로그램에 등록할 수 있다고 말했고, 원하면 목사가 와서 이야기해 줄 수도 있다고 알려 줬다.

일주일쯤 후 샐리는 레스터의 여동생 메리에게 연락을 받았다. 레스터가 속상해 하고 있으며 샐리가 한 번 더 방문해 주길 원한다는 이야기였다. "무슨 말을 하고 어떻게 행동해야 할지 확신할 수 없었어요." 샐리가 말했다. "하지만 이렇게 생각했어요. '레스터에게 그저 한 인간이 다른 인간에게 할 수 있는 말들을 해 줘야겠다.'"

레스터가 죽음에 대해 무엇을 걱정하는지 이야기하기 시작했다. "그러니까, 저는 그냥 어머니와 할머니를 떠올려 봐요. 독실한 신자셨고, 그들이 돌아가신 다음에 제 삶과 어떻게 살았는지를 떠올리면, 그건 정말……" 레스터는 잠시 침묵했고 샐리는 가만히 기다려 주었다. "어느 정도는 바라는 게 있어요." 레스터가 마침내 이야기를 이어갔다. "제가 그 빛으로 들어갈 때 그 터널의 반대쪽 끝에 햇살이 비치는 푸른 언덕과 커피 한 잔과 기타가 있었으면 좋겠어요."

"우리도 그곳에 있는 레스터의 모습을 상상할게요." 샐리는 말했다. 그리고 이렇게 덧붙였다. "음, 스티브 잡스Steve Jobs가 죽을 때 특별한 말을 했다는 희망적인 이야기를 들었어요. 그의 마지막 말은 '오 와우, 오 와우, 오 와우'였고, 놀라움과 기쁨에 가득 차서 목소리를 점점 높였다고 해요." 레스터의 눈이 커졌다. "전 당신에 대해 몰라요." 샐리가 덧붙였다. "하지만 스티브 잡스가 무엇을 봤는지 정말 알고 싶어요."

레스터는 이제 기운을 냈다. 그와 샐리는 침대 옆, 벽에 세워져 있던 그의 어쿠스틱 기타에 관해 이야기하기 시작했다. 샐리가 기타를 연주할 수 있다는 사실을 알고 레스터는 자신을 위해 조금만 연주해 달라고 부탁했다. 그들은 쳇 앳킨스Chet Atkins, 켑 모Keb Mo, 존 프라인John Prine의 음악에 관해 활기차게 이야기했다. 레스터는 고통이 심한 상태였지만, 바로 앉은 다음 샐리에게 기타를 넘겨받아 연주에 몰두했다. 샐리는 한때 밴드에서 활동했고 꽤 재능 있는 음악가였지만, 레스터는

아팠고 진통제를 맞고 있었는데도 샐리보다 훨씬 멋진 연주를
보여 줬다.

"쳇 앳킨스 노래 중에 어떤 곡 좋아해요?" 샐리가 물었다.

"빈센트." 레스터가 망설임 없이 대답했다. 빈센트 반 고흐에
대한 그 노래는 샐리가 좋아하는 노래 중 하나였기 때문에 그
녀는 가슴이 뭉클해졌다. "제가 왜 그랬는지 모르겠어요. 원래
그런 사람이 아니라서요. 하지만 그냥 그 노래를 부르기 시작
했어요. 그리고 레스터도 함께 부르기 시작했어요." 샐리는 말
했다.

샐리와 레스터는 극과 극으로 다른 사람이었고, 다른 배경을
가졌으며, 이 흔치 않은 상황이 아니었다면 만날 일도 없었을
것이다. 샐리는 북서부 대도시권에 사는 고학력의 레즈비언이
었고, 레스터는 남부 시골에서 가난과 알코올 중독으로 점철
된 삶을 살았다. 하지만 그날 그들은 두 사람의 음악가였고, 깊
이 교감했다.

떠나기 전에 샐리가 말했다. "다시 올 때를 위해 플레이리스
트를 만들 거예요." 더 솔직할 필요는 없었다. 둘 다 그녀가 다
시 오게 될 상황을 알았다. "캡 모, 쳇 앳킨스, 존 프라인을 넣을
거예요."

"당신이 좋아하는 노래도 넣어요." 레스터가 제안했다.

"아뇨, 이건 당신을 위한 파티인 걸요."

레스터는 그때 샐리에게 기타를 주려고 했다.

"받을 수 없어요."

"왜요?" 레스터가 물었다.

"생각해 봐요. 우리가 멋진 시간을 함께 보내긴 했지만, 불과 45분 전에 이야기를 시작했을 뿐인데, 지금 나더러 당신의 가장 소중한 물건을 들고 떠나라는 거잖아요."

레스터가 웃었다. "당신 말이 맞네요."

"하지만 그걸 내게 주려고 했다는 사실만으로도 눈물이 날 정도로 기뻐요. 고마워요."

오래지 않아 레스터의 여동생은 전화를 걸어 레스터가 준비됐다고 말했다. 진통제가 더는 효과를 보이지 않아 레스터는 고통에 시달리고 있었고 이제 떠날 준비가 됐다. 그래서 쌀쌀하고 이슬비 내리는 1월의 어느 아침에 샐리는 마지막으로 레스터의 집을 찾았다.

샐리는 동료가 레스터의 의사에게 처방받은 약을 준비하는 동안 레스터, 메리와 함께 앉아 있었다. 오직 레스터만 그 약을 복용할 수 있었다. 우선 그는 구토 방지약을 먹었고 45분 동안 흡수시킨 뒤에 생을 마감하는 약을 마실 수 있었다. 기다리는 동안 샐리와 레스터는 샐리가 만든 플레이리스트를 들었고 메리(음악을 아주 좋아하지는 않았다)와 함께 노래마다 어떤 부분이 가장 좋은지 이야기를 나눴다.

"레스터는 음악 덕분에 정말 활기차고 느긋했어요." 샐리가 말했다. "약이 준비되었을 때 그에게 알려 줬어요. 하지만 이렇게도 말했어요. '레스터, 꼭 마시지 않아도 돼요. 사실은 이런 거 하나도 하지 않아도 돼요.'"

"하지만 레스터는 말했어요. '빨리하죠.'" 그는 음료를 입에 털어 넣었고 곧바로 욕설을 쏟아 냈다.

"그의 여동생은 의자에 앉아 있었고 전 다른 의자에 앉아 있었어요. 그는 저에게 음악 소리를 키워 달라고 말했어요. 존 프라인 노래가 흘러나오고 있었어요. '우리 도시에 아파트가 있었고, 나와 로레타는 그곳에 사는 걸 좋아했죠.' 그때 레스터가 기타에 손을 뻗어 노래에 맞춰 연주하기 시작했고, 저는 노래하기 시작했어요. 레스터가 화음을 넣기 시작했어요. 그리고 저는 생각했죠. '이 남자는 죽지 않겠구나. 이렇게나 생명력이 넘치잖아.'"

하지만 레스터는 연주를 멈췄고 기타의 프렛보드 위에 손을 올려둔 채 눈을 감았다.

그날 샐리는 레스터의 집에 도착하기 전 불안함을 느꼈다. 그녀는 수년 전에 가톨릭교로 개종했지만, 성직자에게서 멀어지고 있었다. 레스터의 죽음을 도우면 자신이 영원히 변할 것이라는 사실을 알았다. 만약 교회가 옳다면 어떻게 되는 걸까? 그녀가 잘못된 일을 하고 있다면? 하지만 그녀는 레스터와 함께 앉아 있을 때 그 순간이 너무 고귀하고 평온하며 아름답다고 느꼈다. 자신이 어떤 큰 죄를 저지르고 있다고 느껴지지 않았다.

"전 제 손을 레스터의 손 위에 올렸어요." 샐리는 말했다. "그리고 말했어요. '신의 은총이 있기를.' 그리고 집으로 돌아왔습니다."

그의 여동생은 나중에 샐리에게 문자를 보냈다. "오빠가 너무 완벽하게 떠난 것 같지 않나요? 당신이 앞으로 만날 많은 존엄사 의뢰인 중에 약을 삼킨 뒤 즉흥적으로 기타를 들고 연주하고 노래까지 하는 사람이 또 있을까요? 정말 잊지 못할 기억이에요. 고맙습니다."

샐리가 겪었던 일 중에 가장 생생하게 남은 기억 중 하나가 레스터가 두려워하고 있을 당시 그를 만난 일이었다(레스터는 죽음이 아닌 죽음 이후를 두려워하고 있었다). "음, 이제 레스터는 답을 알고 있겠죠." 그녀는 말했다. 레스터는 샐리가 이후에 한 일들의 기준점이 되었고 그녀가 우왕좌왕하지 않고 확신할 수 있게 했다. 샐리에게, 여동생 메리에게, 그리고 레스터에게 그것은 아름다운 죽음이었다.

밤. 여명이 가까운 시각. 도시는 잠들고 전력 여유분이 있는지
전등 빛은 환했다. 모든 것이 숨을 죽였고 폴랴코프의 시신은
작은 예배당에 안치되었다.
—미하일 불가코프, 「모르핀」, 『젊은 의사의 수기, 모르핀』

14
당신의 시신을
어떻게 처리하고 싶은가요?

스콧 크라일링Scott Kreiling은 매우 겸손한 사람이어서 자신을 결코 그런 식으로 소개하지 않지만, 서부 지역에서 굉장히 영향력 있는 의료 전문가다. 그는 리젠스 블루실드 아이다호 Regence Blue Shield Idaho의 회장이자 캠비아 건강 재단Cambia Health Foundation의 이사지만, 정작 그의 연로한 부모가 생의 마지막 몇 년, 또는 며칠 동안 어떻게 지내길 원하는지, 또는 사후에 무엇을 원하는지 전혀 모른다는 사실을 깨달았다. 속내를 드러내지 않는 아버지와 대화하는 것은 쉽지 않은 일이었다. 그래서 스콧은 부모님께 사전 돌봄 계획이나 어떻게 죽길 원하는지, 시신을 어떻게 처리하길 바라는지에 관한 일련의 질문을 하기 위해 보이시Boise에서 고향 투손Tucson으로 날아가면서 두려움을 느꼈다.

스콧의 어머니는 자신의 유골을 팀버라인 산장Timberline Lodge 근처에 있는 후드Hood산에 뿌려 주길 원한다고 말했다. 하지만 그때 스콧이 전에는 알아낼 수 없었던 분명한 그림이 모습을 드러내면서 대화 내용이 바뀌었다. 스콧은 어머니에게서 알츠하이머병 초기 징후가 확실하게 나타난 것을 봤고, 스콧 아버지는 무거운 부담감을 느끼고 있었다. 상황이 극적으로 전개되어 스콧은, 자신의 어머니는 곧바로 요양 시설에서 생활해야 하고 아버지는 일상생활에 약간의 도움이 필요하다는 사실을 깨달았고, 부모님께 보이시로 이사하길 원하는지 물었다. 한 달도 채 되지 않아 그들은 가족용 차에 짐을 꾸려 서부 평원을 건넜다. 어머니와 아버지는 1년 반 동안 독립된 주거 시설에서 간병인들의 도움을 받아 생활했고, 그다음엔 결국 별도의 요양 시설에서 살며 일주일에 몇 번씩 서로를 방문했다. 또 손주들과 스콧, 그리고 스콧의 아내와 충분한 시간을 보냈다.

어머니의 건강이 훨씬 더 나빠지기 시작했을 때, 스콧은 아버지와 함께 다시 한번 어머니의 희망 사항을 확인했다. 하지만 주로 어머니에게 초점을 맞추었기 때문에 아버지가 무엇을 원하는지 아직 알지 못한다는 사실을 깨달았다. 그는 아버지가 화장을 원한다는 건 알았지만 유골을 어떻게 처리하길 원하는지는 몰랐다. 그래서 패스트푸트 체인인 레드 로빈에서 버거와 맥주를 앞에 두고 있을 때 아버지에게 물었다.

"좋은 질문이군." 스콧의 아버지는 말했다. "그런 생각은 아직 못 해 봤어. 아마 너는 그냥 거기에 앉아서 바라만 보고 싶겠지…… 유골을 어떻게 하면 좋을까?"

2년 전이라면 스콧은 아버지와 절대 이런 대화를 나누지 않았을 것이다. 그들은 죽음과 유산 이야기는 고사하고 일상적인 대화를 나누는 것도 어려워했다.

"선택지가 많아요." 스콧이 말했다. "아버지는 조종사고, 보트도 타시고, 골프도 치시고……"

긴 침묵 후에 스콧의 아버지가 조용히 물었다. "비행기에서 보이시 언덕 위로 뿌려줄 수 있니?"

"그럼요." 스콧은 말했다.

그 대화 이후 스콧의 아버지는 자신의 소망이 정말 실현될지 확인하려는 듯이 종종 비행기와 유골 이야기를 꺼냈다.

1월의 어느 날 스콧은 어머니가 산소마스크를 쓰고 고통스러워하고 있다는 문자를 받았다. 모든 일을 멈추고 어머니 곁으로 달려갔다. "어머니는 알츠하이머병 후기였지만, 저를 알아봤어요. 저는 어머니를 위해 음악을 틀고, 이야기를 들려주고, 사진을 보여 줬어요. 어머니를 위해 기도하고, 우리 모두 어머니를 사랑했다고, 그리고 편안히 가시라고 말씀드렸어요. 어머니는 고개를 돌려 저를 바라보고 제 손을 꼭 잡으며 미소 짓고는 숨을 거두셨어요." 스콧의 아버지는 평소 심장에 특별한 문제가 없었지만, 3일 후 심장마비를 일으켰고 몇 분도 되지 않아 목숨을 잃었다. 여름이 되면 스콧과 여동생은 아버지를 기리고 아버지의 뜻에 따라 유골을 뿌리기 위해 만날 것이다.

스콧은 부모님의 죽음을 겪은 후 생애 말기 문제를 대하는 마음가짐이 바뀌었다. 아이다호주의 유력한 CEO 수십 명을 죽음의 만찬에 참여시키고, 보이시와 주 전역에 걸쳐 돌봄 방식을 바꾸기 위한 회담을 개최하고, 생애 말기 대화의 선구자로서 캠비아(워싱턴주, 아이다호주, 유타주, 오리건주에 걸쳐 가장 큰 보험 제공 기관)를 이끌어가는 등 그 분야에서 아주 왕성한 활동을 하는 지도자로 자리매김하고 있다.

스콧의 이야기에서 알 수 있는 사실은, 의료계 종사자들조차 가장 가까운 사람들에게 묻지 않는다는 것이다. 스콧은 용기를 내어 부모님께 간단한 질문 몇 가지를 던짐으로써 어머니의 상태를 알아차릴 수 있었다. 또 부모님께 더 가까이 살자고 권유하고, 부모님 두 분 모두에게 적절한 돌봄을 제공하고, 부모님의 고통을 줄여 드리고, 아버지와의 관계를 개선하고, 아버지가 죽은 뒤 의미 있게 기릴 수 있도록 아버지의 소망을 알 수 있었다.

나는 스콧이 그렇게 하지 않았다면 부모님의 죽음이 스콧에게 주었을 무지근한 아픔을 알 수 있다. 스콧이 연이어서 부모님을 잃은 어마어마한 슬픔을 감당하고 있음은 의심할 여지가 없지만, 이 슬픔은 분명 고통의 장벽으로 가로막힌 것이 아니라 큰 의미를 지닌다. 사랑하는 사람의 죽음을 어떻게 기릴지 모를 때는 압도적인 상실감에 엄청난 혼란이 가중되고 치유 과정은 길어진다. 그들이 남긴 것을 기릴 분명한 의식이 무엇인지 안다면, 그들이 무엇을 원하는지 안다면, 사랑하는 사람의 죽음을 기리는 데 있어 큰 역할을 맡을 수 있다.

＊

인도는 인구의 80퍼센트가 힌두교 신자고, 그 수는 10억 명을 넘으며 세계 인구의 7분의 1에 이른다. 그래서 인도에서의 죽음 의식을 논할 때 이 문제는 사소하지 않게 우리 지구의 상당 부분에 영향을 준다. 디아스포라*보다 훨씬 큰 영향력이다. 미국에서 인도 이민자는 이민 1세대 중 두 번째로 큰 공동체다.

통계들이 대부분 그렇듯, 이 통계 역시 아주 가느다란 실과 같이 실제 인간의 마음과 연결돼 있다. 알파 아가왈Alpa Agarwal은 아버지가 위독하다는 전화를 받았을 때 워싱턴주 레드몬드Redmond에 있는 마이크로소프트 본사 자신의 책상 앞에 앉아 있었다. 48시간이 채 지나지 않아 그녀는 인도 뭄바이Mumbai의 아버지 침대 곁을 지키고 있었다. 아버지는 의식이 오락가락하고 있었다. 알코올 중독자로 산 끝에 장기들이 서서히 기능을 멈췄다. 알파는 아버지가 죽을 때 그의 곁을 지켰다.

힌두교 화장 의식에서는 여자가 마지막 의식을 올리는 게 금지되어 있다. 고대 인도의 힌두교 경전 베다Vedas나 종교적 문서에서 이 점을 아주 분명히 한다. 장남에게 책임이 있고 가족 중 아들이 없으면 남자 사촌이나 삼촌이 개입해야 한다. 의식에는 딸이 비집고 들어갈 틈이 없다. 여성은 화장터인 샴샨 가

---

* 세계 각지에 흩어져 살면서 유대교의 규범과 생활 관습을 유지하는 유대인

르Shamshan Ghaat에 들어가는 것조차 분명히 금지되어 있다.

마지막 의식은 죽음 그 자체처럼 부드러움과 사나움이 강력하게 얽혀 있다. 힌두교 관습에 따라 눈구멍에 금화를 놓고, 손 위에 쌀을 놓고, 몸을 꽃으로 장식해야 한다. 이 모두는 업보의 여정에서 고인을 기다리는 풍요로움을 상징한다. 시신을 노천의 장작더미에서 화장하는 동안 기도를 올리고 '만트라'라는 주문을 왼다. 그러고 나서 아마도 서양 사람에게 가장 잔인한 행위로 보일 카팔 크리야Kapal Kriya를 한다. 약 2.5미터 길이의 대나무 창으로 화장 중인 고인의 두개골을 으스러뜨리는 행위다. 감정적으로나 육체적으로 쉬운 일이 아니다. 이 시점에서 두개골은 장작더미와 꽃, 피부에서 나온 재에 덮여 눈에 잘 띄지 않는다.

두개골을 박살 내는 이유는 현실적 측면부터 초자연적 측면까지 다양하다. 두개골은 조각내지 않고서는 노천의 장작더미에서 완전히 타지 않는다. 또 힌두교에서는 영혼이 이마 뒤 제3의 눈 부분에 붙들려 있다고 믿어, 이 자비로운 행위를 통해 영혼을 다음 생으로 이동할 수 있게 자유롭게 하려는 의도가 있다. 훨씬 더 해괴한 설명은, 악령이 온전한 두개골을 발견하면 두개골을 홀릴 수 있다고 믿는 것이다.

알파는 마지막 의식을 올리고 의식을 지켜보면서 아버지의 두개골을 으스러뜨리는 역할을 맡아야겠다고 결심했다. 알파의 오빠가 뭄바이에 있었다면 알파도 동등한 자격으로 참여시켰을 것이다. 전통을 더 중시하는 친가 쪽 식구들이 그녀를 말리려 했지만, 더 개방적인 외가 쪽 식구들이 그녀를 격려하고 도왔다. 알파는 죽은 아버지의 얼굴을 바라보며 무엇을 원하는지 물었다. 알파가 어릴 때 아버지는 전통과 새로운 사상 사이에 끼어 자유롭지 못했다. 하지만 알파는 아버지가 딸인 자신이 마지막 의식을 올리길 원할 거라는 사실을 마음속 깊은 곳에서 알았다. 알파는 사제 앞에서 여러 번 바닥에 엎드리고 전통적으로 가장에게 주어지는 임무를 자신에게 허락하도록 그를 설득해야 했다. 협의는 의식을 준비하는 몇 시간 동안 이어졌다. 하지만 그만한 가치가 있었다. 전체 열두 시간 길이의 의식이 진행되는 동안 알파의 얼굴은 눈물범벅이 되었고, 알파는 아버지의 죽음을 충분히 슬퍼할 기회를 얻었다.

의식은 강력하고 불완전한 과학이다. 의식과 죽음은 인류의 역사가 시작된 이래로 늘 결속되어 있었다. 사랑하는 고인의 시신을 처리하는 방법에서 그 관계는 가장 뚜렷하게 나타난다. 우리가 무엇을 원한다면 그것은 수천 년의 전통에서 비롯되었음을 반드시 깨달아야 한다.

『신화의 힘The Power of Myth』에서 조지프 캠벨Joseph Campbell은 이렇게 말했다. "의식ritual은 신화의 법령이다. 그리고 당신은 의식에 참여함으로써 신화에 참여하고 있다. 신화가 마음 깊은 곳의 지혜를 투영하기 때문에 의식에 참여함으로써 신화에 참여하게 되고, 말하자면 그 지혜와 조화를 이루고 있으며, 그것은 어쨌든 당신에게 내재하는 지혜다. 당신의 의식consciousness은 삶에서 얻은 지혜를 다시 떠올리는 것이다."

캠벨은 어쩌면 이 대화를 너무 확장한 것인지도 모르겠다. 하지만 알파는 아버지의 죽음과 관련해 자신에게 무엇이 필요한지 알았고 때로는 필요한 것을 요구하는 일에 큰 용기가 필요하다.

*

앞서 소개한 시신을 퇴비로 전환하는 회사 리컴포즈Recompose 의 설립자 카트리나 스페이드는 사랑하는 사람을 매장하면서 불쾌하거나 혼란스러운 경험을 한 사람들에게 수십 가지 이야기를 들었다. "전형적으로 듣는 말은 '장례식장에 갔습니다. 간단한 것을 원했죠. 하지만 그들은 내가 관을 사지 않아서 어머니의 명예에 누를 끼쳤다는 듯이 말했습니다.'" 카트리나는 "또 다른 사람은 이렇게 말했어요. '전 법에 따라 누나에게 방부 처리를 해야 했어요.' 제가 알기로 법에는 그런 규정이 없어요"라며 이렇게 덧붙였다. "하지만 이렇게 말하고 싶지는 않았어요. '속았군요. 이용당하셨어요.'"

나는 장례 산업을 비난하고 싶지 않고, 카트리나도 마찬가지다. 장례 산업 종사자들은 대부분 인정이 많고, 고객을 올바로 응대하려고 노력한다. 그러나 장례 산업에 문제가 있다는 사실을 이야기하지 않을 수 없다. 장례식장은 대부분 화장과 방부 처리·매장이라는 두 가지 서비스를 모두 제공하지만 화장하는 비율이 극적으로 증가해 2030년까지 70퍼센트에 이를 것으로 추정된다. 화장 수익은 매장 수익의 4분의 1에 불과하므로 계산이 꽤 분명해진다. 게다가 엄격한 규정 때문에 장례 산업이 필요한 만큼 융통성을 발휘하지 못하고(예를 들어 친환경 매장이 항상 가능한 것은 아니다), 당신은 경제적 스트레스를 받는다.[32] 그리고 경제적 스트레스를 받는 부분에서 물건을 사야 한다는 부담을 갖게 된다.

여기에서 중요한 것은 장례식장에 가기 전에 알아야 한다는 사실이다. 자기의 죽음을 계획하든 다른 사람의 죽음으로 고심하든 잘 아는 소비자가 돼라. 그리고 더는 두 가지 선택에 그치지 않는다. 화장과 장례식장의 매장은 미국에서 가장 흔하게 선택되는 관습으로 남아 있지만, 전 세계 사람들은 가능한 방법을 재구상하고, 관습을 기억하며, 그중 자신의 핵심 가치와 일치하는 안을 선택한다.

한 가지 선택안이 친환경 매장이다. 브라이언 플라워스Brian Flowers는 워싱턴주 북부의 천연 매장지인 초원The Meadow의 책임자다. 초원을 비롯한 친환경 매장지의 기본 개념은 시신이 흙으로 돌아가고 그 영양분이 다시 생명을 탄생시키는 유기체로 돌아간다. 시신은 땅에 자양분을 줌으로써 식물과 나무를 자라게 한다. 브라이언은 화장이 인기를 얻으면서 죽음에서 의식이 사라져간다고 생각한다. 우리 선조들은 수천 년 동안 죽은 사람을 옮기기 위해 한자리에 모였다고 그는 말한다. 누군가를 옮기는 육체적 행위에 의미가 있을 수 있다. 흙을 뒤집으면서 위로를 얻을 수 있다. 시신을 묻으면서 육체적 슬픔을 묻는다고 브라이언은 주장한다. 그리고 매장지로 걸으면서 치유될 수 있다. 그는 행렬에 불교도의 지팡이가 사용된 장례식에 참석했던 것을 생생하게 기억한다. 세 번째 걸음마다 지팡이가 땅을 치고, 종이 쨍그랑거렸다. 종은 참석자들이 현재에 머물도록 했다. "우리 선조들은 의식을 치르는 데 시간의 70퍼센트를 썼어요." 그는 말했다. "의식은 중요합니다."[33]

마커스 데일리Marcus Daly는 관을 만드는 사람이다. 그가 만들었던 첫 번째 관은 아내가 유산했을 때 그 아기를 위한 것이었다. 그는 어느 강렬한 영상에서 나무를 만지고, 다루고, 사포로 계속 문지르는 행위가 친밀하게 느껴지고, 삶이 다 끝난 게 아니라는 느낌을 준다고 설명한다. "베네딕트회 수도사들은 일하고 기도하라고 말합니다. 그런 행위가 저를 위해 함께 피 흘리는 것처럼 생각됩니다." 브라이언 플라워스처럼 그는 육체적으로 슬퍼하는 것에서 큰 의미를 발견한다. "관의 아주 중요한 측면은 나를 수 있다는 것입니다. 그리고 우리는 서로를 나릅니다. 사랑하는 누군가를 나르고 헌신하는 것은 우리에게 매우 중요합니다. 우리는 죽음을 맞닥뜨렸을 때 역할을 맡고 짐을 짊어질 수 있기를 원합니다. 그래서 너무 간편하게 처리하면 우리가 계속 나아갈 수 있도록 더 강해질 기회를 스스로 빼앗기는 것입니다."[34]

카트리나도 장례에서 의식의 육체적, 상징적 중요성을 이해한다. 그녀가 조직한 리컴포즈는 새로운 형태의 시신 처리를 제공하려고 계획하고 있을 뿐만 아니라 슬픔에 대해 더 확장된 경험을 창조하기 위해 노력하고 있다. 누군가 죽으면 가족은 특별히 훈련된 직원의 도움을 받아 시신을 씻기고 수의를 입히는 등 장례 준비에 참여하도록 격려받는다. 수의를 입힌 시신은 나뭇조각 같은 탄소가 풍부한 물질과 함께 각자의 "함" 안에 놓는다. 자연적인 미생물의 대사 활동을 통해 시신은 급격히 부패한다(30일 안에 흙이 된다). 그러면 가족은 흙을 감사히 받아 정원이나 기념하는 나무에 거름으로 뿌리면서 다시 의식을 치른다.

여러분 중 일부는 지금 진심으로 역겨워하고 있을 줄 안다. 하지만 카트리나가 지적한 대로, "혐오할 대상을 찾는다면 현대적 방부 처리 과정을 살펴보라(그것이 더 혐오스러운 방식으로 이루어진다)." 뉴햄프셔주의 시골에서 자라 자연의 순환과 항상 깊게 연결되어 있다고 느껴온 카트리나에게 부패는 완벽히 이치에 맞고 그녀의 환경적 가치관과 일치한다.

그리고 '친환경 수의'라는 것도 있다. 디자이너 두 명이 개발한 이 옷은 버섯 포자를 주입한 실로 만든 수의다. 버섯에는 독소를 흡수하는 신비한 능력이 있다. 버섯 옷 안에 편안히 묻히면, 버섯 포자가 시신을 완전히 분해하고 독소를 제거해 몸 안에 있던 납이나 살충제 성분이 조금도 흙으로 돌아가지 않는다. 도대체 누가 버섯으로 감싸지려고 이러한 선택을 하겠는지 궁금하겠지만, 창립자인 이재림과 계약하려는 사람들이 줄을 섰다고 한다. 그녀의 회사 코이오Coeio는 애완동물을 위한 버섯 수의, 영원한 곳Forever Spot으로 이미 성공을 거뒀다. '영원한 곳'은 버섯과 다른 유기체를 혼합해 만들었고, 애완동물 주인이 입히거나 싸서 직접 땅에 묻을 수 있게 했다.

바이오스 언스Bios Urns는 당신이 죽은 뒤 당신의 유골을 나무가 자라게 하는 데 이용할 것이다. 스위스의 쿠어Chur에 근거지를 둔 알고르단자Algordanza는 당신의 유골에 수천 킬로그램의 압력을 가해 매우 빛나는 불멸의 다이아몬드로 만든다. 크리메이션 솔루션Cremation Solutions은 주문 제작한 액션 피규어에 유골을 저장한다(망토를 추가하거나 캣우먼 복장으로 만들 수도 있다).

이 모든 사실이 당신의 환경 보호 의식을 의심하게 하거나 세계 최대 규모의 만화 축제인 코믹콘에서 발견할 법한 부스처럼 생각되어도 괜찮다. 여전히 시신에 관한 한 전통적 매장과 화장이 사람들의 가장 흔한 선택이다. 그리고 아무도 그것에 관해 뭐라 말할 수 없다. 213쪽에서 만났던 캐시 맥스웰은 어머니를 화장한 후에 형제들을 만나 유골을 나눴다. "어머니가 돌아가신 지 1년 후, 내 몫의 어머니 유골에서 일부를 꺼내 아이오와주로 갔고, 외할머니와 외증조할머니가 묻힌 곳 옆에 묻었어요. 그러고 나서 나도 죽으면 내 유골의 일부가 그곳에 묻히길 원한다는 걸 깨달았고 그래서 저를 위한 받침돌을 만들었어요."

"여동생은 어머니 유골을 캘리포니아주의 몽돌해변에 가지고 갔어요." 캐시는 이어서 말했다. "남동생 찰리는 자기가 일하는 사무실에 두었고요. 또 다른 남동생은 거실에 두었습니다. 나는 일부를 인도와 어머니가 고등학생 때 공부했던 콜로라도주의 리조트 근처 호수에 뿌렸고, 또 일부를 우리 집 마당에 있는 레몬 나무 아래에 묻었어요. 말하자면 어머니가 곳곳에 다 계신 거고, 원래 그래야 하는 것처럼 느껴져요."

화장 또는 매장, 자연 매장 또는 장례식장, 버섯 수의 또는 레몬 나무. 여기서 할 일은 당신과 당신이 사랑하는 사람에게 무엇이 중요한지 검토하는 일이다. 우리는 자신이 무엇을 원하는지 발견하는 자아 성찰 과정에 착수할 수 있도록 다양한 정보와 선택지에 접근해야 한다. 선거 날 투표용지의 절반만 받는 일은 결코 없어야 한다.

*

카산드라 욘더Cassandra Yonder는 노바스코샤주 케이프브렌턴Cape Breton섬에 있는 자립 농가에 산다. 건초 더미를 던지거나 염소의 젖을 짜거나 자녀들과 함께 닭을 잡는 그녀를 언제든 볼 수 있는 곳이다. 수의사의 딸인 그녀에게 그곳은 자연스럽고 편안한 세계다. 그녀는 동물이 출산할 때 곁을 지키고, 또 편안히 죽을 수 있도록 돕는다. 슬픈 일을 겪을 때면 늘 편안한 마음으로 살았다. 그녀는 외할머니가 돌아가셨기 때문에 그 당시 어머니가 자신을 임신했다고 생각한다. "내가 있던 자궁이 슬픔의 공간이었다고 생각해요. 외할머니에 대한 엄마의 슬픔은 건전했고 그것이 내 일부였죠." 죽음에 관한 카산드라의 관심은 점차 커져서 더 나이가 들었을 때 사회학, 노인학, 건축학 학위를 딴 뒤 슬픔과 사별을 연구했다.

아마 그랬기 때문에 사랑했던 이웃 제러미의 죽음 이후 장례를 치르면서 그녀가 겪었던 일이 올바르게 느껴진 듯하다. 제러미는 농부이자 시인이었고 지역사회의 운동가였다. 그의 아내 수는 그가 어떤 종류의 장례식을 원했을지 질문받았을 때 망설이지 않았다. 제러미는 자신의 소유지인 집에 묻히길 원했을 것이다. 가족이나 친구들이 할 수 있는 의식을 돈을 주고 사는 것은 원치 않았을 것이다.

그래서 카산드라는 총력을 기울여 "집에서 치르는 장례식"을 연구하기 시작했다. 제러미의 식탁에서 검시관, 지방자치단체, 현지 장례식 제공 기관, 검시 의사와 통화했다. 무엇이 가능했을까? 그들은 이 일을 어떻게 해낼 수 있었을까? 카산드라는 친구들이 무엇을 도와줄 수 있는지 물었을 때 임무를 배정했다. 몇 사람은 제러미를 위해 그의 목공소에서 관을 만들었다. 또 몇 사람은 검시 의사의 집으로 가서 부검 후에 제러미의 시신을 되찾아 집으로 가져왔다. 오래된 농장 트럭은 영구차가 됐다. 그들은 제러미의 농가에서 경야*를 하고 다음 날 교회에서 의식을 치렀다. 그리고 나서 트랙터가 눈을 뚫고 제러미 소유지의 뒤쪽으로 문상객들을 안내했다. 도착한 곳은

---

* 죽은 사람을 장사 지내기 전에 가까운 친척이나 친구들이 관 옆에서 밤을 새워 지키는 일

수가 제러미의 묘지로 선택한 장소였고, 제러미의 말 위스키의 묘 근처였다. 모든 사람이 차례로 흙을 파서 그의 무덤을 덮었고, 진짜 위스키를 돌렸다.

그 경험은 아름답고 중요했다고 카산드라는 말했다. 제러미의 주방에서 전화했던 순간부터 흙을 파서 무덤을 덮기까지 모두 슬퍼하는 과정의 불가결한 부분이었다. 그것은 공동체를 만들었고 무엇보다도 자율권을 주었다. 결국, 그 경험은 카산드라가 캐나다에서 공동체 장례를 위한 가상 학교를 시작하도록 이끌었다. 카산드라에게 공동체 장례(또는 불필요한 의료적, 산업적 개입 없이 다 같이 모여 고인을 돌보는 것)는 죽음, 고인, 유족을 돌볼 권리를 되찾는 일이었다.

"이 운동과 슬로푸드 운동* 사이에 정말 강력한 유사점을 알아요." 카산드라는 말했다. "내가 겪은 일과 슬로푸드 운동이 존재하는 공통된 이유는 사람들이 상점에서 셀로판으로 포장된 고깃점들을 보며 불안함을 느끼기 때문이에요. 그들의 자녀들은 달걀이 어디에서 생산되는지 혹은 돼지고기가 돼지에서 나온다는 사실을 알 수 없어요. 정확히 무엇이 자신을 괴롭히는지 모르지만, 아무튼 음식이 좋은 경로로 여기에 오지 않았다는 걸 알아요. 사람들은 식료품점에 서서 이 소외감을 의식하게 됩니다. 그리고 그것에 대한 인간의 반응은 그 연결점

---

* 패스트푸드에 반대해 일어난 운동으로 미각의 즐거움, 전통 음식 보존 등의 가치를 내걸고 식생활을 개선하자는 운동

을 다시 찾는 겁니다. 사람들은 최소한 음식이 어떻게 준비되었는지에 관한 정보에 접근할 수 있기를 원합니다. 그리고 그 권리를 되찾기 위한 최후의 행동은 자신의 집 뒤뜰에서 음식을 직접 생산하는 거예요."

카산드라는 죽음, 장례, 슬픔에 관해 유사한 현상이 나타난다고 생각한다. 의료 시스템과 장례 산업을 향한 분노가 존재한다. "소외감 같은 부분을 건드리는 거예요." 그녀는 말했다. "그들은 장의사나 완화 치료팀이 하는 일을 보고 생각해요. '내가 더 깊이 관여해야겠어. 하지만 어떻게 하는지는 모르겠군.'" 그래서 카산드라는 죽음과 매장 과정에 적극적으로 개입하는 것을 지지한다. "우리는 죽음을 다루는 정해진 방법이 있다는 근거 없는 믿음을 부숴야 하고 다시 연결될 기회를 만들어야 해요."

미국과 캐나다에서는 가족들이 의료 기관의 개입 없이 죽음을 처리할 수 있도록 지침을 제공하는 경우가 늘고 있다. 많은 의사가 자신을 '죽음 산파'나 '죽음 조언자'라고 칭한다. 가벼운 시도로서 카산드라의 온라인 학교는 "시신 처리", "장례식 진행" 같은 교과목들을 제공하지만, 그녀는 다른 사람들을 교육할 때조차 슬픔에 빠진 가족들이 그 과정을 실제로 겪을 수 있도록 의식을 직접 주관하지 않는다.

"올여름 제게 전화한 한 여성은 마치 내가 예전에 했던 일을 하는 것 같았어요." 카산드라는 말했다. 여성의 아버지가 돌아가셨고 여성은 시신을 씻고 집에서 장례식을 치르는 동안 카산드라를 고용해 도움을 받으려 했다.

"전 절대 거절하지 않았어요." 카산드라는 말했다. "하지만 이렇게 말했어요. '혼자 하실 수 있어요.' 저는 그 여성이 간호사였고 저보다 더 능숙하다는 걸 알게 되었어요. 5일 동안 우리는 매일 대화를 나눴고, 결국 저는 장례식에 초대되지 않았으며, 그것은 가장 큰 영예였어요." 그 딸은 아버지의 장례식을 그의 곳간에서 열고 시신을 그의 땅에 묻었다. "그녀는 내게 바랐던 것을 스스로 얻었어요." 카산드라는 또 이렇게 말했다. "그녀는 내 이야기가 곧 자신의 이야기가 될 수 있다는 점을 깨달았죠."

"나 임신했어." 우리가 그때 서로에게 무슨 말을 했는지 적을 수가 없구나. 내가 자리를 뜨기 전, 그녀가 말했단다. "제발 미친 듯이 기뻐해 줘." 나는 그녀에게 기쁘다고, 당연히 기쁘다고 말하고 키스해 주었지. 그녀의 배에도 입을 맞췄어. 그것이 마지막으로 본 그녀의 모습이었단다. 그날 밤 9시 30분, 공습경보가 울렸어. 모두 방공호로 갔지만, 아무도 서두르지 않았단다. 경보를 한두 번 들어 본 것도 아니고, 이번에도 또 잘못된 경보겠거니 했거든. 뭐 하러 드레스덴에 폭격을 퍼붓겠니?

—조너선 사프란 포어, 『엄청나게 시끄럽고 믿을 수 없게 가까운』

15
절대 언급하지 말아야 할 죽음이 있나요?

누군가 충분히 오래 살았다면 그 죽음을 기리기 어렵지 않다. 하지만 누군가의 여정이 이제 막 시작됐다면, 그 생의 마지막을 어떻게 기려야 할까? 병색이 짙은 80세 노인과 죽음을 이야기하는 게 껄끄러운 정도라면, 불치병에 걸린 여덟 살 아이의 죽음을 이야기하는 것은 거의 금지된 영역으로 느껴진다. 할 수 있는 말이 없다. 이 상황은 뮤지컬 「해밀턴Hamilton」의 가사에 정확히 담겨 있다. "당신은 아이를 최대한 단단히 붙잡는다. 그리고 믿기 어려운 사실은 저 멀리 밀어 버린다." 유년기 아이의 죽음은 우리가 마주하기 어렵고 마주하기 싫은 마지막 경계선에 놓여 있다. 너무 고통스럽기 때문에 깊이 감추고자 하는 강한 본능이 있다. 하지만 상황을 똑바로 바라볼 때 무엇이 치유될지 생각해 봐야 한다. 죽음학 선구자 스티븐 러바인Stephen Levine이 이를 가장 잘 표현했다. "누군가의 고통에 두려움이 닿으면 동정심이 되고, 누군가의 고통에 사랑이 닿으면 공감이 된다."[35]

리넷 존슨Lynette Johnson은 매우 아프거나 죽어 가는 아이들의 사진을 찍는다. 그녀와 팀원들은 애정 어린 손길로 각 가족의 사진들을 담은 소책자를 만든다. 이것은 평범한 기념품이 아니다. 훌륭한 솜씨와 아름다움을 담은 물건이다. 그것은 선물이자, 기념물이며, 중요하고 감동적인 기록이다. 수년 동안 다른 사진작가들은 그녀에게 거듭 말하곤 했다. "어떻게 그런 일을 하는지 모르겠어요. 저라면 못할 거예요." 그녀는 대답했다. "무슨 말씀이세요? 당신도 좋은 일을 할 수 있어요. 그 일이 당신에게 주어진다면 당연히 하실 겁니다." 그녀는 이 일에 전념하는 비영리단체 솔루미네이션Soulumination의 단 한 명의 사진작가이자 설립자로 단출하게 시작했다. 아픈 아이들의 사진을 찍는 것과 더불어 불치병에 걸린 어른과 그 자녀의 사진을 찍는다. 예순 명의 사진작가들이 이제 시애틀에 있는 솔루미네이션과만 일한다. 리넷은 이 자원봉사자들에게 바라보지만 말고 상상도 할 수 없는 것을 기록으로 남기자고 격려한다.

리넷이 이 특별하고도 자신에게 꼭 맞는 일을 스스로 찾아낸 것은 아니다. 그 일은 그녀에게 주어졌고 그녀는 받아들인 셈이다. 20년도 더 전에 그녀의 시누이는 만삭 때 배 속에 있던 아기를 잃었다. 매우 놀랍게도 병원에서는 아직 배가 부른 그녀를 퇴원시켰고, 다음날로 분만 일정을 잡았다. 시누이는 여하튼 침착하게 리넷에게 부탁하기를 화장할 때 입힐 아기 옷을 가져와서 자신이 아기를 분만하면 곁에서 아기의 사진을 찍어 달라고 했다.

리넷은 시누이의 분만 직후 병실에 들어가서 자신이 아기 때 입었던 아름다운 드레스와 보닛을 줬다. 분만실 간호사는 냉담했다(그렇게밖에 표현할 수 없었다). 그녀는 죽은 아기를 씻겨서 옷을 입혀야 하는 것에 반대했고, 아기의 피부가 연약해서 그렇게 하기가 얼마나 힘든지 잔소리를 늘어놓았다. 그녀의 표현은 사실적이었고 태도는 분명했다. 당신들은 지금 일을 너무 크게 벌이고 있다고 온몸으로 말하고 있었다. 그때 아기 아빠는 방에 없었고 리넷은 얼어 있었다. 하지만 막 출산한 아기 엄마가 목소리를 높였다. "입 닥쳐!" 그녀는 소리를 질렀다. "내 아기라고!" 리넷은 사진을 몇 장 찍었지만, 놀란 가슴이 진정되지 않아 더 찍을 수 없었다.

5년이 흘러 리넷은 결혼식 사진작가로 고용되었고, 미리 얼굴을 익혀 두기 위해 예비부부를 만났다. 신부는 시애틀 아동병원에서 아픈 아이들을 돌보는 일을 했다. 결혼식 기획 회의 도중 리넷은 제안했다. "신부님이 병원에서 돌보는 가족들을 위해 그 아이들의 사진을 찍을 수 있어요." 그 말이 입 밖으로 나온 후에야 그게 얼마나 큰일인지 깨달았다. 그녀의 즉흥적인 의견은 받아들여졌고 신부는 멋진 아이디어라고 생각했다. 리넷은 시누이를 위한 사진을 찍을 수 있다면 누구를 위해서든 사진을 찍을 수 있다는 사실을 깨달으며 한숨을 쉬었다.

이 사진들이 가족들에게 어떤 선물인지 정확히 헤아리기는 어렵다. 하지만 리넷은 특히 아기들을 찍을 때는 성지를 걷는 기분이라고 말한다(리넷은 독실한 편은 아님에도). 아기를 살아 있게 하는 관을 제거하기로 결정되면 사람들은 종종 그녀를 찾는다. 접착테이프, 관, 줄, 의료 개입의 흔적이 제거될 때 부모들은 방해물이 없는 자식의 얼굴을 처음으로 마주한다. 리넷은 아기들이 스스로 쉬는 첫 숨부터 마지막 숨까지 모든 모습을 포착하기 위해 곁을 지킨다.

누군가는 '왜 인생에서 가장 최악의 순간을 떠올리게 하는 사진을 남기기를 원할까?'라고 생각할지 모른다. 그렇지만 리넷이 제공하는 서비스는 소중하다. 얼마나 도움이 되었는지는 리넷이 받는 감사 편지를 보면 알 수 있다. 한 부모는 이렇게 썼다. "머서와 함께 찍은 가족사진이 우리에게 어떤 의미인지 정확하게 표현하기가 어렵군요. 우리는 절대 잊지 않은 채 앞으로 나아갈 수 있습니다." 또 다른 부모는 이렇게 썼다. "오늘은 제 딸이 암과 싸우다 죽은 지 3년이 되는 날입니다. 모든 것에 감사하지만, 특히 우리 가족이 영원히 간직할 놀라운 유품을 만들어 주셔서 진심으로 고맙습니다." 또 이런 글도 있다. "이 사진들은 아름답고, 강하고, 갓 태어난, 불완전하게 완전한 제 딸아이를 완벽하게 보여 줍니다. (…) 작년은 우리 가족에게 너무 힘겨웠던 해지만, 선생님이 그곳에서 우리 가족의 사랑과 힘을 사진에 담았습니다." 수많은 부모가 자원봉사 활동을 하거나 단체에 기부금을 내려고 리넷을 다시 찾아오는 모습에서도 알 수 있다. 그리고 그들이 그녀에게 들려주는 이야기로도 짐작할 수 있다. 한 부모는 리넷이 찍은 사진들이 들어 있는 상자 없이는 절대 잠자리에 들지 않는다고 말했다. 그녀는 그 상자를 항상 침대 밑, 손 닿는 곳에 둔다. 한밤중에 불이 난다 해도 그녀는 사진들을 반드시 챙길 것이다.

아이를 잃은 애통함은 너무 강해서 외면하고 싶은 욕구가 샘 솟을 정도다. 하지만 외면하는 대신 그것을 마주할 때, 고통을 없애 주지는 못할지라도 증인은 될 수 있다. 그리고 그것은 충분히 의미 있는 일이다.

많은 사람이 슬픔에 잠긴 부모에게 아이를 잃은 이야기를 꺼내는 일은 피하고 싶은 일이라고 말한다. "그들에게 그 일을 떠올리게 하고 싶지 않아요." 하지만 부모들은 어찌 되었든 항상 그 일을 생각할 수밖에 없다. 그리고 우리가 외면할 때 그들은 슬픔 속에 홀로 남는다.

*

기억할지 모르겠지만 아름다운 주조 유리, 석조 기념물, 묘비를 만드는 그렉 룬드그렌은 의뢰인들이 주로 자식을 잃은 부모임을 안다. "크게 절망에 빠진 사람들을 만나게 돼요." 그는 말했다. "자살을 생각하는 어머니도 있었습니다. 그녀는 내게 '제가 혹시 이 일을 마무리 짓지 못하면 제 여동생에게 말씀하세요.'라고 말했죠. 하지만 전 인간이 얼마나 강할 수 있는지도 봤습니다. 남편을 먼저 보내고 나서 사랑에 빠져 다시 재혼

하는 사람들을 목격했어요. 자살 충동을 느끼던 사람들이 웃는 모습도 봤죠. 인간의 정신력이 얼마나 강한지 그리고 사람들이 어떻게 회복하는지를 보여 주는 증거예요." 그렉에게는 오랜 기간에 걸쳐 이 가족들을 만난 것이 도움이 되었다. "그들이 슬퍼하는 모습을 곁에 붙어 관찰하는 게 아니라, 이따금 확인하게 되거나 잠깐씩 보게 되죠. 슬픔을 극복하는 사람을 많이 봤어요. 전부, 그리고 완전히 볼 순 없지만, 그들의 회복력에 주목하게 됩니다. 그리고 덕분에 저도 더 강해지죠."

나는 다이앤 그레이Dianne Gray 덕분에 그렉이 무엇을 말하는지 정확히 안다.

다이앤은 현재 엘리자베스 퀴블러 로스 재단Elisabeth Kübler-Ross Foundaton의 이사장이다. 하지만 그녀는 이 여정을 시작하기 전에 다른 길을 가고 있었다. 다이앤의 아들 오스틴은 네 살 때 신경퇴행성뇌철분축적장애NBIA라 불리는 이름도 생소한 신경 퇴행성 질환 진단을 받았다. 다이앤은 오스틴이 곧 실명하게 되고 걷지 못할 것이며 2년 안에 죽을지도 모른다는 이야기를 들었다. 병은 빠르게 진행되어, 화요일에 불안정하게 걸었다면 금요일엔 휠체어 신세를 지는 식이었다. 몇 달이 지나지 않아 한쪽 팔을 움직이기 어려워졌다. 그다음엔 포크를 입으로 가져갈 수 없었다.

다이앤은 매주 한 번씩 대형 서점, 반스앤노블Barnes & Noble로 오스틴과 "데이트하러" 갔다. 그러던 어느 날, 선반에 있던 책 하나가 그녀 앞으로 떨어졌다. 엘리자베스 퀴블러 로스가 쓴 책 『어린이와 죽음On Children and Death』이었다. 다이앤은 대학에서 엘리자베스에 대해 배웠던 것을 기억했다. 지금 그 주제는 그때 예상했던 것보다 훨씬 더 자신과 밀접해졌다. 그 책은 다이앤이 어떻게든지 직감을 따르도록 용기를 북돋웠다는 점에서 그녀의 인생을 바꾼 셈이다. "엘리자베스는 저를 오스틴의 곁에 있도록 했고, 살게 했어요. 본능적으로 원하는 일을 하도록 했고요. 가구를 뒤로 밀고 음악을 틀고는 아이를 안은 채 춤을 췄죠."

다른 모든 사람이 그녀에게 갈 수 있는 모든 병원에 가 보고, 싸우고, 또 싸우라고 말했다고 그녀는 말했다. 하지만 다이앤은 뭔가가 더 필요하다는 것을 알았다. "엘리자베스는 삶이 병의 치료에만 과도하게 쏠리는 것에 좀 더 저항하는 계기가 됐어요."

오스틴과 함께한 다이앤의 시간들은 무작정 시도해 본 모험들로 채워지게 됐다. 오스틴이 일곱 살쯤 되었을 때, 다이앤은 오스틴과 아직 유아에 불과했던 오스틴의 여동생을 데리고 도보 여행을 떠났다. 도보 여행자들이 다이앤을 제정신이 아니라는 듯 바라볼 때에도 그녀는 딸을 오스틴의 휠체어 아랫부분에 앉히고 울퉁불퉁한 길을 따라 휠체어를 밀었다. 그 지역에서 인기가 많은 폭포의 꼭대기까지 올라갔고, 십 대들이 폭포를 워터슬라이드처럼 신나게 미끄러져 내려가는 모습을 지켜봤다. 다이앤은 아이였을 때 자신도 그랬던 기억이 났고 오스틴에게는 다시는 그런 기회가 없을 거라는 생각이 들었기 때문이다. "우리에겐 그때가 유일한 기회였어요." 다이앤은 말했다. "그래서 그 상황에 적응했어요." 그녀는 딸에게 폭포의 한쪽에 그대로 있으라고 말하고는 한 친구에게 지켜보도록 했다. 그러고 나서 오스틴을 휠체어에서 들어 안고 폭포의 꼭대기를 옆으로 가로질렀다. 도중에 "오오, 차가워! 폭포를 지나가고 있어!"라고 말하며 오스틴의 발가락을 살짝 적셨다. 그러고서 그를 안전하게 내려 주고 딸에게도 똑같이 해 주었다. "이런 게 육아예요." 다이앤이 말했다. "부모는 아이들에게 이런 마법 같은 순간들을 선물하죠."

오스틴이 누워 지낸 지 3년이 되었을 때, 다이앤은 문득 그가 수영할 때 느꼈던 무중력 상태를 다시 느끼게 해 주고 싶었다. 어느 더운 날, 다이앤은 근무 중인 간호사에게 오스틴이 밖으로 나가 수영장에 들어갈 수 있게 추가로 산소 튜브를 확보해 (당시 오스틴은 편안하게 호흡할 수 있도록 산소를 공급받고 있었다) 임시로 사용하자고 제안했다. 간호사는 질겁했다. "간호사가 말했어요. '그러시면 안 돼요. 오스틴이 죽을 수도 있어요.'"

다이앤은 간호사의 말을 듣고 아무 말도 할 수 없었다. "하지만 엘리자베스가 내 귓가에 대고 이렇게 말하는 듯했어요. '무책임하지 않는 선에서 삶을 즐겨라.' 그래서 전 다시 곰곰이 생각했어요. 물이 산소 튜브 속으로 들어갈까? 튜브가 손상될까? 저는 곧 내 아들이 무사하리라는 사실을 깨달았습니다. 전 아들이 삶을 즐기길 바랐어요. 가능한 한 충만하게 살 수 있게 돕고 싶었어요. 그래서 교대 시간이 되어 다음 간호사가 왔을 때, 다시 말을 꺼냈어요. 제가 물었어요. '가능할까요?' 그러자 그녀가 대답했어요. '해 봅시다!'"

둘은 잠시 맥가이버로 변신했고, 그 후 다이앤이 오스틴을 데리고 수영장으로 이어진 계단을 내려갔다. 다이앤은 말했다. "오스틴은 말할 수 없는 상태였지만, '아아아'하고 소리를 냈어요. 물에 떴기 때문에, 또 자유로웠기 때문에요. 제가 아이에게 준 선물이었어요."

그 긴 시간 동안 (오스틴은 진단 이후 약 9년이라는 시간이 흐른 후 사망했다) 다이앤은 단 한 가지를 위해 기도했다. 그가 오래 사는 것까지 바란 것은 아니었다. 그가 언젠가 죽으리라는 것, 이 병과 함께 살 수 없음을 알았기 때문이다. 하지만 최소한 자연스럽게 죽기를 원했다. 그녀는 영양과 수분 공급을 중지하는 책임을 지고 싶지 않았던 것이다.

그러나 그 일은 일어나고야 말았다. 어느 날 간호사가 그의 몸을 뒤집다가 오스틴이 다치고 말았다. 그는 말은 할 수 없었지만, 소리를 지르며 울었다. 의료진도 고통의 원인을 알 수 없었다. 다이앤은 그 분야의 최고 전문가를 불러 물었다. "어떻게 하죠?" 하지만 아무도 답을 몰랐고 고통은 계속됐다.

그 당시 오스틴을 돌보던 호스피스에는 자체 윤리 위원회가 없어서 다이앤은 교회를 통해 윤리적 조언을 구했다. 그녀는 그 문제에 친구들이나 자신을 지지하는 사람이 관여하길 원하지 않았다. 차라리 질책을 받고 싶었다. 교회는 지역사회

구성원 일부, 직원, 다이앤의 지인 몇 명을 자문단으로 참여시켰다. 결국 그들의 최종 의견은 그녀가 어떤 결정을 내리든지 그녀를 지지한다는 것이었다. "이것은 내 일이고 내가 무슨 일을 하든 나는 그것과 함께 살아나가야 한다는 걸 깨달았어요."

다이앤은 영양 공급을 멈춘 것에 대해 이렇게 설명했다. "우리가 마침내 그렇게 했을 때 엄청난 죄책감과 수치스러움을 느꼈어요. 오스틴이 죽고 처음 교회에 갔을 때 통로를 걷고 있었는데, 어떤 사람이 말하는 게 들려왔어요. '결국엔…….' 몇 걸음 더 걸었을 때 다른 사람이 속삭이는 것을 들었어요. '자기 아들을 죽였대요.'"

"저는 성찬식에 참석했고, 무릎을 꿇었어요. 그리고 내 심정이 어떤지 아무도 이해하지 못한다는 사실을 알게 되었어요. 그것은 나와 신 사이에 풀어야 할 문제였고, 온전히 제가 책임져야 할 숙제였어요."

다이앤과 그녀의 딸은 그 이후 세계 여행차 잠시 마을을 떠났을 때 비로소 사람들 사이에, 식당 안에, 비행기 안에 있는 게 어떤 것인지 다시 느꼈던 것을 기억한다. 몇 년 동안 다이앤의 세계는 두 곳 중 하나였다. 자연 속이거나 오스틴이 지내던 폭 3미터, 길이 4미터짜리 방이었다.

슬픔 속에서 다이앤은 다시 엘리자베스의 말에 주목했다. 9.11 이후 엘리자베스는 「타임Time」지와 인터뷰했다. 리포터가 "9.11은 역사상 가장 비극적인 사건이 아닙니까?"라는 취지로 말했다. 엘리자베스는 말했다. "홀로코스트*에 관해 읽어 봤습니까? 제2차 세계대전에 관해 읽어 봤습니까? 이 사건은 분명 비극이지요. 경시하려는 건 아닙니다. 하지만 가장 비극적인 사건은 아닙니다." 그리고 다이앤에게 있어서도 대답은 같았다. "당신 밖으로 나와야 해요." 그녀는 말했다. "홀로코스트에 비하면 저는 한 아이를 잃은 한 사람에 불과합니다. 비록 그 아이가 제겐 전부였지만, 그저 한 아이일 뿐이죠."

다이앤이 여행에서 돌아왔을 때 식료품점 주차장에서 오래 알던 사람을 우연히 만났고, 그는 작가로 돌아갈 준비가 되었냐고 물었다. 그녀에게 호스피스 분야의 책을 주로 내는 출판사 일자리를 권했다. 다이앤은 그 일을 하게 됐다. 그러던 어느 날 엘리자베스 퀴블러 로스 재단에서 온 명함이 그녀의 책상 위에 놓여 있었다. 지금까지도 다이앤은 그것이 어떻게 거기에 있었는지 알지 못한다. 하지만 그녀는 글을 쓸 만한 소재가 있는지 확인하려고 전화를 걸었고 이상한 연속적인 사건들을 거쳐 『엘리자베스와 차를 마시다Tea with Elisabeth』라는 책 출간을 돕게 되었다. 그리고 이사회에 가입해 달라는 요청을 받으면서 재단 일에 적극적으로 참여하게 됐고 5년 후 회장으로서 엘리자베스의 목소리가 되어 달라는 요청을 받았다.

"엘리자베스는 제게 죽음이 삶의 일부인 것을 가르쳤지만, 죽음이 삶의 전부는 아닙니다. 오스틴의 사랑은 여전히 살아

* 제2차 세계대전 중 나치 독일이 저지른 유대인 대학살

있어요. 그 아이는 여전히 제 아들입니다. 저는 매일 그 사실을 분명하게 느낍니다. 어제 한 남자분과 대화를 나누다가 이렇게 말했어요. '전 아들이 있어요. 여기에는 없지만요. 비록 아들의 육체가 여기에 없지만, 저는 여전히 그 아이의 엄마입니다. 그의 존재는 아직 여기에 있고 그의 영혼은 아직 여기에 있어요.'"

한 아이의 죽음이라는 어둠 속에 희망이라는 빛은 보이지 않는다. 하지만 두 가지 배울 점은 있다. 첫째, 아이를 잃은 사람에게는 증언할 사람이 필요하다. 둘째, 그렉 룬드그렌이 목격한 내용으로 돌아가서, 인간은 많은 고통을 견딜 수 있다. 우리는 선천적으로 전사다.

"우리는 스스로 생각하는 것보다 훨씬 더 회복력이 있는 것 같아요." 다이앤이 말했다. "우리는 살아남을 수 있어요. 나는 고통 때문에 죽지 않았어요. 괴로워 죽지 않았어요. 뇌가 폐에 숨을 쉬라고 명령하면 당신은 숨을 쉽니다. 끔찍하지만, 어쨌든 살게 될 테니 사는 동안 뭘 해야 할까요?"

*

아이의 죽음과 마찬가지로 자살 또한 분명 이야기하기 몹시 어려운 죽음이자, 사실 오랫동안 말할 수 없는 죽음이다.

캐런 와이엇은 앞서 I장에 나왔던 호스피스 의사다. 오래 전 그녀의 아버지가 자살했을 때 친구들 가운데 누구도 어떤 말과 행동을 해야 할지 몰랐고, 캐런도 상실의 고통에 관해서 마음을 터놓지 않았다. "저는 아빠를 잘 모르는 사람들이 아빠를 멋대로 생각할까 봐 걱정했어요. 아빠가 비난받는 고통은 견딜 수 없었어요. 신앙심이 깊은 누군가가 '분명 지옥에 갈 거야.'라고 말할까 봐 걱정했어요. 그래서 사람들에게 다가가지 않았어요. 전 꽤 긴 시간 동안 대화를 나누거나 도움을 요청할 사람 한 명 없이 저만의 껍질 속에 숨어 있었어요. 몹시 고통스러운 시간이었죠."

캐런은 작가였고, 글을 쓰는 행위는 마음을 정리하고 치유하는 방법이었다. 그렇기는 해도 아빠의 자살을 솔직하게 쓰고 이 이야기를 음성으로 기록하는 데 무려 10년이 걸렸다. 그리고 또 다시 10년이 지나서야 그 기록을 엄마에게 공유할 수 있었다.

"엄마는 말했어요. 그 얘길 하고 싶지도 않고 듣고 싶지도 않다고." 캐런은 그때가 아빠가 죽은 지 20년이 지났을 때임을 짚어 냈다. 하지만 다음 날 캐런의 엄마가 말했다. "그거 들어 보고 싶구나. 하나 틀어 줄래?" 그래서 캐런은 아빠의 무덤을 방문하는 것에 관해 이야기하는 부분을 틀었다. "우리는 울면서 그날 종일, 그리고 밤을 새워 아빠의 죽음 이야기를 했어요." 20여 년 동안 캐런은 자신이 의사였고 자살 생각을 전문적으로 다뤘기 때문에 엄마와 오빠가 자신을 탓할 거라 여겼다. "엄마가 말했어요. '나는 너와 네 오빠가 나를 탓할 줄 알았어.' 그리고 오빠가 말했다. '나는 내가 아빠와 함께 일했고 아빠가 죽기 전에 마지막으로 아빠를 본 사람이라서, 너와 엄마가 나를 원망할 줄 알았어.'"

캐런은 자살에 대해 침묵하게 될 때 생기는 결과를 간단명료하고도 가슴 아픈 말로 요약했다. "그것이 자살의 치명적인 통과의례에요. 우리는 모두 죄책감에 시달렸어요. 자살에 동반되는 깊은 죄책감 때문에 일반적인 죽음과는 다른 종류의 슬픔을 겪게 됩니다."

자살을 이야기하지 않는 것, 그리고 애초에 자살로 이어질 수 있는 트라우마를 이야기하지 않는 것은 비극이다. 이는 군인에게서 가장 분명한 사례를 찾아볼 수 있다. 미국 재향군인회는 2016년 하루에 스무 명 꼴로 재향 군인이 자살했다고 발표했다. 연구는 PTSD(외상 후 스트레스 장애), 자살 시도, 자살에 대한 생각 사이의 확실한 상관관계를 보여 줬다. 그리고 PTSD를 극복하려면 먼저 트라우마에 대해 이야기해야 한다.

심리학자 조 루젝Joe Ruzek은 20년 동안 재향 군인과 일했고 PTSD를 이해하고 치유하는 데 명확하게 초점을 맞췄다. 그는 재향 군인에게서 PTSD 비율이 높은 이유를 설명했다(전혀 놀랍지 않은 이유다). 사망 위험에 노출되었고, 다른 사람이 다치는 걸 목격했으며, 살아남은 죄책감을 느끼고, 오랜 기간 스트레스를 받기 때문이다. 우리는 마치 군인들(그리고 교전 지역에서 취재하거나 머문 사람들)이 죽음을 가까이에서 목격했을지언정 집에 올 때는 깨끗이 문질러 씻은 것처럼 죽음 이야기는 거리를 두어야 한다고 생각한다. 하지만 그것은 잘못된 생각이다.

"죽음의 만찬을 생각하면 흥미로울 거예요." 조가 말했다.

"PTSD의 가장 강력한 치료법은 대부분 특정한 유형의 솔직하고 감정적인 대화를 포함합니다. 사람들이 교전 지역에서 겪은 일을 상세히 이야기하면서 당시에 겪었던 감정과 경험의 일부를 느끼고 경험하는, 대부분 트라우마에 초점을 맞춘 심리 치료입니다. 고통스러운 기억을 감정적으로 회피하고 이야기하지 않는 게 오히려 그 스트레스가 유지되고 만성적인 PTSD로 이어지는 원인 중 하나입니다. 이 치료를 받으면서 사람들은 무슨 일이 일어났는지 표현하고 이야기하게 돼요. 그렇게 함으로써 자신의 감정적 반응을 덜 두려워하게 되고, 회복할 수 있다는 자신감이 생기며, 기존의 부정적인 사고방식 위에 새로운 사고방식을 덧입힙니다."

살다 보면 분명 침묵이 필요한 때가 있다. 예를 들어 캐런은 당시에는 곧바로 아빠의 자살을 이야기할 준비가 되지 않았고, 그것은 충분히 이해받을 만하다(사람들은 자신만의 속도를 유지할 필요가 있다). 하지만 끔찍하고 말할 수 없는 죽음과 트라우마일수록 기꺼이 그에 대해 들어줄 수 있다는 의지를 드러낼 필요가 있다고도 생각한다. 작가이자 연설가 메건 더바인Megan Devine은 누군가 슬픔을 이야기할 때, 당신이 할 수 있는 아주 중요한 일은 "시시콜콜한 내용도 잘 들어 줄 수 있는 사람이 되는 것이다."라고 말한다.

"남은 사람들이 가장 고통스러운 법이지. 시간만이 남은 자들을 위로해 주겠지. 스토아학파에서는 죽음이 나쁜 게 아니며 사랑하는 사람이 영원히 없어졌을 때의 절망감을 이길 수 있을 만큼 인간의 정신이 강해야 한다고 주장했지만, 이 주장을 강요할 수는 없어."

— 메리 셸리, 『프랑켄슈타인』

16

당신의 수명을 늘릴 수 있다면
얼마나 늘리고 싶은가요?
20년? 50년? 100년? 영원히?

다른 질문들과 마찬가지로, 얼마나 오래 수명을 늘릴지에 대한 정답은 없지만, 이 질문은 약간 심각한 논쟁이나 논의를 불러일으킨다. 다음은 내가 들었던 좋은 대답들이다.

"20년 늘리겠습니다. 50년을 넘어가면 몸에서 어딘가 부식되어 못쓰게 될 것 같아요. 추가된 20년은 버킷 리스트 중 일부를 이루는 데 도움이 될 것 같아요."

"개인적으로 행복이나 기쁨이 삶의 유한성이나 무한성에서 생겨난다고 생각하지 않아요(그렇게 생각하는 사람들이 부끄러울 필요도 없지만요). 저는 몇 세기 동안 좀 더 깊이 있게 살아 보고 싶기는 해요. 그런 다음에 언젠가 완전하다는 생각이 들 때, 삶을 마감하고 싶어요."

"잘 살았다고 말하려면 나중에 태어날 손주들과 의미 있는 관계를 오래 맺어야 할 것 같아요. 그러려면 20년 정도가 적당할 것 같아요."

"전 이미 100년 이상 살 것 같은데, 정말 그러고 싶지 않아요. 다른 사람들보다 더 오래 살면 외로울 것 같아요."

"가장 간단하게 답하자면, 산다는 말이 존재할 때까지 오래 살고 싶어요."

"손자를 안고, 자녀의 이름을 기억하고, 운전하고, 밥을 떠먹고, 도움 없이 걸을 수 있는 날까지 살고 싶고, 내 마지막 좋은 친구를 잃은 다음 날까지 살고 싶어요. 홀로 남으면 얼마나 외로운지 알아요. 그게 50년이라면 마침맞게 좋을 것 같아요. 그리고…… 다른 측면으로는, 기후 변화를 통제할 수 없는 세상에 살고 싶은지 확신이 들지 않네요. 세상이 우리를 품어 주고 자연의 아름다움을 누릴 수 있었던 날들을 몹시 그리워할 것 같아요."

그리고 윤준Joon Yun의 이 대답이 특히 좋았다. 그는 영원히 살고 싶은 생각도 없고, 욕구도 없지만, 삶이 연장되길 바라고 노화가 "치유"될 수 있는지 궁금해 한다. 오랫동안 그의 관심은 주로 학구적인 측면이었다. 준은 궁금했다. '노화, 나이 드는 과정이 개선될 수 있을까?' 그 질문에 대한 과학계의 대답은 언제나 확고한 "아니오"였다. 하지만 준은 어느 쪽도 실제로 입증할 수 없음을 깨달았다. "노화가 선택 가능한 특성인지 아닌지, 풀 수 있는 암호인지 아닌지, 입증할 수 없습니다." 그는 말했다. 하지만 "선택 가능"하면 식별할 수 있고 이론상 조절할 수 있다고 말한다. "그래서 저는 그냥 노화가 선택 가능하다고 추정하겠습니다. 긍정적인 측면이 매우 크기 때문입니다." 그는 생각했다. 그는 헤지펀드 매니저로 전향했다가 노화를 물리치기 위한 (적어도 표면적으로는) 대회인 팰로앨토 장수상Palo Alto Longevity Prize 설립자로 전향한 의사다.

그때 마침 준의 장인이 죽었고, 노화에 대한 그의 관심이 생물학적 관점에서 마음의 영역으로 옮겨 갔다. 준은 장인어른과 매우 친밀했기 때문에 이렇게 말했다. "그가 내 가슴에 남긴 구멍이 예상한 것보다 훨씬 컸습니다." 그의 장인은 노화로 인한 심장 문제로 죽었다.

준은 장인이 죽으면서 겪은 친분의 상실을 되돌아보면서 상실의 진화생물학에 대해 생각했다. 그는 우리가 진화하듯 상실에 대한 경험이 진화하는 것은 아니라고 주장한다. 우리는 원시 시대부터 소규모의 친밀한 부족에 속해 살도록 설정되어 있다. 하지만 삶과 관계가 달라졌다. 우리는 더 폭넓은 사람들과 더 깊은 관계를 맺는다. 그 관계들을 살아 있는 독립체로 본다면 한 사람의 죽음 또한 그러한 모든 관계와 관계망의 죽음이다.

"장인의 죽음은 제게 '이건 정말 고통스러워.'라고 말할 수 있는 변화의 기폭제였어요." 준이 말했다. "그리고 이런 경험은 전 세계 모든 사람이 겪어요. 우리 자신의 삶뿐만 아니라 관계로 연결된 타인의 삶에서 겪은 일들을 공유함으로써 좀 더 다양한 경험을 함께 나누려면 무엇을 해야 할까요?"

준의 목표는 "항상성 용량"이라고 불리는 것을 개선하는 것이다. 이러한 유형의 생물학적 회복력에 관해 생각하며 그가 제안한 한 가지 방법은, 인기 있는 오뚝이 장난감을 마음속에 그려 보는 것이다. 어릴 때 우리의 몸은 다시 중심을 잡는 데 능숙했다. 그는 노화가 오면 우리 몸의 모든 기능에서 항상성 용량이 점진적으로 상실된다고 봤다. 이 상실을 예방하거나 한발 더 나아가 방향을 역전시킨다면 어떻게 될까? 한번 상상해 보자. 나이가 쉰 살인 사람이 뛸 때마다 무릎이 삐걱거리는 대신 전혀 뻣뻣해지지 않고 몸이 빨리 회복한다면. 매일 코티존 주사를 맞기 때문이 아니라 몸이 스스로 "정상" 상태로 돌아오기 때문이다(스스로 다시 중심을 잡는 오뚝이처럼). "우리가 이야기하는 것은 의료 시스템을 처음에 시작했던 몸으로 돌려놓는 겁니다." 준은 말했다.

"또 그렇게 되면 의료 사업은 아주 축소되겠지만, 더 많은 가치를 전하면서 사람들 또한 훨씬 더 오래 건강하게 살 수 있어요. 우리가 이야기하는 것은 현재의 시스템에서 근본적으로 벗어나는 거예요." 그는 강조했다.

준의 세계관에서 언젠가 사람이 죽는다는 사실은 변함없지만, 사람은 자연사하기 전에 죽음의 원인이 되곤 했던 질병으로 죽을 것이고, 그것을 그는 "삶의 투석기와 화살"이라 칭한다('전염병과 트라우마'와 비슷하다). 그는 죽음에 맞서 싸우기 위해 탐구하려는 게 아니라 죽음이라는 어두운 그림자가 드리워지지 않은 상태에서 함께 더 많은 시간을 보낼 수 있도록 좋고 건강하고 실용적인 삶의 가능성을 연장하려는 것이다. 따라서 영원히 살기 위한 가장 큰 현대적 노력은, 영원히 살려는 노력이 아니라 삶 그 자체에 대한 노력이다.

"킴벌리의 아버지를 잃기 전 여름에 코네티컷주 해안에 모닥불을 피워 놓고 온 가족이 둘러앉아 있었어요. 저는 그 여름을 선명하게 기억해요. 아이들은 어렸고 부모님들은 모두 살아 계셨어요. 그리고 그 일이 일어났습니다. 제 삶에서 귀중한 시기였어요. 사십 대였거든요. 사십 대는 중년의 위기를 겪는 시기라고들 합니다. 하지만 그 대신 제가 가장 사랑하는 사람들(자녀)이 단란한 가정의 품에 있고, 나를 가장 사랑하는 사람들과 내 아내를 가장 사랑하는 사람들(부모님)이 여전히 우리 곁에 있다는 사실을 의식하고 있었습니다. 그것이 중년의 가장 좋은 점이기도 해요. 이보다 더 좋을 순 없다고 생각했습니다." 그는 말했다.

준의 초점은 '어떻게 이것을 할 수 있을까?'라는 의문에 치우쳐 있지만, '해야 하는가?'라는 의문에는 끝없는 논쟁이 있다.

"의식적으로든 아니든, 우리는 깨닫습니다. 끝이 없는 삶은 말 그대로 이런저런 일들이 끝도 없이 이어지는 생기 없고 단조로운 확장이 될 거라는 점을요. 영원함은 존재에서 활력을 빨아들입니다. 우리는 만성적 우울의 특징인 지루함과 무의미함을 느끼게 될 거예요. 그래서 저는 절대 불멸을 원하지 않습니다." 일흔한 살의 레슬리 헤이즐턴Lesley Hazleton은 TED 무대에서 우아하지만 때로는 거친 매력으로 청중의 마음을 완전히 사로잡았다. 그녀의 이야기는 '노화를 멈추기 위한 움직임'의 열렬한 지지자와 칵테일을 마시며 나눈 대화에서부터 시작했다.

칵테일 파티에서 만난 그 친구는 분명 누구와 언쟁하고 있는지 몰랐을 것이다. 레슬리는 50년 동안 불멸, 내세, 믿음, 종교를 포함해 우리가 마주하는 큰 의문들에 관해 탐구했다. 그녀는 외과 의사의 칼과 같은 명철한 두뇌, 그레이엄 그린Graham Greene이나 버지니아 울프Virginia Woolf를 떠올리게 하는 시적인 말솜씨를 타고났다. "그는 제 나이의 절반쯤 된 것처럼 보였습니다." 레슬리는 대화 상대를 이렇게 묘사했다. "그리고 제 나이만큼 죽음이 분명 그보다 내게 더 임박한 현실이었기 때문에, 그는 내가 죽음을 몹시 두려워하리라고 추정하는 실수를 범했습니다. 그는 내가 그렇지 않다는 사실에 꽤 충격을 받은 것 같았어요. 사실 그는 내 평정심을 어떤 체념 상태로 오판한 것 같았습니다."

그녀는 이 질문으로 자기 자신과 그녀의 새로운 젊은 친구를 놀라게 했다고 말했다. "죽는 게 잘못된 일인가요?"

단순해서 충격적이고, 명확해서 지루한 질문이었다. 이 질문이 우리에게서 박탈하는 것은 우리가 너무 자주 당연시하는 기본적인 가정이다. '밤은 어둡고 죽음은 나쁘다.' 그러나 어쩌면(정말로 어쩌면) 죽음은 선물일 수 있고, 그게 아니라면 적어도 인간의 특질을 규정하는 것이다. 레슬리는 이 생각을 열성적으로 피력한다. "우리에게는 끝이 필요합니다. 모든 것의 가장 근본적인 끝은 우리의 내면에 구축되기 때문입니다. 내가 언젠가 죽는다는 사실은 의미를 부정하는 게 아니에요. 오히려 의미를 창조합니다. 중요한 것은 '얼마나 오래 사느냐'가 아니라 '어떻게 사느냐'니까요. 저는 잘 살려고 해요. 우리는 무한성 안에 놓인 유한한 존재입니다."

비평가들의 극찬을 받은 인기 작가이자 천체물리학자 닐 디그래스 타이슨Neil deGrasse Tyson은 TV 진행자 래리 킹Larry King과 유명한 인터뷰를 나눴다. 그는 시간이 유한하다는 사실에 추진력을 얻는다고 말한다. "내가 죽는다는 사실은 늘 나를 깨우고 집중력을 유지하게 합니다. 업적을 이루라고 재촉하고, 나중이 아니라 지금 사랑을 표현하게 합니다. 우리가 영원히 산다면 왜 아침에 침대 밖으로 나와야 하겠습니까? 항상 내일이 있는데요. 그것은 제가 이끌어 가고 싶은 삶이 아닙니다."

제이슨 실바Jason Silva는 10년 동안 수명 연장에 관한 실황방송을 했고 내가 알기로 과학의 약진을 열렬히 지지한다. 그는 TV쇼 〈브레인 게임Brain Games〉을 진행하고, 오래된 철학적 문제를 열정적으로 탐구하는 유튜브 시리즈 〈경외할 만한 주사Shots of Awe〉로 유명하다. 그와 이야기할 때는 에너지 가득한 허리케인을 지켜보는 느낌이 든다.

그는 수명을 연장하는 것이라면 무엇이든 거리낌이 없다. "우리가 급진적인 수명 연장 기술을 개발했다면, 단순한 수명이 아니라 생명 공학, 의료 개입, 분자 규모 복구, 탈출 속도를 이용해 건강 수명을 늘릴 수 있다면, 즉 우리가 쇠퇴하는 속도보다 복구되는 속도가 빠르다면, 안전이 충분히 입증된 어떤 접근 방법이든 거리낌 없이 신청할 것입니다. 사실은 죽음을 초월하는 법을 알아내는 것이 인류의 도덕적 의무라고 생각합니다." 그는 말했다.

나는 왜 그가 죽음을 초월하는 것을 도덕적 의무로 봤는지 더 알고 싶었다. "불멸을 꿈꾸지만 죽음을 피할 수 없는 운명은 우리 어깨에 지워진 견딜 수 없는 무게지요." 그는 설명했다. "우리는 신과 닮은 존재이자 동시에 벌레이며, 무한성을 고려할 수 있는 자기지시적 의식을 타고났습니다. 죽음은 인류에게 부담이 되고 더는 받아들일 수 없습니다. 저는 깊게 사랑해요. 가족, 친구, 음악, 예술, 지식, 감각, 시 모두를 사랑하지요. 호기심과 경외심 둘 다 사랑합니다. 그 모든 것을 빼앗아 가는 것을 참을 수 없고 받아들일 수 없어요. 불안은 사고력과 함께 증대되고 죽음을 떨어뜨려 놓고 설명하는 것은 점점 어려워지고 있다고 생각합니다."

여기에서 제이슨과 나는 다른 관점을 지닌다. 나는 수명 연장이 가능해질 경우 자원들이 이미 떨어져 가는 이 지구라는 행성에 어떤 악영향을 끼칠지 우려한다. 빈부 격차가 더 크게 벌어질 것을 우려한다. 우리는 그것이 더 큰 차원에 미칠 영향을 살펴보지 않고서는 퍼즐의 한 조각도 볼 수 없다. 나는 우리가 죽음을 피할 수 없음을 기정사실로 마주하지 않으면, 삶에서 소중한 그 무엇을 잃게 될지 우려한다. 나는 그에게 물었다.

"삶의 일시성을 받아들이는 것에 가치가 있다고 생각하지 않나요?" 그는 말했다. "죽음을 묵인하거나 수용하면서 일종의 평화를 찾은 사람들에게 매정하게 들리지 않았으면 좋겠습니다. 그들이 평화롭다면 잘된 일이지요. 그들은 신이나 사후 세계를 믿는 사람들처럼 아마도 밤에 잠이 솔솔 오겠지요. 그러한 믿음이 좋은 마취제라는 것은 인정해요. 아마도 평온하게 살길 원한다면, 결국 그것이 유일한 마취제지만…… 단지 제게는 효과가 없네요(그가 횡설수설하는 것을 보니 내가 너무 많은 질문을 했나 보다……)"

페이팔PayPal의 공동 창업자 피터 틸Peter Thiel은 이렇게 말했다. "사람들은 죽는다는 생각을 하면 의욕이 꺾여요. 죽지 않는다는 생각이 동기를 부여하죠." 레슬리 헤이즐턴은 그에게 이렇게 반박한다. "죽음을 상상할 만큼 어리석은 사람 중 한 명으로서 틸의 그럴듯한 말솜씨에 정말 놀랐어요. 그는 살아 있다는 것을 '동기 부여' 같은 기업 경영을 위한 용어와 비슷한 의미로 축소합니다. 그는 우리가 죽을 것이라는 사실에 의해 우리의 삶이 무용지물이 된다고 생각하는 것 같군요. 또 삶은 매트릭스*의 문제고, 삶의 가치는 나이처럼 쉽게 계산되는 뭔가에 의해 결정된다고 생각하는 것 같아요. 틸의 세계에서는 우리를 살아가게 하는 것이 살면서 실제로 느끼는 인생의 기쁨이 아니라 영원히 아침에 일어나게 만드는 희망인가 봐요. 나

---

* 업무 수행 결과를 보여 주는 계량적 분석

같은 사람은 이보다 더 우울한 것은 상상조차 할 수 없는 정도예요. 틸의 꿈은 제겐 악몽입니다."

*

나는 분명 죽음이라는 주제를 회피하는 사람들의 문화와 싸우고 있다. 그리고 이 사실을 확실히 해 두고 싶다. "이 책은 주로 우리가 언젠가 죽는다는 사실을 논의하지 않는 이유를 탐구하고 있다." 나는 인간이 죽음을 두려워한다는 말에 전적으로 동의한다. 죽음을 두려워하는 것은 본능적으로나 철학적으로나 생물학적으로 매우 자연스럽다고 생각한다. 가장 기초적 단계에서 우리는 유전자 계보를 이어 나가고 심장 박동을 유지하는 데 중점을 두는 생물학적 생명체다.

수년 전, 마이클 폴란Michael Pollan이 쓴 책 『욕망하는 식물 A Botany of Desire』을 읽고 난 후, 인간이 (그리고 거의 모든 식물과 동물이) 어떻게 그리고 왜, 씨앗이나 자손 또는 세포 분열의 방식을 통해 DNA를 이어가려는 임무를 수행하는지에 관한 내 입장이 완전히 바뀌었다. 그 책에서 폴란은 우리를 데리고 자연계로 솜씨 좋게 일인칭 여행을 떠난다. 네 가지 식물의 씨앗들이 번식하고자, 가능한 한 넓은 지역으로 전파되려는 욕망을 실현할 때 벌어지는 놀랄 만한 일을 생생하게 보여 준다. 씨앗을 심고 종족을 보전하려는 인간의 욕망을 생각하는 대신, 상황을 뒤집어 목적을 달성하려는 이 똑똑한 식물에 의해 인

268

류가 어떻게 "조종되는지"(더 적당한 말이 없다)를 보여 준다. 그는 사과, 마리화나, 감자, 튤립의 생물학적 DNA가 내리는 명령에 따르는 존재가 인간임을 잊을 수 없게, 그리고 공들여 보여 준다. 이 걸작을 읽고 나면 자연 시스템의 총명함에 대한 굉장한 존경심 없이는 과일을 바라볼 수조차 없게 만든다.

죽지 않으려는 인간의 욕망은 하나의 완벽한 낚시터에서 천 년 동안 낚시하기를 원하는 것이라기보다 계속 번식하고 전파하라는 명령이 새겨진 씨앗들을 우리 안에 지니는 것과 같다. 영화 〈스타워즈Star Wars〉에서 레아 공주가 오비완 캐노비에게 보내는 조난 메시지가 부호화된 드로이드인 알투디투R2-D2임을 상기하라. 그 로봇은 메시지를 전달하기 위한 모험을 떠난다. 근본적으로 우리는 사과이자 조니 애플시드Johnny Appleseed*, 알투디투이자 레아이고, 지옥만큼 혼란스러운 존재다. 우리의 DNA가 자식들로 계속 이어지더라도 사과라는 열매(우리)가 언젠간 죽는다는 것을 알 만큼 우리는 충분히 똑똑하다.

어니스트 베커Ernest Becker는 1977년 퓰리처상 수상작인 『죽음의 부정The Denial of Death』에서 이 점에 대해 조금은 덜 예쁘게 표현한다. "인간은 말 그대로 둘로 나뉜다. 그는 높이 치솟는 위엄과 함께 자연 밖으로 나와 있다는 점에서 자신의 눈부신 유일함을 인식하는 존재다. 하지만 얼마 후 그 존재는 몇 미터 땅속으로 돌아가 볼 수도 없고 말할 수도 없이 썩

* 조니 애플시드(1774-1845)는 미국인 묘목상으로, 미국 전역에 사과를 들여왔다.

어서 영원히 사라진다."

나는 틀림없이 인간 한 개체가 아닌 DNA가 계속되기를 원한다. 우리는 때때로 이 두 가지 상반된 관점 사이에서 갈등하고는 한다(이 부분에서 나는 다시 실바와 틸의 관점에서 벗어난다). 인류의 문화는 자아가 중요한 일을 끝낸 후에 우아하게 사라지도록 허용하지 않는다. 자아는 인간이 기본적인 생물학적 의무를 달성하도록 자신을 보호하게 돕는다. 우리가 전성기를 지나 성장할수록 많은 자아가 유연해지는 것은 별로 놀랄 만한 일이 아니다. 아주 간단하게 말하자면 정상적이고 전통적인 마을이라면 연장자는 공동체를 먼저 위하고 어린 사람은 자기 자신을 위하고 여성은 자식을 위한다. 많은 남자가 DNA를 존속시키려는 능력이 그들의 가치를 결정짓기 때문에 성욕이 줄기 시작하면 겁을 먹는다. 그 증거로 급속히 성장하는 발기부전약 시장만 봐도 2022년까지 3조 8천억 원 이상의 규모로 성장할 것으로 추정된다.[36] 여성들도 생체 시계가 종착역에 다다르기 시작할 때 엄청난 스트레스를 받는다.

우리가 얼마나 이 현실을 외면하려고 노력하는지와 상관없이 우리는 생물학적 존재다. 꽃은 비상시에 에너지를 보존하기로 결정을 내리고 종자를 밖으로 퍼트리지 않는 것을 선택할 만큼 지혜롭다. 꽃이 피는 것은 꽃이 죽고 거의 즉시 또 다시 반복되지만, 그것은 어쩔 수 없다. 생물은 그렇게 살도록 설계되어 있다. 인간과 대비시키자면 모든 사람이 인생에서 반드시 만개하도록 스스로 허용하는 것은 아니므로 베커는 이렇게 말하며 우리를 상기시킨다. "죄책감은 우리가 제대로 쓰지 않은 삶, 살지 않은 삶에서 나온다."

　수명 연장과 원초적인 두려움을 철저히 분석하고 요약해서 인간이 죽음에 대해 보다 선선해질 수 있다면 좋겠다. 우리는 죽음을 이야기하는 게 두려운 것인가? 아니면 죽어 가는 것이 두려운 것인가? 세상에 진정한 흔적을 남기지 못하는 것을 두려워하는가? 그리고 우리는 아마도 억측과 불안, 그 이상을 제거하고 그냥 살다가 죽는 것만으로 충분하다는 사실을 받아들일 수 있다. 레슬리가 날카롭게 물었듯, 죽는 게 뭐 잘못된 일인가?

"네가 어떻게 살아왔는지, 무슨 일을 했는지, 세상에 어떤 의미 있는 일을 했는지 설명해야 하는 순간이 온다면, 바라건대 네가 죽어 가는 아빠의 나날을 충만한 기쁨으로 채워줬음을 빼놓지 말았으면 좋겠구나. 아빠가 평생 느껴보지 못한 기쁨이었고, 그로 인해 아빠는 이제 더 많은 것을 바라지 않고 만족하며 편히 쉴 수 있게 되었단다. 지금 이 순간, 그건 내게 정말로 엄청난 일이란다."

—폴 칼라니티, 『숨결이 바람 될 때』

17
유산이 어떻게 쓰이길 바라나요?

유산이 어떻게 쓰이길 바라느냐는 질문을 던지면 매우 다양한 답변이 돌아온다. 자녀가 있는 사람들은 대부분 자녀 이야기로 시작해 자녀 이야기로 끝난다. 하지만 나는 대화가 뻔한 답을 뛰어넘어 흘러갈 때를 특히 좋아한다.

"아이스크림 가게에 유산을 신탁해서 금요일마다 아이스크림을 무료로 나눠 주게 하면 어떨까요?" 그렉 룬드그렌이 제안했다. 그는 유산 관련한 질문에 대해 발전적으로 생각하는 것으로 유명하다. 그래서인지 세상에 발자취를 남기는 독특한 방법들을 열거한 책을 쓰는 기획 아이디어에 대해 종종 고민했다. "아니면 특정한 요일에 빨간 장미를 나눠 주는 꽃가게를 여는 거예요." 당신의 할머니가 젊은 시절 발레리나였다면, 아마도 그는 이렇게 말할 것이다. "어린 무용수를 학교에 보내 주는 장학 재단을 설립할 수도 있어요. 생각하기 시작하면 선택할 수 있는 것들은 한도 끝도 없이 많아요. 어떤 예산에도 맞출 수 있어요."

내가 119쪽에서 처음 언급한 타일러의 어머니 도리는 유산이 어떻게 쓰이기를 원하는지 확실하게 밝히지 않았지만, 타일러는 그녀의 뜻을 분명히 알았다. 도리는 재능 있는 예술가이자 삽화가, 미술상, 선생님, 그리고 수집가였다. 타일러가 스물일곱 살이었을 때 유방암으로 돌아가셨지만, 미완성작을 포함한 그녀의 모든 작품과 방대한 미술 소장품이 타일러에게 상속되었다. 예술에 대한 놀라운 사랑 역시 그가 물려받은 또 하나의 유산이다. 비록 어머니처럼 재능 있다고 말하기는 이르지만, 타일러 또한 예술가다. 그는 젊어서 크게 성공한 디자이너와 소프트웨어 기술자, 세계적 수준의 작가와 삽화가 등 재능 있는 인재들과 협력하는 대형 출판사에서 미술 감독으로 일한다. 일하면서 무엇이 효과 있다거나 없다는 이유를 댈 때 쓰는 표현은 모두 어머니로부터 배웠다고 타일러는 회상했다. "어머니는 제게 평생 선생님이었어요. 사람들이 예술을 이해할 힘을 기르고 창작 과정을 이해함으로써 통찰력을 얻도록 도울 수 있다는 점을 본인의 인생에서 가장 고맙게 여긴 것 같아요. 그녀의 가장 큰 재능은 예술을 모든 사람이 이해하도록 쉽게 설명할 수 있다는 것이었어요. '이해할 수 없어요. 유치원 다니는 제 아이도 이렇게 그릴 수 있어요.'라고 말하던 현대 미술 반대론자도 설득할 수 있었어요. 그녀는 이상적인 대화를 통해 그들의 마음을 돌리고 작품 이면의 생각을 올바로 인식하게 했어요."

타일러가 각 작품의 의미를 되돌아보니, 어머니의 미술 소장품은 수년 동안 꼼꼼하게 살펴 추려 낸 것이었다. "전 제게 주어진 남은 시간 동안 두 분의 삶을 자세히 살펴봐야 할 것 같아요." 그는 어머니와 새아버지의 유산에 대해 이렇게 설명했다.

"이 모든 작품 사이에 제가 들어갈 공간은 어디일까 많이 고민했어요." 그는 말했다. "그것들이 끝나고 내가 시작하는 곳이요. 저는 제 삶과 저의 작품이 어디로 가길 바라는지, 내가 가지고 있을 작품은 무엇인지에 대한 확고한 생각이 있는 편이에요. 하지만 제 삶이 지금 가장 정점이라는 것도 알아요."

*

내가 주최한 만찬에서 유산에 대한 질문을 던졌을 때, 샌디의 깊은 눈에 쓰라린 고통의 흔적이 순간적으로 스쳐 지나가는 것을 보았다. 나는 그녀가 나이지리아에 관해 이야기하는지 보려고 기다렸다. 그 이야기를 상세하게 알았지만, 누군가를 부추겨서 들을 만한 이야기가 아니었다. 그녀는 차분히 앉아서 식탁에 앉은 사람들이 차례로 내놓는 대답에 귀를 기울였다. 참석자 중 다수가 부모였고, 자녀들에게 유산을 남기겠다고 이야기했다. 샌디는 조카들에게 헌신적인 고모였고, 많은 사람에게 총애를 받는 조언자였지만, 자식은 없었다. 그녀 또한 죽음을 앞둔 순간에 유산에 대해 생각하는 특별한 처지에 놓였었고, 그녀가 말할 차례가 되자 내가 듣고 싶던 바로 그 이야기를 들려줬다.

영화 제작자 샌디 시오피Sandy Cioffi는 나이지리아 군대가 그녀의 촬영팀을 억류했을 때 나이지리아에 있던 차였다. 그녀는 다큐멘터리 수상작이기도 한 영화 〈나이지리아의 검은 진주Sweet Crude〉에 담을 마지막 인터뷰를 찍기 위한 네 번째 여행 중이었다. "우리를 체포한 어린 남자아이들이 딱 우리만큼 두려워하고 있었어요." 그녀는 말했다. 그들은 일행을 밴에 태우고 비밀 장소로 데려갔다. 밴에서 샌디 일행은 아이포드에 있는 음악을 틀어도 될지 물었다. 전략적인 요구였다. 인질범들이 자료를 찾을 수 없게 배터리를 바닥나게 하려는 의도였다.

그것은 그들 무리가 군사 지역에서 멀어졌을 때, 샌디의 놀랍도록 냉철한 머릿속에 떠오르기 시작한 많은 최후의 노력 중 하나였다. 그곳에서 그들은 현지 군인들에게 구금당했고 뒤에 총부리가 겨눠진 채 호텔로 갔다가 그들을 억류한 덜 공식적인 범인들과 함께 일련의 덜 공식적인 은신처로 옮겨졌다. 불길한 조짐이었다. 그들은 무장 단체에 팔렸고 풀려날 가능성도 희미해졌다. 팀원 중 조엘이라는 나이지리아 지역 사회 대표가 있었고 그는 진지하게 샌디가 두려워하기 시작한 것이 사실임을 확인시켜 주었다. 어떤 기적이 일어나지 않는 한 그들은 암살될 가능성이 컸지만, 몸값이나 조작된 이야기에 유용하게 쓰일 때까진 아니었다.

다행히도 우리 중 다수는 사형 선고를 당하지 않아도 된다.

샌디는 죽음이라는 깎아지른 절벽의 끝에 서자 즉시 머릿속이 명료해졌다. 그녀의 죽음에 대해 그곳에서 그들이 옹호하고 지킨 강력한 저항 세력에 책임이 돌아갈 것이라는 사실을 깨달았다.

전화를 압수당하기 전 전화가 연결된 기적적인 순간에 샌디의 팀은 몇 개의 문자를 보낼 수 있었다. 한 구조 신호는 마리아 캔트웰Maria Cantwell 상원 의원의 보좌관에게 갔고, 또 하나는 팀원 클리프에게 갔다. 클리프에게 보낸 메시지는 간단한 단어 하나였다. "톈안먼Tiananmen." 그는 그 의미를 즉시 알아보고 중요하지 않은 장면, 모든 지도, 연락처 목록을 없애기 시작했다. 그는 가능한 한 많은 데이터를 메모리 스틱 네 개에 담아 호텔 욕실의 변기 뒤에 붙였다. 이것은 천안문 광장 사태의 유명한 사진을 찍었던 사진작가가 취했던 방식과 같았다(그것이 중국에서 그 운명의 날에 벌어진 광경을 서양인들이 볼 수 있었던 유일한 이유다).

은신처에서 문자 메시지가 전달된 줄 몰랐던 샌디는 그 나라에서 일하면서 몇 년간 친구로 지낸 저항 세력과 자유의 전사를 줄곧 생각하고 있었다. 이 뒤얽힌 관계가 나이지리아 정부와 혈전을 벌이고 있었다. 정부는 수십 년 동안 델타 지역의 석유를 착취하고 이곳의 농부와 어부들의 고향인 땅과 물을 파괴한 세브런과 다른 다국적 석유 회사의 도움을 받고 있었다. 샌디는 자신이 북부지역의 백인이라는 특권이 죄책감의 무게처럼 느껴졌고 사회 정의를 이루겠다는 야망이 목구멍에 걸린 골칫거리 같았다. 과거 수년간의 모든 노력이 머리기사 하나로 사라질 것인가? 샌디는 일행의 감금과 죽음이 자신을 가족처럼 받아들여 주고 용감하게 이야기를 들려 준 농부와 어부 마을에 무자비한 대량 학살을 불러올 거라는 싸늘한 공포에 지쳐 있었다. 자기 죽음이 도미노처럼 다른 죽음들을 유발하는 것을 보는 일은 상상조차 할 수 없다. 이 곤경에서 살아남는 자는 거의 없을 것이다. 샌디는 어릴 때 브루클린의 세인트 패트릭St. Patrick's 성당에서 수녀와 많은 시간을 보냈음에도 그녀를 맞이하려고 기다리는 자비로운 신을 믿지 않았을 뿐더러 죽은 뒤에 무슨 일이 일어날지 몰랐다. 하지만 무엇을 남기고 싶은지는 분명하게 알고 있었다.

샌디는 심문을 당하고 그녀의 영화와 나이지리아에서 지난 5년 동안 한 일에 대해 허위 진술하는 영상을 남기라고 요구받는 동안, 그녀의 세 살 된 조카 아담을 떠올렸다. 아담은 거짓 이야기를 통해 샌디 고모, 그녀의 일, 그녀의 삶이 의미하는 것을 알게 될 수도 있다. 그녀는 인질범을 똑바로 바라보고 나이지리아에서 맡은 임무 이면의 진실성을 유지했다.

몇 시간 후 운명적인 문자가 전송되었고 미국 상원 의원 마리아 캔트웰은 한밤중에 잠에서 깼다. 늦은 시간에도 불구하고 그녀는 적극적으로 대처했다. 그녀의 팀은 정확한 정보를 받았고, 나이지리아 라고스Lagos에서 미국 시민들이 생사의 갈림길에 있으며 분초를 다투고 있다고 국무부를 설득했다. 이 사건을 최우선 순위로 옮기는 건 매우 어려웠지만, 다행히 상황이 샌디에게 유리한 쪽으로 흘러갔다.

눅눅한 은신처를 지키고 있던 보초의 주머니에서 샌디의 전화가 울리기 시작했다. 일행을 감시하던 남자는 두목을 바라봤고 두목은 샌디에게 전화를 건네줘 모두를 깜짝 놀라게 했다. 전화를 건 사람은 미국 영사관 대표였다. 그녀는 샌디에게 건강 상태와 소재에 관한 간단한 질문을 몇 가지 한 다음, 책임자와 이야기하고 싶다고 요청했다. 샌디는 전화를 보초에게 건넸다. 그는 무슨 말을 듣고는 코웃음을 쳤고 전화를 끊은 뒤 부하들에게 큰 목소리로 몇 가지를 지시했다. 몇 분 후 그들은 사라졌다.

30분 후 나이지리아 부대가 은신처로 들어와 그들을 아부자Abuja의 부대 안에 설치된 감옥으로 데려갔다. 미국의 보호 아래로 돌아가기 전에 나이지리아 정보부장은 샌디를 자신의 사무실로 불렀고 의자에 기대고 앉아 시가를 씹으며 웃었다. "당신 누구요? 분명 미국에서 아주 유명한 사람이겠죠." 그녀는 그의 속 편한 솔직함에 어리둥절해서 그저 빤히 쳐다봤다. 그는 계속 웃었고, 부패할 대로 부패한 자신의 조국에서 그녀가 이뤄낸 일에 놀라움을 감추지 못하며 그녀를 늦지 않게 찾아내고 미국의 보호 아래로 돌려보내는 데 필요했던 정치적 흐름을 열거했다. 집에 돌아온 샌디의 이야기는 머리기사를 장식했다. 일주일 후 그녀는 영화를 마무리하기 위해 파일을 회수하려고 나이지리아 친구를 호텔 방으로 보냈다. 그녀의 노력은 분쟁국에서 활동하는 다국적 기업의 지출 투명성을 요구하는 상원 법안을 통과시키는 데 힘을 실어 줬다. 이제 우리는 다국적 기업이 민병대를 동원하거나 다른 악명 높은 행위를 저지르지 않는지 감시할 수 있다.

샌디가 이 이야기를 마쳤을 때 초들은 심지만 남았고 와인은 찌꺼기만 남아 있었다. 모두 잠시 동안 그녀의 말을 곱씹으며 침묵을 지켰다. 샌디의 이야기는 많은 여운을 남겼고 우리 모두 그것들과 씨름하고 있었다. 그것들 가운데 죽음의 경계에서 그녀가 얻은 것은 명료함과 더 이타적으로 산 인생의 발자취를 무언가로 남기고 싶다는 갈망이었다. 이는 진정으로 스튜어트 브랜드Stewart Brand의 신조를 떠올리게 했다. "제 의뢰인은 전 세계인입니다." 샌디는 또 다음 세대를 통렬하게 인식했고, 그들이 훗날 부름을 느꼈을 때 따라갈 수 있는 발자취로서 정직과 불굴에 관한 메시지를 남기고 싶어 했다.

*

버드는 어린 소년이었을 때부터 일리노이주의 삼림 지대에서 자랐으며, 역사와 관련된다고 보이는 물건들을 수집하는 취미가 있었다. 누가 밭을 갈면 버드의 소장품에 보물들이 추가되곤 했다. 어찌 보면 고고학에 대한 애정은 타고난 것이었다. 그는 공원 경비원으로 몇 년간 일한 뒤 골동품 가게를 차렸고, 그러는 동안에도 수집을 멈춘 적은 없었다. 죽을 때가 되었을 때 그의 소장품에는 아편 병, 소쿠리, 도자기, 아프리카 목걸이, 낚시 기념품, 공원 기념품, 오래된 모형 오리가 있었다.

에밀리는 대학생이 되어서야 버드를 만났다. 버드, 에벌린 부부는 에밀리의 할머니와 친한 친구였기에, 할머니는 에밀리에게 버드 부부를 만나러 와야 한다고 당부했다. 에밀리가 고고학을 공부하고 있었기 때문에 할머니는 그녀가 버드의 취미를 얼마나 반가워할지 알았다.

첫 만남에서 버드는 그의 방대한 소장품이 놓인 앤티크 캐비닛과 선반이 벽을 가득 채우고 있는 방으로 에밀리를 데려갔다. "그곳은 고고학을 주제로 한 노천 박물관 같았어요." 에밀리는 감탄하며 말했다. 심지어 버드는 모든 소장품에 대해 목록 시스템을 갖춰 놓고, 수집한 연도, 분류 번호, 품목 번호를 공들여 기록하고 있었다.

버드가 캐비닛에서 뭔가를 가져왔다. "이게 뭔지 알겠니?" 그는 끝으로 갈수록 얇아지는 녹색 빛깔의 석기를 보여 주며 물었다.

"폴섬 찌르개*예요?" 에밀리는 물었다. 정답이었다. 버드는 북미 고대 문명의 증거를 에밀리가 알아본 것에 감명받았다.

이 이십 대 대학생과 팔십 대 할아버지는 급속도로 친해졌다. 그는 그녀가 다시 찾아올 때마다 더 많은 소장품을 보여 주겠다고 말했다. "할아버지의 소장품 중에 가장 이상한 물건은

---

* 1926년 미국 뉴멕시코주 폴섬에서 발견된 석기시대 도구로 끝이 뾰족하여 찌르거나 가르는 데 사용되었다.

할아버지가 사막 어딘가에서 주운 화살촉이 박힌 사람의 척추 뼈였어요." 에밀리는 이렇게 회상했다.

에밀리가 아직 대학생일 때, 버드와 에벌린은 그녀에게 부부 소유 재산의 신탁 관리자가 될 의향이 있는지 물었다. "저는 그게 무엇을 의미하는지 잘 몰랐지만, 제가 그렇게 하는 것이 그들에게 큰 의미가 있다는 것을 알았기 때문에 그렇게 했어요." 에밀리는 말했다. 그녀는 버드와 에벌린의 가족이 그녀만큼 소장품에 관심이 없다는 사실을 감지했다. 부부 역시 그들이 죽은 뒤에 소장품이 과소평가될까 봐 우려했을 것이다. 에밀리는 불과 몇 년 전 에벌린이 돌아가시고 최근 버드가 뒤이어 돌아가실 때까지 그 일에 대해 깊이 생각하지 않았다.

나는 에밀리에게 버드가 살아 있는 동안 소장품을 기부하지 않은 이유를 물었다. 그녀는 이렇게 대답했다. "소장품들이 버드에게는 너무 특별한 물건이었어요. 발견된 시간과 장소에 대한 기억으로 싸여 있었기에 그는 소장품을 가까이 두는 것을 좋아했어요. 제 직감에 그는 소장품이 인류학 박물관 같은 기관이나 대학 같은 교육적 환경에 있길 원했을 것 같아요. 보살핌을 받고 학습을 위해 쓰일 수 있는 어딘가에 있길 원했을 거예요."

에밀리는 골똘히 생각하며 말을 이었다. "수집가는 자신을 관리인이라고 생각할 때가 많아요."

*

루시와 폴 칼라니티 부부의 이야기에서 몹시 충격적인 부분 중 하나는 불치병에 걸린 상태에서 부부가 뒤늦게 내린 결정으로, 폴이 죽기 불과 2년 전에 태어난 딸 엘리자베스 아카디아 칼라니티Elizabeth Acadia Kalanithi, 줄여서 케이디Cady 이야기다. 폴은『숨결이 바람 될 때When Breath Becomes Air』에 이 감동적인 기록을 남겼다. "우리는 가족 식탁에 의자 하나가 더 놓이기를 늘 꿈꿔 왔다." 나는 루시에게 그 결정을 내리게 된 이유를 물었다. "사실 우리는 무모하다고 생각했어요." 그녀는 말했다. "무슨 일이 일어날지 알던 상황이었죠. 암이 곧 폴을 데려갈 거라는 걸…… 아기를 키우려면 분명 가족이 모든 지원을 아끼지 않고 모든 희생을 받아들여야 하죠. 그리고 불확실한 상황을 견뎌야 해요. 누구든 육아가 쉬울 거라고 생각해서 아기를 낳겠다고 결정하지는 않을 거예요. 불확실한 상황을 받아들이기로 마음먹는 거죠. 처음에 폴은 저보다 더 확신했어요. 심지어 쌍둥이를 원하기도 했으니까요."

『숨결이 바람 될 때』에서 아내 루시는 폴에게 이렇게 물었다. "아이에게 작별 인사를 하려면 죽음을 받아들이는 게 더 괴로워지지 않을까?" 그리고 폴은 대답한다. "그렇다 해도, 멋진 일이잖아?" 그는 나중에 이렇게 덧붙였다. "우리는 죽는 대신 계속 사는 걸 선택하는 거야."

우리 부모님은 아버지가 내가 대학에 들어가는 건 고사하고 고등학교 졸업식을 볼 가능성조차 거의 없다는 사실을 모두 알고도 나를 낳기로 결정했다. 그들은 분명히 이 같은 이유로 내 삶에 슬픔과 어려움이 있을 줄 알았을 것이다. 그렇다 하더라도 루시와 내가 논의했듯, 아이가 마주하는 어려움은 종종 성공의 밑거름이 된다. "부모는 아이가 겪는 힘든 일을 대신 제거해 주고 싶어 하지만 사실 어려움은 우리를 인간으로서 풍요롭게 해요." 그녀는 말했다. 그리고 나는 그 살아 있는 증거다. 어릴 때 겪은 아버지의 죽음은 분명 나를 규정짓는 주요 특성들로 날 이끌어 줬다.

폴은 그가 없는 미래의 딸과 아내에 대해 이렇게 썼다. "나는 케이디가 내 얼굴을 기억할 정도까지는 살 수 있었으면 좋겠다. 내 목숨은 사라지겠지만 글은 그렇지 않다. 케이디에게 편지를 남길까 하는 생각도 했었지만, 대체 뭐라고 써야 할까? 케이디가 열다섯 살이 되었을 때 어떤 모습일지 나는 알 수가 없다. 우리가 지어 준 애칭이 딸아이 마음에 들지도 알 수 없다. 미래가 창창한 이 아이는, 기적이 벌어지지 않는 한 과거만 남아 있는 나와 아주 짧은 시간을 함께 보낼 것이다. 이 아이에게 내가 해 줄 수 있는 말은 단 하나뿐이다. 그 메시지는 간단하다. 네가 어떻게 살아왔는지, 무슨 일을 했는지, 세상에 어떤 의미 있는 일을 했는지 설명해야 하는 순간이 온다면, 바라건대 네가 죽어 가는 아빠의 나날을 충만한 기쁨으로 채워 줬음을 빼놓지 말았으면 좋겠구나. 아빠가 평생 느껴 보지 못한 기뻠이었고, 그로 인해 아빠는 이제 더 많은 것을 바라지 않고 만족하며 편히 쉴 수 있게 되었단다. 지금 이 순간, 그건 내게 정말로 엄청난 일이란다."[37]

　루시는 폴의 책을 마무리 지었고 책은 「뉴욕 타임스」 비소설 부문 베스트셀러 목록에서 12주 동안 1위를 차지했고 1년이 넘도록 순위권에 머물렀다. 루시는 세간의 주목을 받았다. "언제나 낯선 사람들이 폴에 관해 물어요. 그리고 그것은 엄청나게 도움이 돼요. 슬퍼하고 있을 때 보통 하고 싶은 일이란 게, 아무렇지 않은 척하기보다는 사람들과 교감하는 일이니까요. 그리고 폴을 위한 북 투어 덕분에 그의 유산을 확고히 이어갈 수 있었어요. 그 일은 제게 매우 의미 있는 일이었어요." 폴의 유산은 케이디 안에, 루시가 세상에 소개한 자율적인 실천주의 안에, 죽는 동안 사는 것의 의미에 대한 폴의 깊이 있고 솔직한 탐구 안에 살아 숨 쉰다.

장례는 단지 의례였을 뿐, 난 홀로 분노를 곱씹으며 슬픔을 키워 갔다. 사랑했던 사람들이 죽을 때 우리에게서 뭘 앗아가는지 알아채기란 쉽지 않지.
─다니엘 페나크, 『몸의 일기』

18
얼마나 오래 슬퍼하는 게 좋을까요?

카를라 페르난데스Carla Fernandez는 그녀의 아버지가 뇌종양 진단을 받았을 때 대학 졸업반이었다. 아버지는 1년 후 세상을 떠났다. 친구들이 모두 대학을 마치고 배낭여행을 가고 남자친구에 대해 불평할 때, 카를라는 아버지의 마지막 6개월을 함께했다. 친구들은 그녀의 현실에 공감하기 어려웠다.

사별한 사람들의 슬픔을 위로하는 모임도 카를라에게 도움을 주지는 못했다. "획일적인 느낌이었어요." 그녀는 모임에 참석했던 날을 회상하며 말했다. "그곳은 어떤 감정들을 표출하기 위한 공간일 뿐이었어요. 사람들이 원형으로 둘러 앉았고 중앙에는 티슈 한 상자가 있었어요. 특색 없이 느껴졌어요. 그날 저녁 그곳에서 나와 버스를 타고 친구들을 만나러 바에 갔어요. 더 편안한 공간에서 우정과 마음을 나누고 싶었거든요." 그렇지만 그녀는 무슨 말을 해야 할지 모르는 친구들에게 자신이 헤드라이트 불빛에 비친 놀란 사슴처럼 보인다는 점에 지쳐 버렸다.

그녀는 곧 로스앤젤레스로 이사했다. 얼마 후 『굿GOOD』이라는 잡지사에 취업을 위해 면접을 보러 갔을 때 그곳에서 그날 막 일을 시작했다는 레논 플라워스Lennon Flowers를 만났다. 마음이 잘 맞는 사람이었다. 둘 다 직장 생활을 시작하는 초년생이었고, 최근에 로스앤젤레스로 이사 왔으며, 음악가와 교제하고 있었다. 대화 도중 카를라는 아빠가 최근에 죽었다는 이야기를 하게 됐다. "대답이 없을 줄 알았는데, 뜻밖에 그녀가 대답했어요. '나도요.'"

레논은 대학교 4학년 때 어머니를 암으로 잃었고 그 이야기가 친구와 나누기엔 너무 복잡하다고 느껴 왔다고 고백했다. "그 이야기를 꺼낼 때마다 이렇게 말해야 할 것 같았어요. '내 인생 때문에 널 불편하게 해서 미안해. 다시는 그런 이야긴 하지 않을게.'" 레논이 내게 말했다.

『굿』에 취업이 되었는지와 상관없이 (참고로 그 뒤 카를라는 취업에 성공했다) 카를라와 레논은 따로 만나서 밥을 먹으며 더 자세한 이야기를 나누기로 약속했다.

카를라는 사별을 겪은 몇몇 다른 여성들을 알았고 그들을 레논과 함께 포틀럭 파티*에 초대했다. "사람들이 막 도착했을 때 약간의 긴장감과 어색함이 있었지만 30분 만에 제가 아빠

---

* 각자 음식을 조금씩 가져와서 나눠 먹는 식사 모임

를 위해 건배했고, 그때 수문이 열렸어요." 카를라는 말했다. "우리는 거의 처음으로 우리의 문제를 드러낼 수 있었어요."

그들은 주로 슬픔에 관해 이야기했지만, 더 현실적인 측면에 대해서도 이야기했다. 카를라는 가정했다. "첫 번째 데이트를 할 때 상대방이 부모님이 뭐하시는지 묻는다면 거짓말을 하나요? 아님 대화 주제를 바꾸나요? 우리 모두 조언을 구할 사람이 없는 현실적인 문제가 많아요."

식사가 끝날 무렵 그들은 모두 그날 밤 일어난 일이 특별하고 필요했다는 것을 깨달았고, 또 모이기로 했다. 그렇게 그 모임은 한 달에 한 번씩 일 년 동안 지속됐다. 카를라와 레논이 하는 일에 관해 들은 이삼십 대들이 동참하길 원했다. 그래서 심각한 상실을 겪은 이삼십 대들이 모여 소규모 공동체를 만들 수 있다는 생각을 하게 됐고 그렇게 '만찬회Dinner Party'가 탄생했다.

레논과 카를라가 단체를 공식화하고 전국에 걸쳐 사람들을 맺어 주는 일을 시작하자, 기존에 그 부문에서 활동하던 사람들이 반발했다. 어쨌든 레논과 카를라 누구도 치료사로서 훈련받은 적이 없고, 이름 앞이나 뒤에 붙는 직함도 없었다. "사람들은 말하곤 했어요. '앗, 위험해 보여요. 당신 지금 불장난을 하고 있군요.'" 레논이 말했다. "하지만 우리는 본능적으로 밀고 나갔어요. 되돌아보면 사람이 진정한 사람이 될 수 있는 공간을 창조한 것이 잘못됐다는 말을 듣고 있었어요. 이런 이야기를 나누는 일이 위험해 보이는 문화 속에 살다니 말도 안 돼요."

두 여성은 놀랍도록 친밀한 우정 연대를 형성했다. 그녀들은 그들 세대가 어떻게 슬픔을 교감하는지, 그리고 어려운 문제에 관해 이야기하지 말라고 말하는 세대 중에서 "모든 것을 공유하는" 그들 또래 집단이 어떻게 태어났는지에 관해 많은 생각을 불러일으킨다. 억지로 공유하면 역효과를 가져올 수 있지만, 모든 것을 감안하더라도 레논과 카를라는 그것이 더 건전할 뿐만 아니라 꼭 필요하다고 생각한다. "우리는 사고의 틀, 의식, 알 수 없는 것을 이해하기 위한 신념 체계가 없어요." 카를라는 말했다. "그래서 많은 감정이 완전히 닻을 올린 것처럼 쏟아져 나오는 것 같아요. 지켜야 할 게 하나도 없어요. 우리는 신속하게 고통을 진정시키고 일터로 돌아가요. 하지만 슬픔은 놀라운 신진대사 과정과 같다고 믿어요. 살아 있는 사람들을 칭찬하고 삶을 칭찬하죠. 그것을 체험하지 않는 것은 큰 손해예요."

2014년 1월 이후 만찬회 참석자는 수십 명에서 4천 명 이상으로 증가했고 그들은 전 세계에 걸쳐 100여 곳에 이르는 도시와 마을의 200여 개가 넘는 식당에서 정기적으로 만난다. 레논과 카를라가 단체를 키워 가면서 얻은 중요한 교훈은, 슬픔은 완전히 사라지지 않는다는 점이다. 식탁에서 떠들썩하게 이야기를 털어놓는 이들은 종종 수년 전, 심지어는 몇 십 년 전에 누군가를 잃은 사람이다. 슬픔의 시작점과 끝점이 있는 시간표를 떠올리는 것은 무의미하다. "우리는 문화로서 대화하는 방식을 바꿔야 합니다. 슬픔의 다섯 단계를 이해하는 데서 벗어나 그 삶의 부재에 여전히 영향받으면서도 끊임없이 변화하는 방식으로 옮겨 가야 합니다." 레논은 말했다.

슬픔은 시간 제한이 없으며 시간과 관계없다. 그것은 사랑했던 사람, 그와 함께 꿈꾸던 미래를 보내는 것, 또 연결돼 있던 우리의 일부를 보내는 것이다. 그 과정에서 생겨나는 상처가 있고, 모든 상처는 자기 나름의 속도로 치유된다.

그래서 "얼마나 오래 슬퍼해야 할까요?"라는 질문은 비록 대화를 시작하는 좋은 방법이긴 하지만 다소 오해의 소지가 있다. 슬픔을 시간 측면에서 볼 수도 있으며 보통 첫해가 가장 힘들고 그런 시간은 치유된다는 말이 사실인 경우가 많다(하지만 항상 그렇지는 않으며 완전히 그렇지도 않다). 슬픔은 극복해야 하는 병이 아니고, "꼭 슬퍼해야 한다는" 법도 없다. 슬픔 그 자체는 인생을 살아감에 따라 다르게 느껴지기도 한다. 더 정확하게 말하자면 하루 동안에도 다르게 느껴진다.

*

우리는 슬픔을 두려워하는 만큼 죽음을 두려워하지는 않는다고 한다. 숙고할 만한 가치가 있는 생각이다. 꽤 훌륭한 말이기도 하다.

몹시 가까운 사람을 잃고 슬퍼하는 일에는 그 사람의 죽음뿐만 아니라 우리 일부분의 죽음도 관련되어 있다. 우리는 언젠가 사랑하는 사람을 잃는다. 그들은 사라진다. 이해할 수 없게 현재에서 지워지고 더 가슴 아프게도 미래에서 지워진다. 현대 인류로서 우리는 끝없는 가능성을 좋아한다. 삶의 마술적인 면을 좋아하고 미래는 끝없는 가능성이 총천연색으로 펼쳐진다. 누군가 죽을 때 우리는 가능성의 생태계 전체를 잃는다. 미래의 모든 순간, 미래의 모든 웃음이 사라지고 도난당한 것처럼 느끼는 사람이 많다. 이것이 첫 번째 죽음, 사람의 상실이다.

두 번째 죽음(여기에서 계산이 다소 힘들어지므로 같이 힘을 냅시다)은 함께 죽어야 하는 우리의 일부다. 그 사람과 연결된 우리의 일부다. 더 깊은 관계일수록 두 번째 죽음은 더 가혹하다. 수많은 오래된 의식의 핵심 부분 중 하나가 우리의 일부를 죽게 두는 것이다. 결혼식도 이것을 한다(결혼식은 결합을 기념하고, 탄생으로 볼 수 있지만, 혼자인 당신에게는 장례식이기도 하다). 만약 혼자인 당신을 그 제단에서 죽게 두지 않으면 새로운 결합이 오래 가지 못할 것이라고 장담할 수 있다. 유대인의 성인식이나 오스트레일리아 원주민의 전통생활 체험도 마찬가지다. 더 많이 배우고 일하는 미래로 나아가기 위해 어린 시절을 떠나보낸다.

샤넬 레이놀즈Chanel Reynolds는 마흔세 살이라는 이른 나이에 남편과 사별했다. 그녀는 가까운 사람을 잃은 사람들과 반복해서 논의해 온 문제에 관해 언급한다. "당신은 죽은 사람만 애도하는 게 아니에요. 그들이 살아 있을 때의 당신이라는 사람도 애도하죠. 사람들은 제게 물을 것이고, 특히 이런 일을 처음 겪는 사람들은 제게 간곡하게 묻습니다. '좋아지겠죠, 그렇죠?'" 그녀는 말했다. "저는 이렇게 말하곤 해요. '틀림없어, 자기야. 하지만 이전과는 달라질 거야.'" 지금의 샤넬은 남편의 치명적인 오토바이 사고 이전의 그녀와 다르다. 레논과 카를라 역시 부모님이 살아계실 때의 그들과 다르다.

이 생각은 많은 파문을 일으켜서 단지 슬픔에 빠진 사람만 관련되는 것이 아니라 그들 주위의 모든 사람과 관련된다. 당신이 과거의 당신과 같지 않으면 과거와 같은 방식으로 다른 사람과 관계를 맺기가 어려울 수 있다. 앞서 나온, 아들을 잃고 지금은 엘리자베스 퀴블러 로스 재단을 이끄는 다이앤 그레이는 슬픔에 빠진 사람들에게 항상 이렇게 이야기한다. 사람들은 그녀에게 말할 것이다. "엄마는 저를 어떻게 위로해야 하는지 몰라요. 제 가장 친한 친구는 제게 다가오지 않아요. 친구들이 절 떠났어요." 그리고 다이앤은 그들에게 너무 차갑지 않게 말한다. "'안타깝지만 원래 그래요. 타인은 영원히 타인이기 때문이에요. 힘들 때야말로 누가 진정한 친구인지 알 수 있어요.'" 다이앤은 그 말을 하면 사람들이 괴로워한다는 사실을 인정하지만, 그것이 현실이다. "전 설명해요, 당신은 이제 같은 사람이 아니에요. 그리고 그 상실을 인정하고 그것을 위한 공간을 내주는 것이 중요해요. 정체성을 잃은 것을 애도해야 해요. 그리고 당신이 같은 사람이 아니라면 친구들도 적응하느라 힘들지 않겠어요?"

"누구에게 말해도 그들의 대답은 항상 이런 식이에요. '사람

들은 내가 지금 어떤 모습이든 나를 좋아해야 해요.'" 다이앤은
말했다.

　달리 말해 사람이라면 누구나 의리를 지켜야 한다. 하지만
의리 그 자체가 하나의 판단이기도 하다. "어떤 사람은 단순히
죽어 가는 아이와 함께 있을 수 없어요." 다이앤은 말했다. "그
들은 슬퍼하는 사람과 함께 있을 수 없어요." 엘리자베스 퀴블
러 로스가 아주 강력하게 구체화하기도 한 비판단nonjudgement*
은 사람들이 원래 자리에 있도록 허용하는 것을 의미한다고 다
이앤은 설명했다. 그리고 슬픔에 빠진 사람에게는 자신을 위해
곁에 있어 주는 사람에 집중하는 것을 의미한다. 또 삶에서 긍
정적인 것에 집중하는 대신 같은 시간 동안 부정적인 힘에 집
중하는 것을 의미한다. 그리고 레논과 카를라가 그랬듯, 무엇
이(또는 누가) 들어올지 전혀 모르기 때문에 알 수 없는 것을 위
해 공간을 남겨 두는 것을 의미한다. 당신은 아마도 서로를 바
로 발견하게 될 것이다.

*

　레논과 카를라가 '그들 세대 중 다수가 닻을 올렸다.'라고 묘
사하고 만찬을 슬픔 속에서 연결되는 방법으로 묘사했던 반
면, 종교적 전통은 고대부터 이러한 역할을 했다. 이는 때때로

---

* 옳고 그름을 판단하지 않고 있는 그대로 받아들임

우리가 감정적 혼란을 겪을 때 의지할 수 있는 가이드라인을 제공한다.

샤론 브라우스Sharon Brous는 흔히 미국에서 가장 영향력 있는 랍비로 불려 왔다. 그녀의 많은 재능 덕분이라고 생각하지만, 그중에서도 사고력의 명확성이 가장 돋보인다. 우리가 유대교 전통에서 의식과 그 중요성에 관해 이야기할 때였다. 샤론이 자신의 랍비 학교 시작과 동시에 영화예술 석사 과정을 시작한 그녀의 남편 이야기를 들려주기 시작해서 의아했다. 하지만 늘 그렇듯이 정확하게 연관된 이야기였다.

샤론의 남편 데이비드는 뉴욕에 있는 영화학교에서 첫날을 맞았다. 교수는 학생들을 네 명씩 작은 그룹으로 나누고, 비디오카메라를 나눠 주고, 밖으로 내보내며 이렇게 지시했다. "여덟 시간 동안 3분에서 5분가량의 짧은 영화를 만들어 오세요."

"데이비드는 그것이 가장 좌절스러운 경험이었다고 말했어요." 샤론은 설명했다. "마침내 영화학교에 왔기 때문에 모두 신이 나서 활발하게 의견을 냈지만, 하루 종일 한 일이라곤 싸운 게 전부였던 거예요." 그들이 떠올린 생각은 터무니없었고, 다른 그룹들도 모두 형편없는 결과를 가져왔다. 데이비드는 완전히 낙담했다.

다음 날 교수는 다시 여덟 시간 안에 3~5분 분량의 영화를 만들어 오라고 그룹들을 내보냈지만, 이번엔 더 상세하게 지시했다. 그들이 만들 영화에 대한 아주 느슨한 줄거리가 있었다. "A"는 "B"에게 뭔가를 줘야 하고, "B"는 "A"가 준 것을 거절한다. 그리고 "A"가 반응한다.

이번에 학생들이 가져온 결과는 놀랍고 아름다웠다. 그것은 하나의 예술이었다.

"저는 생각했어요. '저게 의식이구나.'" 샤론은 말했다. "그것이 유대인인 우리에게 의식이 하는 일이에요. 세상은 아름답지만, 너무 방대해서 우리는 어떻게 수용해야 할지 잘 모릅니다. 하지만 경험을 담을 그릇이 있다면 예술을 만들 가망이 있습니다."

유대교에서는 누군가 죽으면 가능한 한 빨리 시신을 매장하는 데 바로 초점이 맞춰진다. "그 경험에는 강제적인 신속성이 있어요." 샤론은 말했다. "지금 즉시 무엇을 할지 모를 때 할 일을 줍니다. 사실로 알던 모든 것이 사라졌을 때 두 손을 들고 뭘 해야 할지 모르겠다고 말하는 대신 전통이 말하죠. '여기, 네가 할 일이야.'"

유대교 의식은 또 새로운 현실과 직면하도록 강요한다. 특히 가족은 관을 흙으로 덮어야 한다. "힘들어 보일 수 있죠." 샤론은 말했다. "하지만 사람들은 흙이 나무 관의 뚜껑에 떨어지는 소리를 들었을 때를 슬퍼하는 과정을 시작하는 가장 중요한 순간이었다고 이야기해요. 아주 본능적인 측면이 있어요. 이 사람이 전에 있던 세상에 없다는 사실을 대면하도록 우리를 독려합니다."

가족이 집으로 가서 사람들이 찾아오는 동안 그곳에 앉아 7일간 머무르는 시바sitting shiva와 함께 의식은 계속된다. 매장

처럼 그 전통도 면밀하게 규정된다. 손님들은 음식을 가져온
다. 가족이 분위기를 조성할 수 있도록 손님들은 먼저 말하지
않고 기다린다. 시바는 이 방법으로 도움이 안 되는 많은 질문
에 답을 준다. '어떻게 도와드릴까요?' 시바는 이야기한다. '오
세요. 음식을 가져오세요. 가족이 말할 때까지 기다리고 그들
이 하라는 대로 하세요.'

"7일 동안 당신이 울고, 이야기를 나누고, 웃고, 사랑과 음식
으로 둘러싸일 공간을 주는 전통에는 지혜가 담겨 있어요. 그
렇지 않았다면 당신은 어쩌면 먹는 것도 웃는 것도 잊고, 어떻
게 울어야 할지 모르고, 당신의 이야기로 사람들을 괴롭히는
것을 원치 않을 수도 있죠." 샤론은 말했다. "의식은 슬픔이 쉽
게 커지지 않도록 그것을 담을 그릇을 창조하려고 형성됐어
요. 그리고 아주 충분해요. 7일 동안 앉아서 이 일을 하기는 어
려워요. 어떤 사람들은 3일 후에 다 했다고 느끼지만, 의식의
집요함이 상실이라는 현실과 슬퍼할 필요성으로 사람들을 모
으는 것 같아요."

일주일 중 마지막 날에는 누구든 그곳에 있는 사람들과 일
어나 건물 주위를 함께 걷는다. 침묵할 수도 있고, 노래할 수도
있다. 샤론의 설명처럼 사랑하는 사람은 죽었지만, 당신은 아
직 살았다는 것을 표현하는 방식이다. 바깥의 세상 사람들은
일터나 학교에 가고 있다. 지난 7일 동안 이렇게 일어나고 있
던 삶의 흔적을 보지 않았고, 보지 않아야 했다. 하지만 이제
볼 수 있다. 다시 일상생활로 조심스럽게 돌아가는 것이다.

애도의 다음 단계에서는 죽은 사람을 위한 애도자들의 기도인 카디시kaddish를 그룹을 지어 반복해서 암송한다. "애도자가 느끼는 감정을 표현하는 내용은 아니에요." 샤론이 말했다. "보통 아닌 경우가 많죠. 내용이 중요하지 않다는 걸 이해하게 됐어요. 다시 말하면 슬픔을 담을 그릇을 창조하는 거예요. 그 그릇은 방의 맞은편에 있는 사람의 것과 같고, 증조부모님이 들고 있던 것과도 같아요. 그리고 당신이 '잇가달 비잇카다쉬 쉬메이 라바Yitgadal v'yitkadash shmei Rabbah'라고 말하면, 모두 아멘Amen이라고 응답해요. 이 말은 '당신이 보여요. 당신의 고통을 없앨 순 없지만, 당신을 잡아 줄게요'라는 뜻이에요."

"그 생각이 우리 공동체의 생각입니다." 랍비 아미차이 라우 레이비Amichai Lau-Lavie가 말했다. 그는 종교적으로 권세 있는 집안 출신이지만(삼촌이 이스라엘의 랍비장이었다) 동성애자임을 밝힌 종교 지도자인 것을 포함해, 아직 젊은 나이에 몇 가지 주목할 만한 도전을 시도한 뉴욕의 랍비다. 3년 전 아미차이의 아버지가 사망했을 때 그는 이스라엘로 날아가 장례식에 참석하고 다음 달은 어머니와 함께 예루살렘Jerusalem에 남아 있었다. 집으로 돌아간 많은 사람이 그가 카디시를 암송할 때 함께 있길 원했고, 그는 멀리 떨어져 있었기 때문에 전화해야겠다고 생각했다. "특정한 시간에 사람들이 전화했고 제가 몇 마디 말하고 나면 우리는 카디시를 암송했어요. 그리고 다음 주에도 똑같이 했어요."

카디시를 그룹(사실 전통에 따르면 정식 인원은 열 명이다)으로 암송하는 효과는 강력하다. 전화로 연결해 암송해도 그 효과는 다르지 않았다. 그래서 그는 사람들에게 매주 목요일 오후 세 시에 전화하라고 제안했고, 그들은 암송을 계속 이어갔다. 그 후 그들은 3년 동안 정기적으로 카디시를 암송했다. "때때로 사람들은 그냥 자신의 이름을 말해요." 그는 말했다. "가끔 우리는 시를 들어요. 그러고 나서 카디시를 암송하고 전부 다 하는 데 20분이나 30분쯤 걸려요." 전화로 연결된 인원은 다섯 명에서 쉰 명까지 다양하고 그 이상일 때도 있다. "저는 열 명이어야 한다고 굳이 고집하지는 않아요." 그는 말했다. "게다가 유대인이 아니어도 돼요. 우리는 슬픔에 빠진 사람들이 외롭지 않도록 초대해요. 그냥 더 큰 무엇과 연결되도록 함께하고, 이 명상하는 순간을 통해 슬픔을 잊을 수 있도록요." 사람들은 결코 카디시만큼 오래된 전통을 수정하는 것을 반기지 않으므로 아미차이는 정통파의 끊임없는 반발에 부딪혔지만, 그 일은 유대교를 완전히 떠난 많은 사람에게 의식에 대한 새로운 열정을 불러일으켰다.

죽음을 둘러싼 이슬람교 의식은 핵심에서는 매우 간단하다. 시애틀에 있는 이드리스 모스크Idriss Mosque 이사회의 히샴 파라잘라Hisham Farajallah는 이슬람교도가 죽으면 시신을 씻어서 천으로 가린다고 설명한다. 천은 보호를 나타내지만, 천의 단순함도 상징적이다. "우리는 빈손으로 태어납니다." 히샴은 말했다. "그리고 빈손으로 떠납니다." 시신은 기도를 올린 뒤 작은 집에 놓이며(상자가 아니고 그 자체가 집이다) 고인의 얼굴이

메카Mecca*를 향하게 둔다. 이 모든 것이 즉각 행해지는 이슬람
교와 같이 당신도 가능한 한 빨리(가능하다면 죽은 날에) 시신
을 묻길 원한다. 애도는 주로 묘지나 고인의 집에서 이루어진
다. 그리고 3일 동안 사람들은 고인의 가족을 위해 요리한다.
그 외의 사항은 매우 자유롭고 개인은 어떤 애도 과정이 자신
에게 맞는지 선택할 수 있다고 히샴은 말했다. 그의 아버지가
죽은 후 사람들은 몇 주, 몇 달에 걸쳐 찾아왔고, 환영받았지만
의무는 아니었다고 그는 말했다. 그리고 많은 사람이 죽은 사
람을 대신해 기부하고 매일 하는 기도에 고인을 포함한다.

　히샴이 묘사한 과정은 일반적이지만 이슬람교도는 전 세계
에 걸쳐 살고 이슬람 문화는 장소에 따라 천차만별이다. 예를
들어 아만다 사브Amanda Saab는 슬픔을 둘러싼 의식이 오랫동안
이어진 이슬람 문화에서 성장했다. 아만다는 처음으로 유명
텔레비전 리얼리티쇼에 히잡을 쓴 모습으로 출연했고, 이 머
리에 쓴 스카프가 논란이 되면서 악성 메일이 끊이지 않았다.
심지어 살해 협박도 받았다. 그녀의 대응은 낯선 사람들을 집
으로 초대하는 것이었다. 그녀는 '이슬람교도 이웃과의 만찬
회'라고 이름 붙인 일련의 만찬회를 열기 시작했다. 그녀는 히
잡이 이슬람교도에게 어떤 의미인지 사람들이 더 잘 알면 이
슬람교도를 향한 증오와 만행이 줄어들고 평화로워질 것이라
는 생각에, 이 엄청나게 용감한 도박을 감행했다.

---

* 이슬람교의 창시자인 마호메트가 태어난 곳으로 이슬람교 최고의 성지

아만다의 만찬회에 참석했을 때 그녀는 자신이 자랄 때 겪었던 죽음과 관련된 의식에 관해 알려 줬다. 아만다의 말에 따르면 일반적으로 묘지 의식을 하기 전에 모든 사람이 모스크로 모인다. 고인의 가족은 관 옆에 놓인 탁자에 앉고(여성이 한쪽에 앉고, 남성이 다른 한쪽에 앉는다) 사람들은 검은 옷을 입고 애도하기 위해 줄을 선다. 그날은 감정적이고 침울한 날이고 매장 후 공동체는 음식을 제공한다.

다음 날부터는 히샴이 설명했듯이 고인의 가정집은 손님으로 북적인다. "그들은 끊임없이 도움을 받아요." 아만다는 말했다. "음식을 얻어먹고, 죽은 사람에 관해 이야기할 기회가 주어져요." 그리고 시바와 아주 유사하게 음식은 가장 중요한 부분이다(3일 동안 필요하지만, 흔히 그 이후로도 계속 이어진다). "생각해 보면 음식과 영양분은 우리에게 생명을 줍니다. 그리고 여기에서 우리는 음식과 죽음을 이야기합니다. 그것은 흥미로운 역설이지요. 슬퍼하고 있는 사람들은 자신을 돌볼 수 없고 자신에게 영양분을 공급할 생각을 하지 못한다는 점에서 그것이 아주 중요한 것입니다. 그래서 누군가 죽은 후에 사람들에게 생명을 유지하는 음식을 가져오도록 하는 것은 아주 효과적입니다."

아만다는 이어서 말했다, "일주일 후에 스파우spouh라고 불리는 의식이 또 있어요." 그것은 모스크에서 열리는 또 다른 모임으로, 가족은 다시 긴 탁자의 상석에 앉고 모든 사람이 애도를 표한다. 기도를 올리고 보통은 추도 연설과 담화를 한 뒤에 식사를 한다. 40일 후에 한 번 더 스파우를 한다고 아만다는 설명했다. 그러고 나서 사랑하는 사람이 죽은 지 1년을 기념해 모인다. 그다음 1년이나 2년 후에 가족이 사랑하는 고인을 기리는 모임에 사람들을 초대한다. 이때 가족은 모든 사람과 나눌 음식을 준비하고, 마음은 한결 편해졌지만 여전히 눈물을 흘리고 슬퍼할 수 있다.

이 과정에서 특히 눈에 띄는 것은 슬픔이 변화하는 과정을 존중한다는 점이다. 슬픔은 죽음 직후와 일주일 후, 그리고 한 달 후가 다르게 느껴진다. 하지만 여전히 슬프다. 1년 후에도 여전히 슬프다. 2년 후에도 슬픔은 사라지지 않는다. 하지만 시간이 흐르면서 더 기념할 공간이 생긴다. 상실의 후유증 속에서 애도하는 가족에게 기대할 수 있는 건 없으며 본래 공동체로부터 지원을 받아야 하지만, 2년쯤 지나면 죽음 직후에는 도저히 낼 수 없었던 힘이 나서 사랑하는 이를 더 잘 기리고 함께 있어 준 공동체에 감사를 전할 수 있다.

나는 아만다에게 그렇게 많은 사람과 함께 슬퍼하는 것이 너무 과하다고 생각하지 않는지 물었다. 결국, 나는 상실 이후에 탁자에 앉아 많은 조문객과 이야기하는 것은 고사하고 사람들에게 끊임없이 둘러싸여 있길 원할 것 같지 않다. 슬픔을 위한 사적인 공간은 어디인가? "저는 그것이 너무 과할 수 있다고 분명히 느꼈어요." 아만다는 말했다. "혼자 있고 싶고, 혼자 울고 싶고, 사람들에게 둘러싸이고 싶지 않다면 어쩌지? 없는 힘을 짜내서 손님들에게 인사하려고 노력해야 한다면 어쩌지?

가족들이 그것을 원하지 않는다고 느꼈던 때가 있어요. 그들은 고개를 숙이고 손을 내밀었지만, 진심이 아니었어요. 하지만 전 문화가 개인적 선호를 제압한다고 생각해요." 그렇다 하더라도 아만다는 공동체가 슬퍼하는 사람이 볼 수 없는 의미를 지닌다고 여겼다. "아마도 슬퍼하고 있을 때에는 사람들의 지원을 받고, 혼자가 아닌 것이 얼마나 중요한지 모르더라도 나중에는 고마워하게 될 거예요."

*

코라는 불과 마흔두 살이던 오빠를 갑자기 잃었을 때 오빠와 함께 죽고 싶다는 감정에 휩싸였다. 너무 크게 상심해서 남편과 아이조차 위로가 되지 않았다. 슬픔의 강도는 사람들을 놀라게 했다(그녀를 사랑하는 사람들은 그녀의 정신 건강을 걱정했다). "우리 문화는 이런 우울한 감정과 비애를 느낄 수 있다는 걸 받아들이지 않는다." 그녀는 기록했다.

"너무 힘들어서 방황하고 있을 때 나를 간신히 붙잡아 주던 말은 '슬픔의 깊이는 사랑의 깊이와 같다'였다. 그것이 바로 내가 느끼던 감정이었다." 그것은 다른 문화에서는 잘 알고 받아들이는 감정이다. 중동권에서 위로할 때 흔히 하는 말이 "죽은 사람을 따라 죽지 마"이고, 그 말은 '너는 당연히 사랑하는 사람을 따라 죽고 싶겠지만 머물러 달라'는 의미라고 그녀는 지적했다.

코라는 상실로 인해 얼마나 어두워지는지(그리고 그것이 괜찮다는 것을) 다른 사람들이 깨닫길 원했다. 그녀는 「허핑턴 포스트Huffington Post」에 심금을 울리는 글을 남겼다. "당신의 고통은 정상적이다. 그리고 사회적으로 우리 문화권보다 덜 놀라워하는 문화권에서도 충분히 용인된다. 당신이 그냥 죽고 싶다고 말해도 나는 놀라지 않을 것이며 대신 이렇게 말할 것이다. '알아. 충분히 이해해.'"[38]

우리는 두렵고, 지켜보기 어렵다는 이유로 애도하는 사람들을 슬픔에서 끌어내려 애쓴다. 우리는 해결사이자 실천가이고 싶어 하지만 죽음이나 깊은 슬픔에서 비롯된 감정에는 해결책이 없다.

예전에는 안무가였던 랍비 수잔 골드버그Susan Goldberg(줄여서 "랍비 수잔")는 엄마이고, 남부 캘리포니아에 있는 아주 큰 유대교 회당의 지도자다. 또 호평을 받고 있는 넷플릭스 드라마 〈트랜스페어런트Transparent〉에 등장하는 인물의 실제 주인공이기도 하다. 랍비 수잔과 슬픔에 관한 이야기를 나눈 적이 있는데, 그녀는 슬픔을 겪고 있는 사람의 말을 귀담아들으면서 가장 많이 배웠다고 말했다. 누군가의 이야기를 듣는 것은 그들의 몸에 귀를 기울이는 것을 의미하며, 그녀의 안무가 경력이 그 부분에서 특히 도움이 되었다. 그녀는 슬픔이 우리 몸에 미치는 영향을 아주 잘 알고 있었다. "사람들은 피곤함을 느끼는 것에 놀라는 것 같아요. 슬플 때는 피로를 느낄 공간을 남겨 둬야 해요."

"저는 파도처럼 일어나는 슬픔을 이야기하는 사람들에게도 주목했습니다." 그녀는 말했다. "저는 그걸 파랑이라고 부릅니다. 이 파도에 사람들이 놀라지 않게 하려고요. 슬픔은 당신을 휩쓸고 지나가요. 그리고 이 슬픔의 파도가 절대 끝나지 않을 것 같다고 느낄 때가 많아요. 너무 크고 너무 모든 것을 아우르죠. 하지만 파도는 당신을 휩쓸고 지나갑니다. 떠나죠. 그러면 당신은 휴식을 취해요. 그리고 죄책감이 느껴져요. '왜 슬픔의 파도 속이 아니지? 압도되지 않은 것을 다행으로 여기면 안 되는 걸까?'라고 생각해요." 그녀는 판단하거나 매달리지 말고 그저 관찰하라고 가르친다.

"다른 큰 신체적 문제는 분노예요." 그녀는 말했다. "전 가족 중 누가 화났는지를 알고 분노가 슬픔에 속한다는 사실을 모든 가족이 알 수 있도록 가족과 가능한 한 많이 이야기하려고 항상 노력해요. 그런 시도는 시시한 일로 드러날 수도 있어요. 그들은 자신의 신발을 찾을 수 없어서 화날 수 있어요. 모두 다음 몇 달 동안 신발에 관한 문제가 아니라는 것을 알고 있어야 해요. 모든 도화선이 조금 더 노출되는 거죠."

내가 중요하다고 느끼는 주장은 비록 나는 죽음을 이야기하길 원하고, 이야기할 때 우리의 삶이 더 좋아진다고 굳게 믿지만, 죽음을 이야기한다고 슬픔이 사라지지는 않는다는 의미다. 사별에 의한 슬픔에 관해 쓰고 말하는 메건 더바인Megan Devine은 이 긴장 상태에 대해 유창하게 말했다. "죽는다는 사실을 받아들인다고 괜찮아지는 것은 아니에요." 그녀는 말했다.

그녀는 "죽음을 긍정적으로 바라보는" 운동(죽음과 관계를 맺는 것이 정상적이고 자연스럽다는 믿음)이 때때로 유용하기보다 우울함을 유발한다고 느끼는 슬픔에 빠진 사람들의 이야기를 들려 준다. "큰 차이가 있어요." 그녀는 말했다. "우리가 죽음을 이야기하는 방식과 슬퍼하며 사는 방식에는요."

"죽음을 받아들인다고 해서 사랑하는 누군가가 죽을 때 비탄에 잠기지 않는 것은 아니다." 장의사 케이틀린 다우티Caitlyn Doughty는 썼다. "그것은 '사람은 왜 죽어요?', '왜 제게 이런 일이 일어나죠?'와 같은 더 큰 실존주의적 의문 없이 슬픔에 집중할 수 있음을 의미한다. 죽음은 당신에게 일어난 일이 아니다. 죽음은 우리 모두에게 일어나는 일이다."[39]

사랑하는 사람을 잃는 것은 극복해야 할 일이 절대 아니다. 하지만 우리의 삶이 진전되는 방향으로 그 일을 겪어낼 수 있길 간절히 희망한다.

19
마지막 식사로 어떤 음식을 먹고 싶은가요?

미국 서른두 개 주에서 사형은 합법이다. 당신이 이 논쟁에서 어느 편에 서는지와 상관없이, 사형수들은 대부분 마지막 음식에 대한 희망 사항을 요구할 수 있다. 이러한 제스처는 자비롭지 않은 것으로 알려진 미국의 형벌 제도에서, 적어도 돈이 거의 안 드는 범위에서는 수감자를 인간으로 인정한다는 점에서 희미하게 빛나고 있다.

나는 사형수의 마지막 식사에 대해 조사하지 않을 수 없었다. 사진작가 헨리 하그리브스Henry Hargreaves는 그의 「노 세컨즈 No Seconds」연작에서 사형수가 마지막으로 요청한 음식의 인상적인 모습을 담아냈다. 그는 오래전부터 음식에 매료되어 식당에서 바텐더로 일해 왔다. CBS 방송에 출연했을 때 바텐더로 일하는 이야기를 한 적이 있다. "사람들이 주문하고, 음식과 교감하고, 음, 그리고 간을 맞추고, 음식을 다루는 방식이란…… 정말 이야기조차 나눠 보지 않은 사람의 주문만 봐도 어떤 유형의 사람인지 꽤 많은 걸 알 수 있는 것 같아요."

빅터 페거Victor Feguer는 스물여덟 살에 아이오와주에서 교수형을 당했다. 페거는 마지막 식사로 "씨가 들어 있는 올리브 한 알"을 요청했다. 하그리브스는 모든 「노 세컨즈」 사진 중 이 사진을 제일 좋아한다고 말한다.

"정말 많은 생각을 떠올리게 하는 사진이에요. 우리는 마지막 식사라고 하면 완전히 푸짐하게 차려진 식탁을 상상하지 않나요? 그런데 그는 단지 올리브 열매 하나를 원했어요." 하그리브스는 CBS 방송에서 말했다. "음, 그건 너무 단순하고, 아름답고, 마지막 같은 느낌이죠. 죽음에 이르러서 완전히 멈추는 것처럼요."

사랑하는 사람에게 마지막 식사로 무엇을 원하는지 물을 때, 사형수 이야기나 죽음의 신에게 애원하는 설정은 굳이 필요하지 않다. 다행히 마지막 식사 질문은 여전히 「뉴욕 타임스」의 "사랑에 빠지게 하는 서른여섯 가지 질문"에 나올 법하게, 상냥하고 거의 기발하게까지 여겨진다. 죽음에 관한 대화같이 너무 어둡게 들리지 않으면서도, 생애 말기 희망 사항과 준비에 관한 대화를 시작할 안전한 방법이다.

장난기 많은 질문이지만 나는 음식과의 관계를 통해 상대방에 관해 많이 알 수 있다는 헨리 하그리브스의 말에 동의한다. 그래서 이 책에 언급되었던 몇 명에게 어떻게 대답하겠는지 물었다. 판단은 여러분에게 맡긴다.

아이라 바이오크 Ira Byock

음…… 몇 시간 후면 죽을 텐데 배가 고플지 모르겠네요. 하지만 만일 내가 정치범으로 아침에 죽게 된다면 (의심할 여지없이 좌파 쪽이기 때문이겠죠) 페투치니 까르보나라를 먹고, 후식으로는 코코넛 크림파이를 먹겠어요.

토니 백 Tony Back

사랑과 정성이 듬뿍 담긴 마지막 식사를 원해요. 누군가 나를 위해 채소를 기르고, 요리하고, 상을 차리고, 내가 먹는 동안 곁에 있어 주고, 다 먹은 뒤에 치워 주면 좋겠습니다. 아마도 누군가의 뒤뜰에서 기른 무와 집에서 만든 빵에 버터를 바르고 소금을 뿌린 식사일 것 같아요. 그리고 서로 먹이고, 차리고, 사랑하는 데서 얻을 수 있는 사랑과 보살핌과 마음을 느끼기 위해, 아주 잠시라도 함께 먹고 싶습니다. 우리가 주고받는다는 사실이 가장 중요하니까요.

아나스타샤 히긴보텀 Anastasia Higginbotham

갓 만든 따뜻한 빵이요. 버터를 잔뜩 발라서요. 그리고 호박이나 고구마나 채소로 만든 수프요. 세 가지 다 들어 가도 좋아요. 후추와 고춧가루를 뿌려서요. 그러면 아주 행복할 거예요. 덜 무섭고요. 이번 생에 대한 애정을 한껏 느끼게 하는 음식을 먹다 보면 죽음을 받아들일 준비가 될 것 같아요.

루시 칼라니티 Lucy Kalanithi

초콜릿 땅콩버터 파이요. 제가 어릴 때 좋아했던 간식이기도 하고요. 어디서든 후식 메뉴에 초콜릿 땅콩버터 파이가 있으면 무조건 주문하는 게 저만의 법칙이에요(원래 후식을 먹을 생각이 없었더라도요!). 그래서 갑자기 먹을 때가 많고, 그게 훨씬 더 기쁨을 주죠. 마지막 식사를 기념하는 의미로(이번 한 번만 계획적으로) 먹기에 아주 적당한 것 같아요.

빌 프리스트 Bill Frist

제가 실제로 뭘 고를지 모르겠지만, 의사로서 환자들에게 추천한다면 바로 이 음식이죠.

당근(또렷하게 보기 위해, 특히 어두운 곳에서)

커피(아주 깊은 컵, 영원히 끝나지 않을 것처럼 느끼기 위해)

시금치(강해지기 위해)

우유(인생의 첫 식사와 마지막 식사를 같게 하기 위해)

나도 종종 나의 마지막 식사를 생각한다. 그리고 항상 떠오르는 음식이 한 가지 있다. 오리건주 포틀랜드Portland에 있는 우리 식당에서 어떤 매혹적인 밤이 끝나갈 무렵에는 모건 브라운로우Morgan Brownlow라는 이름의 요리사가 내게 파스타 요리를 만들어 주곤 했다. 그 식당 '클라크루이스clarklewis'는 아직 운영 중이지만, 그 요리는 이 말도 안 되는 천재 요리사와 함께 여행을 떠났다. 한동안 우리 식당은 북서부 지역에서 가장 바쁘고 아마도 가장 핫한 음식점이었고, 마치 스텀프타운 Stumptown이라는 시커먼 공업 지구에 뉴욕이 상륙한 것처럼 느껴졌다. 식당에서 선보인 잘 연출된 저녁 시간대 공연은 완벽한 발레 공연 같은 수준이었다(무대를 바라보다 넋이 나가고 황홀감에 빠진 손님들의 에너지와 흥분으로 머리끝까지 채워진다).

이러한 밤들의 끝자락에 모건은 손으로 감은 통밀 카바텔리°와 빈산토 와인:에 살짝 튀기고 군밤으로 마무리한 비둘기 간이 담긴 따뜻한 접시를 은밀히 준비해 주곤 했다. 그의 예술가적 기교에 감탄하는 수많은 손님에게 선보일 기회를 준 것에 대한 일종의 감사 표시였던 것 같다. 우리는 험난한 상사와 부하 직원 관계였지만 그 접시는 사랑으로 가득한 제스처였다. 음식을 한 입 먹을 때마다 내 머리는 우주까지 밀려 올라갔다(몸으로 다시 돌아올 때 진정시켜야 했다). 비둘기 간의 질긴 지방, 완벽한 파스타의 질감, 군밤에서 느껴지는 통통함과 거의 비밀스러운 풍미, 늦게 수확한 와인의 달콤한 향기, 이 조합의 무언가가 나를 자유롭게 했다.

그것이 내가 지금껏 먹어 본 음식 중 가장 유체 이탈에 가까운 체험을 선사한 식사였다고 생각한다.

° 파스타의 한 종류로, 끝이 살짝 말린 조가비 모양을 하고 있다.
: 토스카니의 고급 디저트 와인

십 대 즈음까지 다른 사람의 죽음을 목격하지 못했다면, 당신은 충분히 운이 좋은 삶을 산 것이리라. 점점 가족과 지인들이 세상을 떠난다. 중년이 되면 전부는 아니더라도 선대의 대부분이 돌아가셨을 것이다. 중년을 훌쩍 넘기면 당신도 죽음을 기다리는 대열에 합류하게 될지 모르며, 죽음에도 익숙해질 것이다. (…) 피할 수 없는 자신의 죽음에 대해 숙고하다 보면, 일상생활에서 중요한 일과 평범한 일에 집중할 수 있게 된다.

—나이젤 워버튼, 『뉴필로소퍼』 3호

20
임종할 때 어떤 느낌이길 바라나요?

"사람들은 저를 '죽음과 죽어 감'* 아가씨라고 부르며 따라다녔어요." 엘리자베스 퀴블러 로스가 말했다. "그들은 제가 죽음과 사후 세계 연구를 30년 이상 했으니 그 주제에 대한 전문가라고 생각해요. 핵심을 벗어난 것 같아요. 내 일에서 논쟁의 여지가 없는 유일한 사실은 삶의 중요성입니다." 스위스의 정신과 의사이자 작가인 엘리자베스는 그 누구보다 죽음과 죽어 감을 어둠에서 분리하고, 죽음에 대한 우리의 식견을 넓혔다. 과학과 물리학에 아인슈타인이 있다면 죽음과 죽어 감에 대해서는 그녀가 있었다. 그런데 그녀는 여러 면에서 끔찍하게 죽었다. 생애 말기 분야의 여러 권위자는 엘리자베스가 죽음과 싸웠음에도 불구하고 그녀의 죽음이 결국 평생의 연구에 불명

---

* 엘리자베스 퀴블러 로스는 동명의 책을 썼다.

예를 안겼다고 말했다.

한 보도는 이렇게 전하고 있다. "퀴블러 로스는 사막에 있는 자기 집의 어수선한 구석에 앉아 던힐 담배를 피우고 텔레비전을 보면서 죽기를 기다린다. (…) 수십 년 동안 생애 말기 환자들을 돌봐 왔던 일은 그녀 자신이 사후 세계로 이행하는 데 도움이 되지 못한다. (…) 독일식 억양의 목소리는 가냘프고 냉소적이다. (…) 그녀의 유산에 의문을 제기하고, 삶, 죽음, '그 이면'에 대한 그녀의 생각을 재고해 봐야 한다."[40]

이 기사와 익명으로 남을 권위자들의 유일한 문제점은 그들이 분명 완전히 틀렸다는 사실이다. 나는 엘리자베스의 아들 켄을 아주 잘 알게 되었기에, 켄에게 엘리자베스의 주된 보호자로서 그녀의 마지막 날들을 회상해 달라고 부탁했다.

1994년, 예순여덟 살이 된 엘리자베스는 자신이 에이즈에 걸려 위험한 고비에 있다는 사실을 알게 되었다. 잘 알려지지 않은 질병에 대한 두려움이 들불처럼 번지던 시기였다. 엘리자베스는 에이즈에 걸려 유기된 아기들을 위해 버지니아주 시골에 있는 자신의 땅에 호스피스를 짓기 위해 노력했다. 현지인들은 그 생각에 동의하지 않았고 그녀의 집을 총으로 쏘고 파손하고 무단침입하기까지 했다. 엘리자베스는 어느 10월 오후, 순회강연에서 돌아왔을 때 집이 전소되고 그녀가 아꼈던 라마가 머리에 총을 맞고 죽은 것을 발견해야 했다. 게다가 평생 모은 재산이 모두 사라져 있었다.

일주일이 안 되어 아들 켄이 엘리자베스를 위로하려고 스카

츠데일Scottsdale로 데리고 나갔지만, 그녀는 어머니날까지 심한 뇌졸중으로 고통받았고 몸의 왼쪽마저 마비되었다. 엘리자베스는 인생의 마지막 9년 동안 이동의 제한(활발하고 활동적이던 일흔 살 노인에게 고문 같은 일이었다), 고통스러운 신경 장애, 그로 인한 우울증, 건강과 집을 잃은 데 대한 매우 이유 있는 분노와 비통함에 괴로워했다.

"운명은 그녀를 큰 충격에 빠뜨렸어요." 켄은 회상했다. "그리고 그녀는 분노했지만, 단 한 번도 본인의 견해를 번복하지 않았어요. 그런 기사는 말도 안 되고 신문 판매량을 늘려 보겠다고 꾸며낸 이야기에 불과해요. 어머니가 특유의 스위스식 억양으로 말씀하신 것처럼 '허튼소리'죠."

"돌아가시기 몇 주 전에 제게 이렇게 말씀하셨어요. '나는 아직 죽을 준비가 안 되었다.' 이 대화에 앞서 그녀의 준비 상태를 고려해 볼 때 놀라운 말이었지만, 자세히 설명하지 않으셨어요." 켄은 어머니가 말한 의미를 이해하기까지 수년의 세월이 걸렸다고 말했다. "어머니는 항상 경험으로 알 때 '나아가는' 것이 허용된다고 하셨어요. 생의 마지막은 경험하지 않았기 때문에 스스로 사랑과 보살핌을 받도록 허용하셨어요. 자신이 항상 책임을 맡는 게 아니라 다른 사람에게 돌봄을 받을 수도 있다는 것을 받아들이기 쉽지 않았을 거예요. 그리고 어머니는 마침내 생의 마지막을 경험으로 알았고, 그때 '나아가는' 것을 허용받았어요." 가족들은 그녀가 완화 치료를 받을 수 있도록 했고 그녀는 인생의 마지막 일주일을 의식이 오락가락하며 보냈다. "고통을 겪지 않겠다는 어머니의 희망대로 우리는 진통제를 썼고 그녀는 평화롭게 죽을 수 있었어요." 켄은 말했다. "어머니는 저와 여동생이 보살피는 가운데 집에서 돌아가셨어요."

죽음은 복잡하다. 특히 우상의 죽음은 많은 감정을 불러일으키며 논란이 된다. 하지만 여기에서 드러난 정서는 죽음에 수치심을 갖게 한다. 우리 중 어느 누구도 죽음에 이를 때까지는 직면한 죽음을 어떻게 느낄지 알 수 없다. 또한 어떻게 해야 한다는 법칙도 없다. 엘리자베스가 죽을 때 어떻게 느꼈는지와 상관없이(그녀만이 알 수 있다) 왜 다른 사람이 그녀의 죽음을 평가하려 드는가? 죽음에 수치심을 갖게 하는 행위는 출산을 둘러싸고 소곤거리는 수치심과 달리 진짜 문제다. 그것이 "좋은" 출산이었는가? 왜 아기를 낳은 엄마가 경막외마취제를 쓰거나 제왕 절개를 했거나 아이를 낳는 동안 의식이 없었다고 해서 부끄러워해야 하는가? 우리는 죽음에 대해 그와 같은 일을 한다. "좋은" 죽음이었는가? 그가 죽음을 받아들여야 했을 때 삶에 집착했는가? 대본대로 하지 않으면 지탄받는다.

"사람들은 대부분 이렇게 혁신적으로 죽음의 순간을 맞지 않게 돼요." 선종 호스피스 센터Zen Hospice Center 전 이사 B. J. 밀러Miller는 말했다. "그리고 그것을 목표로 삼으면 실패하는 것처럼 느끼게 될 뿐입니다."[41]

수치심은 우리의 삶 전반에 영향을 미친다. 특히 죽음을 둘러싼 수치심 문제는 간과할 수 없다. 베스트셀러 작가 브렌 브라운Brené Brown 박사는 이렇게 말한다. "수치심이 커지는 데에는 세 가지 요소가 필요합니다. 비밀, 침묵, 판단." 이 세 가지 요소는 엘리자베스가 지난 50년 동안 그토록 빛으로 끌어내리려고 애썼던 죽음과 죽어 감의 세계를 근본적으로 압축해 보여 준다.

나는 10년 전에 소중한 친구를 잃었다. 그녀의 추모식이 얼마나 괴로웠는지 지금도 기억한다. 추모식이 끝난 후 경야에 참석하기 어려웠다. 술을 마시며 그녀 이야기를 하는 게 내게 너무나 어려운 일이었다. 그러한 내 결정은 그녀의 딸에게 상처를 줬다. 그녀는 내가 참석하지 않았을 때 버림받았다고 느꼈다. 그리고 분명히 하자면 나는 그녀가 느꼈을 어마어마한 비통함을 안다. 하지만 수치심이 하는 일은 기본적으로 "무언가를 그만두게 하는 것"이다. 수치심은 행동을 정지시키기 위해 계획되고, 평가는 내가 슬픔에 빠져 무력한 것처럼 느끼게 했다. 일반적으로 부모들은 아이들이 특정 행동을 멈추게 하고 싶을 때, 더 나아가 애초에 아이 자신이 그 행동을 저질렀다는 사실에 기분이 나빠하길 원할 때, 아이들에게 수치심을 주는 훈육 방식을 택한다. 생리학적 관점에서 수치심은 우리를 싸우거나 도망치거나 얼어붙게 한다. 성장할 수 있는 상태가 아니게 되는 것이다. 우리가 죽음을 둘러싸고 서로 수치심을 주면 치유하거나 자라는 능력을 말 그대로 유예한다.

우리는 사실 출산과 마찬가지로 죽음이 어떻게 일어날지 항상 통제할 수는 없다. 그리고 죽음에 맞닥뜨렸을 때 어떻게 느낄지 예측할 수 없다. 임종 때 극심한 육체적 고통이 있으면 거기에서 해방되고 싶은 욕구를 압도적으로 느낄 것이다.

　루스는 죽어 가고 있었고, 겁이 났다. 그녀는 언젠가부터 틀림없이 천국이 존재한다고 믿었던 감리교 신자였지만, 지금은 마음이 약해져서 두려웠다. 루스의 딸 마가렛이 그녀 생의 마지막 며칠 동안 베풀 수 있었던 가장 큰 친절은 그녀를 진정시키는 일이었다. 그래서 마가렛은 엄마가 상상했을 만한 천국의 모습을 떠올리고 그것에 관해 이야기하며 위로했다. 죽으면 초원으로 나아갈 것이고, 햇빛에 몸이 따뜻해질 거라고 말이다. 천국은 좋은 곳이고, 남겨진 마가렛도 괜찮을 거고, 아빠가 잔디밭에서 기다리고 있을 거라 말하며 엄마를 달랬다. 마가렛 자신이 그 말을 믿는지는 신경 쓸 것 없었다(그것은 전혀 중요치 않았다). 그녀는 최선을 다해 마지막 순간에 엄마가 느낄 두려움을 없애고 싶었다.

　작가 올리버 색스Oliver Sacks는 불치병에 걸린 사실을 알았을 때 남긴 글에서 "두렵기만 했던 것은 아니었다"고 했다. "관심 사항과 관점이 갑자기 분명해졌다. 불필요한 일에 낭비할 시간이 없었다. 나 자신, 내 일, 내 친구들에 집중해야 했다. 더는 매일 밤 〈뉴스아워News Hour〉를 챙겨 보지 않을 것이다. 지구 온난화에 관한 정치와 논쟁에 관심을 기울이지 않을 것이다." 더는 자신이 상관할 일이 아니고, 미래의 문제라고 그는 설명했다. 그의 관심은 분명하게 현재로 향한 것이다. 하지만 다시 한번 나는 이것도 예측될 수 없다고 주장할 것이다. 색스는 이렇게 썼다. "유일무이한 개인이 되는 것, 자신의 길을 찾는 것, 자신의 인생을 사는 것, 자신만의 죽음을 맞는 것은 모든 인류의 운명(유전과 신경에 따른 운명)이다."[42]

나는 출생과 죽음의 유사점에서 벗어날 수 없고, 그중 하나에 관한 연구가 나머지 하나에 대해 무엇을 공유할 수 있을지 오랫동안 궁금했다. 앤 드랩킨 라이얼리Anne Drapkin Lyerly는 그녀의 책 『좋은 출산A Good Birth』의 근거가 되었던 대규모 연구 프로젝트를 통해 무엇이 좋은 출산으로 이어지는지를 조사했다. 좋은 출산의 공통점은 산파와 조산원과 산부인과만의 문제가 아니라, 그 모두의 표면 아래에 덮여 있는 문제라는 걸 알았다. 통제, 행동력, 안전, 유대감, 존중, 지식이다. 우리는 죽어 가는 사람에게 항상 이러한 것을 제공할 수 없고 우리 자신도 항상 접근할 수 없다. 하지만 우리는 노력할 수 있다. 그리고 위로와 공감과 평가하지 않는 자세를 보여 줄 수 있다. 엘리자베스는 훨씬 오래전에 그 길을 보여 주었다. 이제 우리가 해야할 일은 계속 그녀의 뜻을 따르는 것이다.

가까운 친구들과 가족들이 '생전 장례식'을 치르기 위해 모리 교수님 댁에 모였다. 각자 멋진 말을 했고 교수님께 경의를 표했다. 몇몇은 울었고 몇몇은 소리 내어 웃었다. 모리 교수님은 그들과 함께 울고 웃었다. 그리고 평소 우리가 사랑하는 사람들에게 미처 말하지 못했던 가슴 벅찬 이야기를 그는 그날 전부 할 수 있었다. 그의 생전 장례식은 그야말로 대성공이었다.

—미치 앨봄, 『모리와 함께한 화요일』

21
당신의 장례식에서 사람들이
당신에 관해 어떤 말을 해 주길 바라나요?

"묘비명을 미리 생각해 보라"는 조언은 별로 새롭지 않다. 그렇긴 하지만 사랑하는 사람들과 얼마나 자주 그런 대화를 나누는가? 나는 '생전 장례식'이라는 엄청난 경험을 하면서 이 생각을 한 단계 더 진전시킬 수 있었다. 마흔 살 생일 파티 장소에서 친구들이 나를 생전 장례식으로 내몰았다. 나는 거기에서 돌에 새길 만한 의미심장한 말을 찾는 대신 사랑을 받는 것이 무엇을 의미하는지에 대해 더 많이 배우게 되었다.

심장은 두 가지 주된 기능이 있다. 심장의 절반은 영양분이 풍부한 물질을 받아 맞이하고 흡수한 뒤 한 번 더 산소를 공급받도록 폐로 보내는 기능을 맡는다. 반대쪽 절반은 혈액을 다시 퍼내 탁월한 정확도와 힘으로 분배하는 완전히 다른 기능을 담당한다. 심장마비는 그 기능이 작동하는 순서가 잘못되었을 때, 즉 혈액을 주고받는 능력이 균형을 잃을 때 발생한다. 심장병은 여전히 미국에서 가장 큰 사망 원인이다.[43]

미국 문화는 사랑을 표현하고, 포용하고, 감사하고, 칭찬하는 것을 높이 평가한다(모든 사람이 실천하지는 않지만, 일종의 문화적 의무 사항이다). 하지만 사랑을 받는 것에 대해서는 그만큼 논의하고, 가르치거나, SNS에 게시하여 자랑하지 않는다. 사실 사랑을 받아들이고 느끼는 것은 어려운 일이다. 내 인생의 사랑과 내가 우리 두 사람에게 어쩌면 영원할지도 모를 휴식이 필요하다고 판단했을 때는 어느덧 내 마흔 살 생일을 3개월 앞둔 시점이었다. 별거가 현실이 되었을 때, 조금 꺼림칙했던 느낌이 감출 수 없는 두려움으로 모습을 드러냈다. 생일이 얼마 남지 않아서 불거진 감정이었다. 숨겨진 감정의 실체를 인정하자마자, 우리가 3년 동안 함께 살았던 바션섬의 비 오는 10월, 그 어둠 속에서 슬픔이 베일을 벗었다. 정말 내 마흔 살 생일을 혼자 보내려고 했나? 돌싱남으로서 끝장난 관계들에 관한 기억을 떠올리며 이 통과 의례, 삶을 되돌아보는 고독한 시간을 마주해야만 하는가? 내가 삶의 동반자로 여겼던 이 여인은 정말 떠나 버린 걸까?

나는 불안을 홀로 달래는 것을 좋아하지 않는다. 그래서 즉시 친애하는 사람들에게 내 생일이 있는 주말에 시간을 비워 달라고 부탁하는 이메일을 보냈다. 그날은 북부 캘리포니아 해안가 어딘가에서 보내게 될 것이라고 약속했다. 구체적인 내용은 밝히지 않았다. 그들 중 누구라도 참석할 수 있을까?

다행히 하루만에 "알았다"는 메시지를 담은 마흔 개의 답장이 내 '받은 편지함'을 채웠다. 더는 임박한 고독 때문에 공포심을 느끼며 앉아 있지 않아도 되었다. 일주일 후 내 가장 오래되고 불손한 친구 맷 위긴스Matt Wiggins가 보낸 터무니없는 이메일 하나가 생일 파티 참석자들에게 폭탄처럼 날아들었다.

윅스는 생전 장례식을 하라고 요구했다. 내 소중한 사람들이 불만을 터트리고 애정 어린 추도 연설을 하는 동안, 내가 몇 시간에 걸쳐 "죽은 자" 역할을 함으로써 내 중요한 반환점을 기려야 한다고 생각했다. 자신의 장례식에 참석하고 싶다고 말하는 사람들이 많았다. 내가 마크 트웨인 소설 속 캐릭터 톰 소여Tom Sawyer나 영화 〈안녕, 헤이즐〉의 남자 주인공 오거스터스 워터스Augustus Waters의 이야기에 동조해 내 버전을 선보여야 할 것처럼 상황이 흘러가고 있었다.

왕자도 부럽지 않은 연회와 음악 공연으로 전날 저녁을 보낸 후, 죽기로 한 날이 밝았다. 모두 진지하게 준비 작업에 임했다(나도 진지하게 준비했다). 나는 그날을 비교적 고독하게 보냈다. 긴 마사지를 받으며 쉬고, 조금 먹고, 몇 시간 동안 명상하고, 사우나와 냉수욕을 번갈아 하고, 적당한 기름으로 성유를 바르고, 흘러내리는 흰옷을 입었다. 또 언제 내 장례식을 준비해 보겠냐는 생각이었다. 그렇지 않은가?

언덕 위로 황혼이 물들었고 눈을 감은 채 고맙게도 열려 있는, 곧 관이라는 것을 깨닫게 된 상자 안으로 들어갔다. 발이 뒤섞이고 들어올려지는 느낌이 들어 관을 나르는 무리가 양쪽에서 고생하고 있음을 알았다. 나는 내 친구들이 이 시도를 완전히 새로운 차원으로 끌어올렸고 단지 이 의식을 치르려고 삼나무 관을 주문했음을 깨닫고는 불안 속에서도 웃었다.

따뜻하고 시큼한 위스키 향이 나에게 밀려왔다. 나는 그 병이 관을 나른 모든 사람에게 돌 것을 생각하며 미소 지었다. 소곤거리는 소리와 함께 관이 바닥에 놓였다. 그 공간에는 초 하나만 깜박거리고 있었다. 나는 눈을 뜨지 않았지만, 눈꺼풀 안쪽의 어른거림으로 어둠 속에 친구들이 숨어 있음을 알 수 있었다.

웍스의 어머니인 캐시 맥스웰Kathy Maxwell이 어수선한 침묵을 깨고 우리가 인디언 부족인 미웍Miwok의 땅에 있음을 상기시켰고, 최근에 자신이 바로 이 방에서 부족의 원로를 위한 장례식을 열었다고 말했다. 그녀는 부족의 훌륭한 의식을 우리 모임의 본보기로 삼았다고 알려 줬다. 그녀가 내 이름을 언급하자 한 친구가 통곡하기 시작했는데, 농담이 아니라 실제 장례식에서도 보기 드문 심한 오열이었다.

무려 세 시간 동안 나는 나뭇잎처럼 정지해 있었다. 피할 수 없었던 유일한 사치는 쏟아지는 눈물이었고, 내 눈꺼풀의 일부분은 아주 오랜 시간 눈물 속에 잠겨 있었다. 사람들은 우선 나를 어떻게 알게 되었는지 말했다. 상실의 고통에는 너무나 충격적일 정도로 유머와 솔직함이 가득했다. 불만과 추도 연설이 이어졌다. 끓어오르는 불만은 상처로 남아 있는 생생한 것이었다(그들 모두에게 고마웠다). 나는 그간의 정신적 고난,

의사소통 문제, 후회되는 순간을 쉽게 해결할 수 있다는 걸 깨달았다. 내 친한 친구들과 마음을 나누는 데 있어서 무엇이 문제였는지, 그들이 나를 어떻게 보는지, 누구에게 사과해야 하는지, 누구에게 나를 더 아낌없이 보여 줘야 하는지 알게 됐고, 관에서 나가게 되면 소중한 친구들과 맺은 우정이 환하게 빛날 때까지 얼룩을 닦고 광을 낼 수 있음을 알았다.

마치 트럭에 치인 것 같은 충격을 준 것은 사랑이었다. 이 사람들의 입술에서 쏟아져 나온 참을 수 없이 순수한, 폭풍 같은 사랑을 나는 가장 존경하게 됐다. 그것은 정말로 넘쳐흘렀다. 그것을 느끼자 몸에 불이 붙은 것처럼 후끈거렸다. 숨을 곳은 어디에도 없었다. 이 사람들은 나를 사랑했다. 그들은 나에게서 진심 어린 마음을 찾았고, 불안과 허점을 보았고, 내 어떤 모습에도 나를 사랑했다. 나는 피할 수 없었고, 채널을 돌릴 수도 없었으며, 얼굴을 붉히거나 감사할 수조차 없었다(나는 그저 받아야 했다).

그리고 마침내 깨달았다.

내가 진정으로 사랑받는 법을 모른다면 살아 있는 것에 대해 무엇을 알 수 있었겠는가? 나는 심장의 한쪽만 사용하고 있었다(사랑을 주고, 사람들을 돌보고, 더는 사랑하고 싶지 않은 이들을 피하는 것에). 나는 이 거대한 (그리고 불균형하고, 위험에 처한) 근육을 만들었다. 나는 그날 의미심장한 묘비명을 생각해 내지는 못했지만, 이 별난 선물을 통해 사랑을 받는 데 온 정신을 집중해야 한다는 사실을 분명히 깨달았다. 다시 한번 죽음에 대해 숙고해 보니 두려움이 느껴지는 대신 지금, 현재를 어떻게 살지에 대한 분명한 방향이 떠올랐다.

이것이 내가 내 장례식에 참석해서 얻은 것이다. 더 크게 보면 생전 장례식은 성장을 위한 훌륭한 기회(그 성장의 형태가 각자에게 다르게 보이겠지만)라고 생각한다.

나는 그날 저녁 그 관에서 나올 수 있어서 행운이었다. 자신의 장례식에 참석하기로 선택한 많은 사람은 자신이 곧 죽을 것을 알기 때문에 자신을 기리는 빌어먹을 파티에 참석하길 원한다. 그것이 메리 엘리자베스 윌리엄스Mary Elizabeth Williams의 친구 제시카Jessica에게 일어난 일이었고, 그녀는 암으로 죽었다. 그녀는 처음에 작은 생일 파티를 계획했지만, 그녀가 병원에 급히 가야 할 때 손님들이 빈집에 도착했다. 그때 그녀는 생각을 바꿨다. "나는 모두 모였으면 좋겠어." 제시카는 말했다. "멋진 말들을 모조리 듣고 싶어." 그리고 정말 그렇게 했다 (그녀의 남편은 처음 만난 저녁 식사 자리에서 그녀가 아내가 될 줄 알았다고 말했고, 피아노 반주로 「Space Oddity(스페이스 오디티)」 연주도 해 주었다).

"우리가 언젠가 죽는다는 사실에 대해서 언제든 가능할 때 좀 더 관심을 기울였다면 어땠을까요?" 그녀의 친구 메리 엘리자베스가 물었다. "마지막 숨을 거두기 전에 모두 상황이 좋아질 것처럼 구는 것을 멈췄다면요? 우리의 슬픔만 생각할 게 아니라 죽어 가는 사람에게도 슬퍼할 기회를 줬다면 어땠을까요? '자, 날 잡고 사랑한다고 말해 줘.' 이런 말을 하려면 믿을 수 없을 정도로 적극적이어야 하고 용기가 있어야 해요. 죽음을 받아들이고, 꺼져 가는 빛에 대한 분노를 멈춰야 할 때를 알려면 강해야 합니다. 행복한 척하지 말고, 함께 또 다른 계획을 세우지도 말고, 그저 당신들 중 한 명이 떠나고 있다는 진실을 마주하세요."[44]

존 실즈John Shields도 살날이 며칠 남지 않았을 때 바로 그걸 하겠다고 결심했다. 불치병이었던 그는 캐나다법에서 허용한 조력 자살을 선택했고 죽을 날을 결정했다. 그 전날 밤 아일랜드식 경야Irish wake*를 하면 좋을 것 같았다. 음악과 술과 고기와 건배가 있을 것이다.

캐서린 포터Catherine Porter는 「뉴욕 타임스」에 존에 관한 글을 썼다. "잇따라서 사랑, 존경, 감사의 말이 쏟아졌다. 비탄에 잠겨 있을 때 초대해 준 것에 감사했다. 그의 우정에 감사했고 용기에 감사했다."[45]

그는 그 모든 것을 듣게 되었다. 그도 감사를 표했다. 그러고 나서 모두에게 미소 지으며 작별 인사를 했다. "나중에 또 만나요."

---

* 아일랜드의 전통적인 장례 문화로, 유대교에서 기인한다. 고인을 기리는 생전 지인들이 고인의 집에 모여 함께 밤을 지새운다.

오, 나의 공허한 삶을 저 바다에 잠기게 하여 그 깊은 충만 속으로 빠져들게 하소서. 저 우주의 완전함 속에서 잃어버린 그 달콤한 손길을 다시 한번 느껴 보게 하소서.

— 타고르, 『기탄잘리』

22
죽음에 관한 대화를 어떻게 마치는 게 좋을까요?

우리가 이 책에서 함께 지나온 어두운 협곡들은 혼자서 혹은 친구와 함께라 할지라도 자주 가지 않는 곳이었을 것이다. 이 전에도 말했던 것을 알지만 반복해 말해도 좋을 만한 간단한 진리는 바로 이것이다. 이 영역으로 들어가면 결코 쉬운 답은 없다. 하지만 나침반이 있는데, 그것은 바로 감사하는 마음이라고 생각한다.

아름다운 식탁에서 식사하는 중이든 주간 고속도로를 운전하는 중이든 죽음에 관한 대화를 끝내는 방법은 대단히 중요하다. 죽음을 논의할 때 감정적으로 안전하게 느끼는 것이 중요하다. 또한 감사는 사람의 마음을 연결한다. 스티브 젠킨슨 Stephen Jenkinson의 "감사는 연습이 필요하다"라는 현명한 말이 떠오른다. 내가 죽음의 만찬을 할 때마다 고인에게 감사를 표하며 시작하고, "돌아가며 감탄하기"라고 부르는 의식을 통해 산 사람을 칭찬하며 끝내는 가장 큰 이유다. 나는 전 세계를 다니며 "돌아가며 감탄하기"를 수백 번쯤 했지만, 이 의식은 원래 캐시 맥스웰Kathy Maxwell이 시작했다. 이는 그녀의 집 식탁에서 가족끼리 서로 예의를 지키려고 매일 실천하던 것이었다.

그녀의 아들 찰리Charlie의 첫 성찬식을 며칠 앞두고 캐시는 코네티컷주 대리엔Darien에 있는 장식품 가게에 들러 중요한 의식을 기념하는 물건이 있는지 둘러보던 중이었다. "그곳에서 컵 가장자리를 따라 '너는 영원한 신의 아이다.'라고 쓰인 이 수제 성배를 봤어요." 성배는 완벽해 보였고, 그것을 집에 가져왔을 때 아이디어가 떠올랐다. 혼자 아이를 키우는 부모라면 모두 알겠지만, 식사시간에는 마치 교도소장이 된 것처럼 느낄 수 있다. 특히 캐시는 굉장히 조숙한 아이 세 명을 키우고 있어서 더 그랬다. 그래서 성찬식 날 저녁 식사 때 성배를 포도 주스로 채우고 "축복의 잔"이라는 새로운 게임을 하자고 아이들에게 제안해야겠다고 생각했다. 식사를 시작하기 전에 모두 잔을 차례로 넘겨받아 식탁에 앉은 사람들에게 멋진 말을 하고 포도 주스를 한 모금 마시는 거다. 캐시는 이렇게 꽤 놀라운 방법으로 성찬식을 집에 있는 가족에게로 가져왔다.

초기에는 약간의 코치가 필요했지만, 이윽고 아이들은 밤마다 하는 의식에 주체적으로 참여했다. 한참이 지난 후, 아이들이 저마다 가정을 이루자 캐시는 각 가정에 축복의 잔을 선물했다. 잔을 하나하나 점토로 만들고(캐시의 손녀는 그녀에게 잔

만드는 법을 배우고 있다) 가장자리에 "식탁으로 오라."라고 빙 둘러 써넣었다.

종교적 정체성을 떠나 가족(죽음에 관해서라면 누군가)에게 매일 긍정의 뜻을 표현하는 것이 가져오는 효과는 가히 혁신적이다. 우리가 죽음의 만찬에서 이 의식을 실행하는 형태는 성찬식과 다르며 성배를 돌리지 않지만, 모든 만찬을 이 아이디어로 끝맺는다. 강렬한 주제(특히 우리가 억누르기 쉬운 주제)를 논의할 때에는 대화를 정리하고 사람들이 죽음을 이야기하지 않는 일상으로 다시 돌아가는 방법에 대해 심사숙고해야 한다. 우리는 종료되었다는 느낌(사람들은 집으로 돌아가도 될 때임을 알아야 한다)을 원하고, 사랑과 인정을 받을 때 몸에서 자연스럽게 생성되는 소량의 옥시토신과 함께 경험을 마치길 원한다.

감탄을 시작하기 위해 누군가가 바로 오른쪽이나 왼쪽에 앉은 사람에 대해 감탄하는 뭔가를 공유한다. 누가 먼저 시작할지 절대 미리 정하지 않는다(그냥 흐름에 맡긴다). 시작한 사람이 감탄할 사람을 직접 고르며, 당신이 감탄을 받을 때 할 일은 단지 그 말을 받아들이는 것이다. 옆에 앉은 새로 알게 된 사람이 당신의 멋진 신발에 감탄할 수도 있다. 비결은 감탄을 피하거나 보답하려 말고 그저 받아들이는 것이다(그냥 고맙다고 말하면 된다). 그다음엔 반대쪽 옆 사람을 바라보며 내면 깊숙이 들어가 그 사람에게 진심으로 감탄하는 것을 끄집어내 전달한다. 상대는 어쩌면 수년간 충분히 감탄할 기회가 없었던 당신의 동반자일 수도 있다. 대담하거나 감정적으로 느껴지는 뭔가를 말하라(그것이 진짜 감탄이라면 분명 의미 있는 말이 될 것이다). 모두 한 번씩 말하고 나면 떠나야 할 사람은 편하게 작별 인사를 할 것이다.

나가는 말

나는 어머니, 형과 함께 죽음의 만찬을 하기 위해 거의 5년을 기다렸다. 전 세계를 다니며 만찬을 열었지만 정작 가장 중요한 두 명을 초대하지 못하고 있었다. 그래서 죽음을 이야기하기가 어렵다는 점을 통감하고, 내가 이 영역에서 일종의 모범 시민이라고 주장하지 않는다. "식탁에 새로운 힘을 불어넣기 위해" 20년 동안 밤낮을 가리지 않고 일했지만, 여전히 두 딸과 침대에서 드라마〈팍스 앤 레크리에이션Parks and Recreation〉을 보며 식사할 때 가장 큰 기쁨을 느낀다.

그런데 막상 가족과 식탁에 앉자, 엄청나게 어색했다. 낯선 사람과 친구 들을 초대하는 법은 잘 알지만, 식탁에서 혈육을 마주할 때는 너무 친밀한 뭔가가 있었다. 이 느낌은 우리 넷만 있다는 사실 때문에 더 증폭됐다. 그날 우리 집 저녁 식탁에는 열두 살 된 조카 핀도 합석해 있었다. 나는 형에게 피자, 영화와 함께 조카를 위층으로 올려 보내자고 미리 제안했지만, 형은 핀이 함께하길 원했다. 하지만 형은 직장에서 힘든 하루를 보내느라 사전에 핀에게 설명하는 것을 잊었다. 그래서 핀에게 그날 밤 우리가 어떤 대화를 나눌 것인지 설명하면서 만찬을 시작했다. 핀은 우리가 죽음을 이야기할 것이라는 사실을 이해하자마자 자리를 떠났다.

우리는 내 기본 원칙 중 최소 두세 가지를 깨뜨렸다. "죽음의 만찬이나 죽음에 관한 대화로 절대 누군가를 놀라게 하지 말라." "동의가 가장 중요하다." "그리고 아이는 참석하고 싶다는 뜻을 강하게 표시할 때만 포함하라." 요컨대 그래서 상황은 끔찍하게 흘러가고 있었다.

핀은 자기 음식을 서둘러 먹으려고, 그리고 죽음을 이야기한다는 발상을 끔찍하게 생각한다는 사실을 우리에게 알려 주려고 식사 중간에 식탁으로 돌아왔다. "왜 사람들이 맘껏 즐기는 더할 나위 없이 좋은 식사 자리를 '그런' 얘기로 망치려는 거야?" 핀이 물었다. 아이는 죽음이 너무 불편해서 그 단어를 입에 담지도 않았다.

이러한 재앙에도 불구하고 그날 저녁은 어머니와 형과 함께 했던 식사 중 단연코 가장 의미 있고, 인상적이며, 그야말로 즐거운 식사였다.

그래서 어떻게 되었느냐고? 핀이 왔다 갔다 한 일은 식탁에서 나눈 대화의 깊이에 방해가 되지 않았다. 말다툼도 없었다. 정말 모두 서로를 경청했다. 나는 내 두 친족에게서 가장 좋은 점을 새로이 발견했다. 그들의 천재성은 반짝였다. 어머니는

더 좋은 엄마이지 못했다는 점을 다시 한번 사과했고 본인의
인생 이야기를 우리와 거의 공유하지 않았음을 인정했다. 또
엄마를 형성한 사건들과 삶의 경험을 몰랐던 우리가 어떻게
그녀를 이해할 수 있었겠는지, 어머니의 진실한 모습을 알지
못한 채 그녀가 부모로서 했던 선택을 존중하는 것이 얼마나
힘들었을지 깊이 생각하는 듯했다. 말과 감정에 있어 형 브라
이언의 탁월한 감각이 돋보였고, 나는 형의 진솔함과 사려 깊
음에 감명받았다. 형의 생각은 내가 지금껏 나눴던 죽음에 관
한 대화 중 가장 뛰어난 통찰력을 보여 줬기에, 그날 나눈 대화
를 녹음해 뒀다면 좋았을 것이다.

　나에게 그 만찬은 처음으로 가족에 대한 소속감이 들게 한
엄청난 순간이었다. 항상 고아 같다고 느꼈던 것은 아니지만,
어느 정도는 가족에서 분리된 느낌이었다. 하지만 어젯밤(이
글을 쓰기 하루 전의 일이었다) 내가 나에 대해 가장 좋아한 특
성이 이 사랑스러운 두 인간으로부터 비롯한 것임을 아주 분
명하게 볼 수 있었다. 어머니의 기성 사회에 대한 비범한 저항
과 어떤 것도 당연시하지 않으려는 의지, 그리고 놀랍도록 강
인한 성격과 독립심에서 나는 종종 어머니의 완고함과 부정적
성향을 보곤 했지만, 어젯밤에는 그녀에게서 분명하고도 영광
스럽게 선량함을 엿봤다. 그리고 그날 어머니와 형도 나와 똑
같은 경험을 했고, 우리 셋은 서로를 새롭게 목격한 것 같았다.
이는 모두 내가 식탁에서 물었던 네 개의 간단한 질문이라는
비법을 통해서였다. 그것은 그 순간 가장 적절해 보이는 질문

을 고른 것이었으며, 모두 이 책에 담겨 있다. 나는 만찬 전에 어떤 질문을 할지 심사숙고하면서 상세한 대본을 썼지만, 그대로 따르지는 않았다. 대화의 흐름에 맞춰 기억나는 질문을 하는 게 더 나을 것 같았다.

하지만 우리는 고인에게 감사하며 시작했고, 돌아가면서 감탄하며 마쳤다.

2000년 전 철학자인 에피쿠로스Epicurus도 식탁에 깊은 열정을 품었다고 한다. 그는 죽음을 부정하는 것은 대부분의 신경증의 주된 원인이라고 가르쳤다. 또한 인간이 언젠가 죽는다는 사실을 잘 받아들이지 않는다는 점을 인식하고는, "우리 인류는 다른 것들에 맞서서는 안전을 얻을 수 있지만, 죽음에 관한 한 모두 성벽 없는 도시에 산다"라는 유명한 말을 남겼다. 이 성벽 없는 도시에서 우리는 자신과 타인에 관해 아주 많이 배울 수 있다. 죽음에 관한 대화는 연민에 대한 이해를 넓히고 내가 접했던 어떤 주제보다 더 감동적으로 우리를 연결하는 포용력이 있다. 미국의 유명한 영적 지도자 람 다스Ram Dass가 상기시킨 바 있듯이 "우리는 모두 함께 집으로 걸어가고 있다."

나는 가끔 이 대화를 함께 나눴던 수천 명을 떠올리는 것을 좋아한다. 그중 즐겨 떠올리는 장면은 가족끼리 대화하는 모습이나 만찬이 끝난 뒤 설거지를 하고 초를 끄는 한 사람의 모습이다. 그들은 친구나 사랑하는 사람들이 한 말을 떠올리면서 함께 새로운 영역으로 들어갔음을 느꼈다. 죽음에 관한 대화를 마치는 방법은 한 가지 정답이 있는 게 아니다. 죽음을 이야기하는 법도 마찬가지다. 죽음은 우리의 삶 전체를 동행한다. 우리 모두 우리의 충실한 동반자를 더 잘 알아야 한다.

추천 도서

『가장 깊은 우물: 유년기 불행이 삶에 장기적으로 미치는 영향을
치유하다*The Deepest Well: Healing the Long-Term Effects of Childhood Adversity*』
나딘 버크 해리스Dr. Nadine Burke Harris. **국내 미출간**

『가장자리에 서서: 두려움과 용기가 만나는 자유를 찾다*Standing at the*
Edge: Finding Freedom Where Fear and Courage Meet』 조앤 핼리팩스Joan Halifax,
리베카 솔닛Rebecca Solnit. **국내 미출간**

『누가 죽는가: 죽음이 삶에게 보내는 편지*Who Dies? An Investigation of Conscious*
Living and Conscious Dying』 스티븐 러바인Stephen Levine.

『다섯 번의 초대: 죽어 가는 사람들에게서 무엇을 배울 수 있을까*The*
Five Invitations: What the Living Can Learn from the Dying』 프랭크
오스타세스키Frank Ostaseski. **국내 미출간**

『마지막 강의*The Last Lecture*』 랜디 포시Randy Pausch.

『마지막 1년: 살날이 1년밖에 남지 않았다면 어떻게 살겠는가*A Year to Live:*
How to Live This Year as If It Were Your Last』 스티븐 러바인Stephen Levine.
국내 미출간

『몸이 아니라고 말할 때: 당신의 감정은 어떻게 병이 되는가*When the Body Says No: Understanding the Stress-Disease Connection*』 가보 마테Gabor Maté.

『상실*The Year of Magical Thinking*』 조앤 디디온Joan Didion.

『성찰*Still Here: Embracing Aging, Changing, and Dying*』 람 다스Ram Dass.

『세상을 떠난다는 것: 인생은 봄날처럼 지나간다*Final Gifts: Understanding the Special Awareness, Needs, and Communications of the Dying*』 매기 캘러넌Maggie Callanan, 패트리샤 켈리Patricia Kelley.

『숨결이 바람 될 때: 서른여섯 젊은 의사의 마지막 순간*When Breath Becomes Air*』 폴 칼라니티Paul Kalanithi.

『슬픔의 거친 가장자리: 회복을 위한 의식과 슬픔의 신성한 역할*The Wild Edge of Sorrow: Rituals of Renewal and the Sacred Work of Grief*』 프랜시스 웰러Francis Weller. **국내 미출간**

『신 없이 어떻게 죽을 것인가*Mortality*』 크리스토퍼 히친스Christopher Hitchens.

『신의 호텔: 영혼과 심장이 있는 병원, 라구나 혼다 이야기*God's Hotel: A Doctor, a Hospital, and a Pilgrimage to the Heart of Medicine*』 빅토리아 스위트Victoria Sweet.

『어떻게 죽을 것인가: 현대 의학이 놓치고 있는 삶의 마지막 순간*Being Mortal: Medicine and What Matters in the End*』 아툴 가완디Atul Gawande.

『엄마와 함께한 마지막 북클럽*The End of Your Life Book Club*』 메리 앤 슈발브Mary Anne Schwalbe. **국내 미출간**

『여기에서 영원까지: 좋은 죽음을 찾아 떠난 세계 여행*From Here to Eternity: Traveling the World to Find the Good Death*』 케이틀린 다우티Caitlin Doughty. **국내 미출간**

『연기가 눈을 흐린다: 그리고 화장터에서 얻은 다른 교훈들Smoke Gets in Your Eyes: And Other Lessons from the Crematory』케이틀린 다우티Caitlin Doughty. **국내 미출간**

『오늘이 가기 전에 해야 하는 말: 소중한 사람과의 관계를 아름답게 지키기 위해The Four Things That Matter Most: A Book About Living』아이라 바이오크Ira Byock.

『인생의 아름다운 준비: 유대인 랍비가 전하는The December Project: An Extraordinary Rabbi and a Skeptical Seeker Confront Life's Greatest Mystery』새러 데이비드슨Sara Davidson.

『인체 재활용: 당신이 몰랐던 사체 실험 리포트Stiff: The Curious Lives of Human Cadavers』메리 로치Mary Roach.

『죽어 가면서 존재하다: 죽음 앞에서 연민을 느끼고 두려워하지 않는다Being with Dying: Cultivating Compassion and Fearlessness in the Presence of Death』조앤 핼리팩스Joan Halifax, 아이라 바이오크Ira Byock. **국내 미출간**

『죽음과 죽어감: 죽어가는 사람이 의사, 간호사, 성직자 그리고 가족에게 가르쳐주는 것들On Death and Dying: What the Dying Have to Teach Doctors, Nurses, Clergy and Their Own Families』엘리자베스 퀴블러 로스Elisabeth Kübler Ross.

『죽음을 원할 자유: 현대의학에 빼앗긴 죽을 권리를 찾아서Knocking on Heaven's Door』케이티 버틀러Katy Butler.

『죽음학 수업: 눈물의 수업을 통해 깨닫는 경이롭고 아름다운 삶의 진실, 우리가 다시 삶을 사랑할 수 있을까The Death Class: A True Story About Life』에리카 하야사키 Erika Hayasaki.

『최후의 수단: 생애 말기로 가는 더 좋은 길을 찾다*Extreme Measures: Finding a Better Path to the End of Life*』제시카 누틱 지터 의학 박사Dr. Jessica Nutik Zitter, MD. **국내 미출간**

『티베트 사자의 서: 죽음의 과정을 이해함으로써 자유로워지는 위대한 책 *The Tibetan Book of the Dead: The Great Book of Natural Liberation Through Understanding in the Between*』파드마 삼바바Padma Sambhava편집자, 로버트 서먼Robert Thurman역자, 달라이 라마the Dalai Lama서문, 카르마 링파Karma Lingpa공동 제작자. **국내 미출간**

『품위있는 죽음의 조건: 세계적인 웰다잉 전문가 아이라 바이오크가 쓴*Dying Well: Peace and Possibilities at the End of Life*』아이라 바이오크Ira Byock.

『현명하게 죽다*Die Wise*』스티븐 젠킨슨Stephen Jenkinson. **국내 미출간**

『희망의 대가: 회고록*The Cost of Hope: A Memoir*』아만다 베넷Amanda Bennett. **국내 미출간**

연관 웹사이트

우리 데스오버디너Death Over Dinner 팀은 상호작용 플랫폼과
생애 말기 자원을 확장하고 심화하기 위해 세계적 건강 기구인
라운드글래스RoundGlass와 제휴했다.

데스오버디너 Death Over Dinner. www.deathoverdinner.org
이 웹사이트 덕분에 이 책이 나올 수 있었다. 죽음의 만찬을 시작하고
주최할 때 필요한 모든 정보를 볼 수 있다.

데스오버디너—의사와 간호사 Death Over Dinner—Doctors and Nurses.
www.deathoverdinner.org/medical
의료 전문가용 웹사이트다. 미국의 의료 분야 지도자 수십 명과 협력하고
있다.

데스오버디너—유대교 Death Over Dinner—Jewish Edition.
www.deathoverdinner-jewishedition.org
리부트REBOOT, 이카IKAR, 랍비 샤론 브러스Sharon Brous, 그 외 서른 명이
넘는 랍비들과 협력하고 있다.

리빙웨이크 Living Wake. www.livewake.com
사랑하는 사람을 위한 생전 경야나 생전 장례식을 열기 위한 준비
자료를 볼 수 있다.

디엔드리스테이블 The Endless Table. www.endlesstable.org
고인이 된 사랑하는 사람의 요리법과 추억을 모았다.

데스퀘스천 Death Questions. www.deathquestions.org
생애 말기 전문가 수백 명에게 죽음과 죽어 감에 관해 생각할 수 있는
모든 것을 물었다. 놀라운 답을 얻을 수 있다.

데스리딩룸 Death Reading Room. www.deathreadingroom.com
죽음에 관한 최신 자료 기사, 팟캐스트, 대화, 짧은 영상 등을 볼 수 있다.

더윌뱅크 The Will Bank. www.thewillbank.org
사망 시 유언장, 사전 연명 의료 의향서, 의료 결정 대리권, 유서를
작성하고 저장할 수 있다.

위다이 WeDie. www.wedie.org
자기 죽음을 자율적으로 준비하려는 사람들을 위한 웹사이트다.
합리적인 의사 결정과 구매를 돕는다.

그 밖에 참고할 만한 웹사이트로 아래와 같은 곳들이 있다.

치매 환자를 위한 사전의료지시 Advance Directive for Dementia.
www.dementia-directive.org
당신이나 사랑하는 사람이 초기 알츠하이머병이나 치매로 고통받고
있다면 원하는 치료를 기록하는 간단한 방법을 제시한다.

어스파이어 Aspire. www.aspirehealthcare.com
중증 환자들을 위해 가정에서 포괄 의료를 제공하는 전문화된 의료진
정보를 확인할 수 있다.

칼리코 Calico. www.calicolabs.com
칼리코Calico는 수명을 조절하는 생명 작용에 대한 이해를 높이기 위해
선진기술을 활용하는 연구 개발 회사다.

코이오 Coeio. www.coeio.com
친환경 수의는 버섯 포자를 이용해 몸이나 흙에서 발견되는 독소를
정화함으로써 지구에 더 이롭고 식물이 더 잘 자라도록 돕는 장례
제품이다.

관 짜기 동호회 Coffin Clubs. www.loadingdocs.net/thecoffinclub
반항적이고 창조적인 뉴질랜드 노인들의 모임으로 죽음을 외면하는
대신 기발하고 별난 관을 직접 만든다.

더컨버세이션프로젝트 The Conversation Project.
www.theconversationproject.org
사람들이 생애 말기 돌봄에 대한 희망 사항을 이야기하도록 돕는
광범위한 자료들을 얻을 수 있다.

만찬회 The Dinner Party. www.thedinnerparty.org
대부분 이삼십 대로 이루어진 공동체로 심각한 상실을 겪은 사람들이
만찬회에 모여 그 경험과 그것이 삶에 어떤 영향을 미치는지에 대해
이야기한다.

엘리자베스 퀴블러 로스 재단 Elisabeth Kübler-Ross Foundation.
www.ekrfoundation.org
생애 말기 분야의 위대한 선구자에 관한 업무를 수행하는 재단이다.

엔드오브라이프 대학 End of Life University. www.eoluniversity.com
전문가와 생애 말기의 모든 측면을 심도 있게 다루는 교육적 인터뷰
시리즈를 볼 수 있다.

에버플랜 Everplans. everplans.com
유언장, 신탁, 보험 정책, 중요한 계좌와 비밀번호, 사전 연명 의료
의향서, 심폐소생술 거부 동의서, 마지막 희망 사항, 장례식 선택 사항을
보관하는 안전한 디지털 아카이브다.

퓨처파일 Future File. www.futurefile.com
유산 계획을 위한 종합적이고 사용하기 쉬운 시스템이다.

지와이에스티 GYST. www.gyst.com
유언장, 사망 시 유언장 또는 사전의료 지시서, 생명보험 등 생애 말기
서류를 한 단계씩 차근차근 준비할 수 있게 지원하는 온라인 서비스다.

장수상 The Longevity Prize. www.paloaltoprize.com
백만 달러약 11억 8천만 원의 상금이 걸린 팰로앨토 장수상은 노화를
막기 위한 생명 과학 대회다.

모던로스 Modern Loss. www.modernloss.com
상실과 슬픔에 관한 솔직한 콘텐츠, 자원, 공동체에 대한 정보를
제공하는 웹사이트다.

디오더오브더굿데스 The Order of the Good Death.
www.orderofthegooddeath.com
죽음을 무서워하는 문화에서 벗어나 피할 수 없는 죽음을 준비하는
방법을 탐구하는 장례 산업 전문가, 교수, 예술가 모임

리컴포즈 Recompose. www.recompose.life
리컴포즈는 우리가 죽은 뒤 새로운 생명에 영양분을 공급할 수 있도록
시신을 서서히 퇴비로 전환하는 방법을 개발하고 있다. 화장과 전통적
매장의 대안으로서 리컴포지션recomposition: 재구성이라는 뜻을
제공하는 것을 목표로 한다.

투모로우 Tomorrow. www.tomorrow.me
사용하기 쉬운 모바일 앱으로 유언장을 작성하고, 후견인을 결정하고,
생명보험에 가입할 수 있다.

미국 외상 후 스트레스 장애를 겪는 참전 용사
Veterans Struggling with PTSD. www.ptsd.va.gov
미국 참전 용사를 위한 웹사이트로, 트라우마와 외상 후 스트레스
장애에 관한 방대한 연구 및 교육 자료를 보유하고 있다.

중대한 대화 Vital Talk. www.vitaltalk.org
의사들이 이끄는 활동적인 단체로 개업의에게 생애 말기 대화 기술을
가르친다.

위크록 We Croak. www.wecroak.com
행복한 사람이 되려면 하루에 다섯 번은 죽음을 생각해야 한다고 믿는
부탄 사람들의 모바일 앱

선종 호스피스 의식하는 간병인 교육
Zen Hospice Mindful Caregiver Education. www.zenhospice.org
전문 간병인이나 가족 간병인이 지치지 않고 환자를 더 잘 돌보기
위한 연민과 회복력을 강화할 수 있도록 사회적, 의료적, 정신적 교육
프로그램을 제공한다.

그 외에 참고할 만한 한국 웹사이트

한국생명의전화 www.lifeline.or.kr
한국생명의전화는 24시간 365일 어려움에 처한 사람들을 상담하는
서비스를 지원한다. 당신이나 사랑하는 사람의 자살 방지, 위기 대응을
돕고, 전문가에게 최상의 도움을 받을 수 있다. 전화번호 1588-9191

한국 중앙자살예방센터 www.spckorea.or.kr
한국 보건복지부 지정 센터로, 24시간 자살 예방 상담 전화 등 핫라인을
통해 전문가의 상담을 제공한다. 전화번호 1393

한국 중앙정신건강복지사업지원단 www.nmhc.or.kr
가톨릭대학교 산학협력단에서 위탁 운영하고 있는 기관으로, 국가 정신
건강 사업의 기획 및 조정을 담당하고 있다.

한국자살예방협회 www.suicideprevention.or.kr
자살예방을 홍보하고, 정책을 제안하며, 예방 전문가를 양성하는 협회다.

한국 생명의친구들 자살예방상담 www.counselling.or.kr
사이버 자살 예방 상담을 제공하는 웹사이트다.

주

1. 에이미 S. 켈리Amy S. Kelley, 캐슬린 맥개리Kathleen McGarry, 숀 팔Sean Fahle, 새뮤얼
   M. 마샬Samuel M. Marshall, 킹글링 두Qingling Du, 조나단 S. 스키너Jonathan S. Skinner,
   "지난 5년간 자기 부담 지출Out-of-Pocket Spending in the Last Five Years of Life,"《Journal
   of General Internal Medicine(일반내과학 저널)》28권, 2호 (2013년 2월):
   304-309.

2. "미국인은 어디에서 죽는가?" 스탠포드대학교 의학과Stanford School of Medicine,
   완화 치료Palliative Care, https://palliative.stanford.edu/home-hospice-home-
   care-of-the-dying-patient/where-do-americans-die.

3. "더 최근에 조사받은 의대 연구원 122명 중 8명만이 생애 말기 돌봄을
   의무 과목으로 공부한다." 수잔 스브루가Susan Svrluga, "의사들도 죽어 가는
   것에 대해 배워야 한다,"「워싱턴 포스트Washington Post」, 2016년 1월 15일,
   www.washingtonpost.com/news/grade-point/wp/2016/01/15/doctors-need-
   to-learn-about-dying-too/?noredirect=on&utm_term=.8324597d6ac9.
   "간호사가 생애 말기 돌봄을 잘 제공할 수 있도록 기본 간호 교육이 충분히
   이뤄지는지 물으면, 통증 관리 교육이 부족하다는 응답이 71퍼센트, 생애 말기
   돌봄에 관한 전반적인 콘텐츠가 부족하다는 응답이 62퍼센트다. 이러한 결점
   때문에 간호 업무에서 양질의 생애 말기 돌봄을 제공하기에는 딜레마나 장벽이
   많다." 캐시 허버트Kathy Hebert, 해럴드 무어Harold Moore, 존 루니Joan Rooney, "생애
   말기 돌봄에 대한 간호사 주장The Nurse Advocate in End-of-Life Care,"《Ochsner
   Journal(악스너 저널)》11권, 4호 (2011년 겨울): 325-329.

4. "노인 학대 통계," 요양원 학대 센터Nursing Home Abuse Center, www.nursinghomeabusecenter.com/elder-abuse/statistics.

5. 지나 로버츠 그레이Gina Roberts-Grey, "비밀을 간직하면 건강에 위험할 수 있다," 「포브스Forbes」, 2013년 10월 24일, www.forbes.com/sites/ nextavenue/2013/10/24/keeping-secrets-can-be-hazardous-to-your-health.

6. "코티솔", 당신과 당신의 호르몬You and Your Hormones, www.yourhormones.info/ hormones/cortisol.

7. 크리스토퍼 R. 롱우드Christopher R. Longwood, 다라 N. 그린우드Dara N. Greenwood. "죽음 직시와 농담: 두려움을 잘 관리할 수 있을 때 농담을 한다Joking in the Face of Death: A Terror Management Approach to Humor Production," 《Humor: International Journal of Humor Research(유머: 국제 유머 연구 저널)》26권, 4호 (2013년): 493-510.

8. 『모리와 함께한 화요일Tuesdays with Morrie』의 저자 미치 앨봄Mitch Albom이 이야기하는 책『모리의 마지막 수업Morrie's Lasting Lessons』," 미국 방송국 CBS의 텔레비전 프로그램 〈디스모닝This Morning〉, 2017년 5월 12일, www.cbsnews.com/ news/tuesdays-with-morrie-author-mitch-albom-lasting-impact.

9. 워싱턴주 시애틀에 있는 "더 데스 살롱The Death Salon" 강연, 2017년 9월 10일.

10. 팽 시앵 류Pang-Hsiang Liu, 메리 베스 랜드럼Mary Beth Landrum, 제인 C. 윅스Jane C. Weeks, 헤이든 A. 허스캠프Haiden A. Huskamp, 캐서린 L. 칸Katherine L. Kahn, 유레이 히Yulei He, 제니퍼 W. 맥Jennifer W. Mack 외, "의사가 환자의 예후를 논의하려는 성향일 때 환자가 자신의 전이암 예후를 알고 있을 가능성이 크다Physicians' Propensity to Discuss Prognosis Is Associated with Patients' Awareness of Prognosis for Metastatic Cancers," 《Journal of Palliative Medicine(완화의학 저널)》17권, 6호 (2014년 6월): 673-682.

11. 제이 바루크Jay Baruch, "저는 악몽 속에서 살고 있습니다. 의료 수련 과정에서 그런 내용은 배우지 않았습니다," 「스탯STAT」, 2017년 9월 7일, www.statnews.com/2017/09/07/emergency-physician-death-families.

12. 닐 오포드Neil Orford, "생명에 중점을 두는 의료 시스템에서 죽음이 경시되고 있다," 「시드니 모닝 헤럴드Sydney Morning Herald」, 2015년 7월 7일, www.smh.com.au/comment/hospitals-must-shift-focus-of-endoflife-care-from-disease-to-people-20150706-gi6joz.html.

13. 애쉴리 위트Ashleigh Witt, "응급 부서에서 당신과 내가 만난다면 그날이 아마도 당신의 인생에서 최악의 날이 될 것입니다," 「시드니 모닝 헤럴드Sydney Morning Herald」, 2015년 11월 6일, www.smh.com.au/national/the-day-i-meet-you-in-the-emergency-department-will-probably-be-one-of-the-worst-of-your-life-20151105-gkrbm7.html.

14. 이 책에 쓰인 의견은 잭슨 박사Dr. Jackson의 개인적 의견이며 워싱턴대나 워싱턴대 의대의 의견을 대표하는 것이 아니다.

15. 크리스틴 코길Christine Cowgill, "생애 말기 교육이 시급하게 개선되어야 한다," 「투데이스 제리애트릭 메디슨Today's Geriatric Medicine」, 2014년 6월 26일, www.todaysgeriatricmedicine.com/news/ex_062613.shtml.

16. 크리스 헤이헐스트Chris Hayhurst, "왜 제공자들은 새로운 수가 코드를 빨리 채택하지 않는가?" 「아테나 인사이트Athena Insight」, 2017년 11월 9일, www.athenahealth.com/insight/why-providers-are-slow-adopt-new-medicare-codes.

17. 캐서린 리 허프Catherine Lee Hough, 레오나드 D. 허드슨Leonard D. Hudson, 안토니오 살루드Antonio Salud, 티모시 래히Timothy Lahey, J. 랜들 커티스J. Randall Curtis, "데스 라운즈: 중환자실 전공의들의 생애 말기 논의Death Rounds: End-of-Life Discussions Among Medical Residents in the Intensive Care Unit,"《Journal of Critical Care(중환자 돌봄 저널)》20권, 1호 (2005년 3월): 20-25.

18. 콜린 F. 매닝Colleen F. Manning, 미셸 애커Michelle Acker, 로라 하우스맨Laura Houseman, 에밀리 프레스먼Emilee Pressman, 아이린 굿맨Irene Goodman, "슈워츠 센터 라운즈 평가보고서: 개요서," 굿맨 리서치 그룹Goodman Research Group, 2008년 2월, www.theschwartzcenter.org/media/PTXAAE65CHR5UU4.pdf.

19. 아이라 바이오크Ira Byock, "의사는 생애 말기에 무엇을 할 것인가?" 「뉴욕 타임스New York Times」, 2016년 6월 30일, https://well.blogs.nytimes.com/2016/06/30/at-the-end-of-life-what-would-doctors-do.

20. 로리 앤더슨Laurie Anderson, "로리 앤더슨이 루 리드Lou Reed에게 보내는 작별 인사," 「롤링 스톤Rolling Stone」, 2013년 11월 6일, www.rollingstone.com/music/news/laurie-andersons-farewell-to-lou-reed-a-rolling-stone-exclusive-20131106.

21. 가보 마테Gabor Maté의 책『몸이 아니라고 말할 때: 당신의 감정은 어떻게 병이 되는가Gabor Maté, When the Body Says No: Exploring the Stress-Disease Connection』(뉴욕: 와일리, 2011년). 샌드라 P. 토머스Sandra P. Thomas, 모린 그로어Maureen Groer, 밋지 데이비스Mitzi Davis, 퍼트리샤 드로플맨Patricia Droppleman, 쟈니 모징고Johnie Mozingo, 마가렛 피어스Margaret Pierce, "분노와 암: 관련성 분석Anger and Cancer: An Analysis of the Linkages,"《Cancer Nursing(암 간호)》23권, 5호 (2000년 10월): 344-349; F. J. 페네도Penedo 외 "분노 억제는 낙관주의와 국소성 전립선암을 치료한 자연살해세포 독성 사이의 관계에 영향을 준다Anger Suppression Mediates the Relationship Between Optimism and Natural Killer Cell Cytotoxicity in Men Treated for Localized Prostate Cancer,"《Journal of Psychosomatic Research(심신 연구 저널)》 60권, 4호 (2006년 4월): 423-427; 페티 레이놀즈Petty Reynolds, 수잔 헐리Susan Hurley, 미리암 토레스Myriam Torres, 제임스 잭슨James Jackson, 페기 보이드Peggy Boyd, 비비언 W. 첸Vivien W. Chen, "대처방략 사용과 유방암 생존: 흑인/백인 암 생존 연구 결과Use of Coping Strategies and Breast Cancer Survival: Results from the Black/White Cancer Survival Study,"《American Journal of Epidemiology(미국역학저널)》 152권, 10호 (2000년 11월): 940-949.

22. 작가 마이클 루이스는 잘 알려진 것처럼『머니볼Money Ball』과『생각에 관한 생각 프로젝트The Undoing Project』에서 그 주제에 대해 고심했고, 스포츠계에서 재능을 발견하고 선수를 선택할 때 잘못 판단한 사례들을 보여 줬다. 컴퓨터와 알고리즘의 도움을 받는 것이 우리의 생각, 직감, "합리적인 사고"에 의존하는 것보다 월드 시리즈 우승에 더 유리하다."

23. 팽 시앙 류Pang-Hsiang Liu, 메리 베스 랜드럼Mary Beth Landrum, 제인 C. 윅스Jane C. Weeks, 헤이든 A. 허스캠프Haiden A. Huskamp, 캐서린 L. 칸Katherine L. Kahn, 유레이 히Yulei He, 제니퍼 W. 맥Jennifer W. Mack 외, "의사가 환자의 예후를 논의하려는 성향일 때 환자가 자신의 전이암 예후를 알고 있을 가능성이 크다Physicians' Propensity to Discuss Prognosis Is Associated with Patients' Awareness of Prognosis for Metastatic Cancers,"《Journal of Palliative Medicine(완화의학 저널)》17권, 6호 (2014년 6월): 673-682.

24. 대니얼 카너먼Daniel Kahnemann,『생각에 관한 생각Thinking, Fast and Slow』(뉴욕: 패러, 스트라우스 앤 지루Farrar, Straus and Giroux, 2013년).

25. 에드워드 L. 베넷Edward L. Bennett, 메리언 C. 다이아몬드Marian C. Diamond,

데이비드 크레치David Krech, 마크 R. 로젠베이그Mark R. Rosenzweig, "뇌의 화학적, 해부학적 가소성Chemical and Anatomical Plasticity of Brain," 「Science과학」 146권, 3644호 (1964년 10월 30일): 610–619.

26. 프란체스카 E. 던컨Francesca E. Duncan, 에밀리 L. 큐Emily L. Que, 난 장Nan Zhang, 이브 C. 파인버그Eve C. Feinberg, 토머스 V. 오 할로란Thomas V. O'Halloran, 테레사 K. 우드러프Teresa K. Woodruff, "아연 불꽃은 인간 난자 활성화의 무기성 특징이다The Zinc Spark Is an Inorganic Signature of Human Egg Activation," 《Scientific Reports(과학 보고서)》6권, 1호 (2016년 7월): 24737.

27. 아이라 바이오크Ira Byock, "우리는 '존엄사'를 재고해야 한다," 「로스앤젤레스 타임스Los Angeles Times」, 2015년 1월 30일, www.latimes.com/opinion/op-ed/la-oe-0201-byock-physician-assisted-suicide-20150201-story.html.

28. 로버트 새폴스키Robert Sapolsky의 『스트레스Why Zebras Don't Get Ulcers, 3rd ed.』(뉴욕: 홀트 페이퍼백, 2004년)에 더 많은 정보가 담겨 있다. 윌리엄 R. 스틱스루드William R. Stixrud, 네드 존슨Ned Johnson이 쓴 『자기주도적 아이: 아이가 스스로 자신의 삶을 통제하게 하는 과학과 감각The Self-Driven Child: The Science and Sense of Giving Your Kids More Control Over Their Lives』(뉴욕: 바이킹, 2018년)도 참고하라.

29. 메리 J. 루워트Mary J. Ruwart, "조력 자살은 생명을 앗아가는 것이 아니라 구하는 것이다Assisted Suicide Doesn't Take Lives... It Saves Them," 「파이널엑시트 네트워크 뉴스레터FinalExit Network Newsletter」 16권, 3호 (2017년 여름).

30. 퀘스트러브Questlove, "내 회고록의 주인공, 리처드 니콜스Richard Nichols의 죽음," 「벌처닷컴Vulture.com」, 2014년 7월 20일, www.vulture.com/2014/07/questlove-richard-nichols-tribute-obit.html.

31. 「Richard(리처드)」는 『Promise(약속)』 앨범에 수록되어 2016년 띠시스앤인스팅트레코즈Thesis & Instinct Records에 의해 발매되었다.

32. 워싱턴주 시애틀에 있는 "더 데스 살롱The Death Salon," 타냐 마쉬Tanya Marsh의 강연, 2017년 9월 10일

33. 32번과 동일

34. 댄 맥컴Dan McComb, "관 만드는 사람," 비메오Vimeo, https://vimeo.com/65019294.

35. 스티븐 러바인Stephen Levine, 『마지막 1년: 살날이 1년밖에 남지 않았다면 어떻게 살겠는가A Year to Live: How to Live This Year as If It Were Your Last』(뉴욕: 하모니, 1997년).

36. "발기 부전 의약품 시장 2022년까지 3조 8천억 원(32억 달러) 규모," 그랜드 뷰 리서치Grand View Research, 2016년 7월, www.grandviewresearch.com/press-release/global-erectile-dysfunction-drugs-market.

37. 폴 칼라니티Paul Kalanithi, 『숨결이 바람 될 때When Breath Becomes Air』(뉴욕: 랜덤하우스, 2016년).

38. 코라 노이만Cora Neumann, "상실에 대해 아무도 말해 주지 않는 것들," 「허핑턴포스트Huffington Post」, 2016년 6월 1일, www.huffingtonpost.com/cora-neumann/no-one-tells-you-this-about-loss-so-i-will_b_10154122.html.

39. 케이틀린 다우티Caitlin Doughty, 『연기가 눈을 흐린다: 그리고 화장터에서 얻은 다른 교훈들Smoke Gets in Your Eyes: And Other Lessons from the Crematory』(뉴욕: W. W. 노튼Norton, 2015년).

40. 돈 라틴Don Lattin, "죽음 전문가, 본인의 죽음을 직면하다 / 퀴블러 로스Kübler-Ross는 지금 자신이 평생 한 일을 의심하고 있다," 「샌프란시스코 게이트San Francisco Gate」, 1997년 5월 31일, www.sfgate.com/news/article/Expert-On-Death-Faces-Her-Own-Death-Kubler-Ross-2837216.php.

41. 존 무앨럼Jon Mooallem, "죽는 방법을 바꾸기 위한 한 남자의 탐구," 「뉴욕 타임스매거진New York Times magazine」, 2017년 1월 3일, www.nytimes.com/2017/01/03/magazine/one-mans-quest-to-change-the-way-we-die.html.

42. 올리버 색스Oliver Sacks, "나 자신의 삶," 「뉴욕 타임스New York Times」, 2015년 2월 19일, www.nytimes.com/2015/02/19/opinion/oliver-sacks-on-learning-he-has-terminal-cancer.html.

43. "죽음의 근본 원인, 1999-2013년," CDC, https://wonder.cdc.gov/ucd-icd10.html. 데이터는 죽음의 다양한 원인 파일에 나온다, 1999-2013년, 인구 동태 통계 담당 기관 57개소에서 제공한 데이터를 인구 동태 통계 조합 프로그램Vital Statistics Cooperative Program으로 편집했다.

44. 메리 엘리자베스 윌리엄스Mary Elizabeth Williams, "생전 장례식을 하라,"

「살롱Salon」, 2018년 1월 28일, www.salon.com/2018/01/28/have-your-funeral-before-you-die.

45. 캐서린 포터Catherine Porter, "자신의 경야에서 삶, 그리고 죽음이라는 선물을 축복하다,"「뉴욕 타임스New York Times」, 2017년 5월 25일, www.nytimes.com/2017/05/25/world/canada/euthanasia-bill-john-shields-death.html.